대학인을 위한 교양철학서

명문
신서

대학에서는 무엇을 배울 것인가?

가와이 에이지로 저 / 이창우 역

圖書
出版 明文堂

머리말

몇 년 전《대학생활의 반성》을 출판한 이래《학생총서(學生叢書)》의 편찬과 집필에 이르기까지 나의 저서 가운데『학생생활』을 제목으로 한 문장은 꽤 많은 분량을 차지한다. 지금 생각하면, 나는 나 자신의 이상주의(理想主義)의 철학을 기초로 하는 한편 시사 문제를 언급하고 또한 학생생활에 적용하고 있었다.

그리고 나의 이상주의의 내용을 풍부히 함과 아울러 적용키 어려운 문제에 봉착하게 되면 이상주의의 재검토를 하고자 생각하였다. 지금까지 나는 나 자신의 철학에 불만을 느끼지 않을 뿐더러, 마침내 이상주의에 대한 굳은 확신을 갖게 되었다. 이상주의는 고원(高遠)한 철학이다. 그리고 그것이 고원하기 때문에 우리들의 일상생활의 구석구석까지 침투하지 않으면 안 된다. 실로 우리들의 모든 생활면에까지 빠짐없는 지도(指導)의 원리가 되는 것임과 동시에 이상주의의 특질이 없으면 안 된다.

*

이 책은 25개 항목으로 나뉘어져 있으나 일관된 연락 하에 쓴 것이기 때문에 독자는 자기가 관심 있는 항목만을 골라 읽지 말고 처음부터 끝까지 통독해주기 바란다. 항목은 다만 편의상 붙인 것으로 전후의 맥락을 빠뜨린다면 저자의 의도에 반하는 결과가 되고 말 것이다.

이 책의 기획에서부터 완성까지, 그리고 집필 중에도 시종 격려와 고무를 해주신 주위 여러분들의 후의에 감사를 드린다.

나는 다수의 눈에 보이지 않는 독자에게 감사를 올림과 동시에 마음속으로부터 그 성장을 기원하여 마지않는다.

— 가와이 에이지로

3

大學에서는
무엇을
배울 것인가?

차 례

제2부. 대학문화와 생활

가와이 에이지로(河合榮治郞)**는**

학자이자 사상가이면서 직접 교단에서 학생들을 가르친 경력을 가지고 있다. 그리고 자신이 교육자라는 사실에 자부심을 가지고 있다.

그러다가 1939년 일본제국주의 치하에서 출판법 위반사건으로 인해 20여 년간 재직해오던 동경대학 경제학부 교수직을 박탈당했다.

그 후 1년 뒤인 1940년에 이 책을 집필하게 되었는데, 그동안 교육 일선에서 학생들의 고민을 상담하고 길잡이 역할을 해왔던 자신을 돌아보며 정성을 다해 한 자 한 자 적어나갔다. 집필 과정에서 필자는 자신의 이상주의 철학을 보다 쉽게 학생들에게 전하려고 애썼다.

이 책이 출판되자, 학생들은 자상한 스승의 세세한 이야기에 깊은 애정을 느꼈고, 근로청소년을 비롯하여 교사와 일반인들도 인생의 지침서로 삼는 등 큰 반향을 일으키며 일본 열도를 뜨겁게 달구었다.

제1부

참된 가치의 추구를 위하여

student's social position

1. 사회에서의 학생의 위치
社會 位置

> 그들은 앞으로 정신노동자가 되기 위해 지금
> 그 노동 수단인 지식이나 기술을 배우고 있으며,
> 그들의 앞길에는 지식계급의 직업이 기다리고……

나는 우선, 사회에서 학생은 어떠한 지위에 있는가, 그 지위의 특수성은 무엇인가에 대한 사회적 관찰로부터 시작하려고 한다.

여기서 말하는 학생이란 개개의 학생을 의미하는 것이 아니라 개개의 학생으로 이루어지는 학생층이라고 할 수 있는 일반적인 집단을 의미한다. 그리고 여기서 학생이란 초등학교, 중학교 학생까지 포함하는 것이 아닌 고등학교, 전문대학, 대학에서 배우고 있는 사람들을 말하며, 앞으로 내가 학생이라고 할 때에는 언제나 이들을 가리킨다.

사회에는 여러 인간의 집단이 있고, 따라서 사회에서의 지위도 생각할 수 있겠으나, 이에 대해서는 앞으로 각기 필요한 곳에서 언급하기로 하고 여기서는 오직 국민이라는 사회를 의미하기로 한다.

학생은 사회에서 두 가지 점에서 다른 사람들과 다른 특수성을 가지고 있다. 그 첫째는, 그들은 현재 생계비를 스스로 벌지 않고 부모가 주는 돈으로 생활한다는 점이다. 국민 중에서 어린이나 노인이 아닌 한, 또는 자기 소유의 재산으로 놀고먹지 않는 한, 다른 사람들은 모두 이마에 땀을 흘리며 생활자금을 획득하고 있다.

현재 학생들과 동년배의 청년들이, 일찍이 초등학교나 중학교에서 책상을 나란히 하고 앉았던 그들이 혹은 농장에서 노동을 하며 자신의 생활을 해갈 뿐 아니라 자기 가족도 부양하고 있는 것이다. 그렇지만 여기서 말하는 학생은 대부분이 가정에서 주는 돈으로 지내기 때문에 어떻게 생활해야 할 것인가 하는 자연적 동물적 과제로부터 해방되어 있다.

이러한 경우가 가능한 것은 학생 자신이 고등교육을 받기에 적합한 능력을 갖추고 있기 때문이기도 하지만, 우선은 학생의 가정이 하루하루의 생활을 꾸려 갈 수 있을 뿐 아니라 자제를 공부시킬 만한 여유가 있기 때문일 것이다.

게다가 우리나라 학생의 가정은 중산층에 속하는 삶이 많아서 그 가정에서 자제를 공부시키기 위해 상당한 노력을 하는 것이 틀림없다. 이러한 가정의 은혜로 생활의 노고 없이도 젊은 시절의 수년을 보낼 수 있다는 것은 동년배의 노동자에 비해서 참으로 혜택 받은 경우라고 하지 않을 수 없다.

둘째로, 그렇다고 해서 학생은 이른바 유한계급에 속해 있는가 하면 그렇지는 않다. 그들은 재산의 소득으로 무위도식하고 있는 유한인(有閑人)은 아니다. 그들은 학원에서 학문을 익히고 있는 것이다. 그들 중의 소수는 부모로부터 재산을 받은 사람도 있겠지만, 대부분 나중에 학창을 떠난 뒤 스스로의 노력에 의해 생활자금을 획득해야 한다. 이 점에서만은 그들은 초등학교나 중학교에서 헤어진 친구들과 다를 바가 없다.

단지 후자는 일찍부터 노동에 종사해야 했기 때문에 자연적 노동, 이른바 육체노동에 의해서 생활수단을 획득하는 것과는 반대로 전자인 그들은 고등교육을 받았으므로 학창에서 배운 지식이나 기술에 의해서, 곧 정신노동, 또는 두뇌노동에 의해서 생활수단을 획득한다는 차이가 있는 것이다.

어느 경우든 그들은 프롤레타리아이다. 소유의 재산으로 생활하는 것이 아니라 노동에 의해 생활하므로 정녕 그들은 프롤레타리아라고 불리기도 한다. 또 달리 지식계급(인텔리겐치아)이라고 하기도 한다.

요컨대 학생은 한의한식(閑衣閑食)하는 것은 아니다. 그들은 앞으로 정신노동자가 되기 위해 지금 그 노동 수단인 지식이나 기술을 배우고 있으며, 그들의 앞길에 기다리는 것은 공무원, 회사원, 교사, 저술가, 예술가, 기자, 의사 등등 다양한 직업이 있다. 앞으로 지식계급에 속할 것이기 때문에 지금도 넓은 의미에서는 학생을 지식계급에 포함시키는 경우도 없지 않다.

이러한 관찰은 약간 경제학적인 쪽으로 치우쳤을지 모른다. 그러나 어쨌든 이것이 학생의 입장에서 본, 말하자면 주관적 입장에서 본 사회에서의 학생의 지위이다.

사회에서는 문화의 전통을 계승해서 이를 후대에 전하는 사람들이 필요하다. 여기서 말하는 문화라는 것은 뒤에 설명할 기회가 있겠지만, 요컨대 자연을 극복한 정신의 소산으로서 과학, 철학, 종교, 예술, 도덕, 법률, 정치, 경제 등의 총합(總合)이다.

과거로부터 전승(傳承)된 이러한 문화를 현대에 이해시키고 소화시키는 것이 교육 목적이고, 초등학교부터 중학교에 이르는 교육도 이를 목적으로 하지만, 이러한 초등교육, 중등교육에서는 겨우 초보적인 정도에 머물기 때문에 그 불충분함은 도저히 면할 수 없다. 따라서 교육의 목적을 완성하기 위해서는 다시 고등교육이 필요하다.

물론 그것만으로 교육 목적이 달성되는 것은 아니지만, 적어도 그 기초만은 다지게 되는 셈이다. 사회는 단지 문화를 소화하고 이해해서 과거의 문화를 상속하는 것만으로는 만족하지 않는다. 계승한 문화를 더욱 발전시켜 새로운 문화를 창조하지 않으면 안 된다. 사회가 고등교육에 기대하는 것은 이러한 문화의 발전과 창조이다.

한 마디로 말해서 사회가 요구하는 것은, 과거의 문화를 이해하고 소화하고 이를 더 발전시키고 창조하는 주체로서의 인간을 육성하는 것이다. 학생은 지금 고등교육을 받고 있으므로 학생, 또는 졸업생은 앞에서 말한 사명을 지고 있으며 문화를 후대에 계승시킬 임무를 가지고 있다.

여기서 문화의 발전과 창조라고 해서 그 임무가 이른바 학자나 예술가 등 특수한 직업에만 부과된 사명이라고 오해해서는 안 된다. 일반의 지식계급, 이를테면 회사원이나 공무원이나 엔지니어라도 각기 특수한 영역을 담당하면서 과학이나 철학이나 예술에 관심과 흥미를 가질 수 있고, 또한 갖지 않으면 안 된다.

만일 그렇지 않다면 학자나 예술가가 그 창작을 발표한 경우에도 이를 이해하고 평가해 줄 대상을 갖지 못하고, 이러한 경우에는 학문도 예술도 발전하고 창조할 자극을 받지 못한다. 독자나 청중이라고 불리는 사람들이 있어야 학문이나 예술의 수준이 유지되고 발전하게 된다.

일반 지식계급은 학문이나 예술에 대해서 이와 같이 무관한 계층은 아니며, 말하자면 각각의 영역에서 정치, 경제, 재정, 기술 등의 문화를 유지하고 발전시키고 있는 것이다.

만일 경제, 재정, 기술 등의 영역에 고등교육을 받은 사람이 없다면 과거의 문화를 상속시키지 못할 뿐 아니라 장래에 계승시키지도 못할 것이다.

단지 그뿐이 아니다. 이른바 이러한 실무에 종사하는 사람이라도 본래의 직무의 여가를 이용해서 학문과 예술의 창조와 발전에 기여할 수 있다.

동인도회사(東印度會社)의 계산대에 앉아 있으면서도 찰스 램(Charles Lamb)은 《엘리아 수필(Essay of Elia)》을 썼으며, 같은 회사의 서기로 35년 동안 일한 존 스튜어트 밀 (John Stuart Mill)은 영국 일류의 철학자, 정치학자, 경제학자로서 《자유론》, 《공리주의》(On

Utilitarianism) 등의 상당한 저술을 했고, 존 머레이는 수십 년 동안 아무리 분망한 속무(俗務)가 있더라도 하루에 한 시간의 독서와 집필을 거르지 않아서 생애에 부수한 저술을 할 수가 있었다. 이러한 예로 미루어 본다면 일반 지식계급으로서도 학문이나 예술의 창조와 관계가 없는 것은 아니다.

요컨대 사회는 문화의 상속과 창조를 필요로 한다. 이것 없이는 사회가 유지되지 않으며, 더구나 사회는 발전하지 못한다. 그런데 초등, 중등교육만으로는 이러한 임무 수행이 불가능하다면, 사회는 일군(一群)의 구성원으로 하여금 고등교육을 받도록 하지 않으면 안 된다. 그들과 동년배의 청년이 노동에 종사하면서 사회의 생산력을 증가시키게 되지만, 그것만으로는 문화의 유지와 발전은 바랄 수 없다.

따라서 일군의 청년을 노동으로부터 해방시켜서 어떻게 생활할 것인가 하는 자연적 생존의 과제로부터 벗어나게 하고 오로지 교육에만 몰두하게 해야 한다. 이것이 학생이 부모로부터 받는 돈으로 학창에서 공부를 할 수 있는 사회적 이유이다.

물론 학비를 대 주는 부모가 각기 이러한 사실을 의식하고 있는 것은 아니다. 또한 사회라는 집단이 의식적으로 이러한 임무를 각각의 학생에게 부과하고 있는 것은 아니다. 그러나 사람들이 어느 정도 이를 의식하고 있는가 하는 것과는 관계없이 이것이 학생에 대한 사회의 기대이며 학생은 이런 기대에 보답할 의무가 있다.

이를 다른 예와 비교한다면, 사회의 생산에 종사하고 있는 기업가가 그 생산액 중에서 기계나 공장의 감가상각(減價償却) 비용을 공제하고 남은 것을 자본가, 지주, 노동자 및 자신에게 각기 이자, 지대(地代), 임금, 이윤 형식의 소득으로서 분배하고, 이러한 분배를 받은 사람들이 각기 현재의 생활을 남김없이 소비한다면 사회의 생산력은 단지 현재의 수준을 유지하는 데 그치고 발전의 여지는 없을 것이다.

만일 인구가 증가하거나 새로운 욕망이 발생한 경우에는 이에 대처하지 못하며, 오히려 현재의 생산액을 상대적으로 유지하지 못하고 감소시키는 결과가 된다. 또 이러한 경우에 이자, 이윤, 지대(地代), 임금이 저축되어서 금융자본으로서 투자에 이용된다면 비로소 그것은 장래의 생산 확장에 사용되고, 생산력도 증진시킬 수 있게 된다.

이와 마찬가지로 사회의 모든 구성원이 단지 초등, 중등의 교육에 그친다면 과거의 문화수준을 유지하지 못할 뿐 아니라 오히려 수준의 저락(低落)을 초래할 것이다. 이에 반해서 소수의 구성원에게 고등교육을 받게 한다면 장래의 문화발전과 창조에 이바지할 수 있는 것이다.

학생을 학교에 보내는 부모가 교육에서 무엇을 기대하는가 하는 것은 부모에 따라서 다를 것이다. 또한 사회가 학생에게 부과한 고등교육에서 무엇을 기대하는가 하는 것도 시대에 따라서 다를 것이다. 부모의 기대에도, 사회의 기대에도 각기 비판이 허용되지 않으면 안되지만, 그 기대의 내용이 무엇이든 학생은 부모와 사회의 기대에 어굿나거나 배반하는 일이 있어서는 안 된다.

그렇다면 이 기대는 무엇이어야 하는가? 교육의 참된 본질은 무엇이어야 하는가 하는 것은 우리들의 다음 문제가 되지 않을 수 없다.

education

2. 교육
教育

> 참된 교육이념이란, 일반교육으로서는
> 인격도야이고, 특수교육으로서는
> 학문·도덕·예술을 스스로 체득하는 것이다.

학생은 고등교육을 받고 있거니와, 이른바 교육이란 무엇을 의미하는가? 교육은 두 가지로 구별된다. 하나는 일반적 교육이고, 또 하나는 특수한 교육이다. 그러나 전자와 후자는 대등하게 병렬되는 것도 아니고, 또한 어느 하나를 선택하고 어느 하나를 버려도 좋은 것은 아니다.

일반교육은 필수적이고 불가결한 근본 조건으로서 그것 없이는 특수교육도 존재 의의를 갖지 못한다. 이 두 가지를 유리시켜서 특수교육만을 채택하든지, 또는 특수교육과 일반교육을 막연히 병렬시키고 둘 사이에 어떠한 관련도 짓지 않는 것이 현대교육의 근본적 결함이다.

일반교육은 피히테(Johann Gottlieb Fichte, 1762~1814)가 말한 것

처럼 인간 자신을 형성하는 것(die Menschen selbst zu bilden)이고, 또한 인간을 자기 자신으로 만드는 것(die Menschen sich selbst zu machen)이며, 또한 파울 나토르프(Paul Natorp, 1854~1924)가 말한 것처럼 인격을 도야하는 것이다. 도야란 『개인의 완전한 형성』을 의미하고, 『도야한다는 것은 형성하는 것, 마치 혼돈으로부터의 구성과 같은 것이다. 하나의 사물을 그 본래의 완전성, 곧 그것이 갖추어야 할 모습에 이르게 하는 것』이다.

도야한다는 것은 인간 각 개인을 완성하는 것이고, 현실의 인간이 완성된 것이 인격이므로 『인격의 도야』라는 말은 중복된 느낌이 없지 않지만, 더욱 명확하게 하기 위해서 두 말을 결합시킨 것이라고 하겠다. 인격이란 무엇인가, 도야란 어떤 것인가에 대해서는 다음에 자세히 말할 기회가 있으므로 여기서 말해둘 것은 인격을 구성하는 요소로서 세 가지가 고려된다는 점이다

그 세 가지란, 학문·도덕·예술이다. 그리고 이 각각의 이상이 진·선·미이므로 인격도야란 진과 선과 미 세 가지의 조화라고 할 수 있다. 이 세 가지 요소는 인간 각자에게 본래부터 갖추어져 있는 것으로서, 이 세 가지를 모두 『이끌어 낸다』는 것은 인간을 자기 자신이 되게 하는 것이다.

교육이라는 우리말에 해당하는 영어의 educate, 독일어의 erziehen은 어느 것이나 『이끌어낸다』는 의미이므로, 교육이란 인간을 자기 자신이 되게 하는 것, 또는 인격의 도야라고 정의하는 것은 어원적으로 정당하다고 말할 수 있다.

특수교육이란 일반교육을 전제로 해서 인격의 구성요소인 학문·도덕·예술 등을 가르치고 익히게 하는 것을 말하는 것으로서, 그 목적은 인격의 각 요소를 파악해서 이를 개발함으로써 인격도야에 참여하는 것이다. 특수교육의 목적이 이것만이 아님은 다음에 밝히겠지만, 대체로 이와 같은 것이 그 주요한 목적인 것이다. 미술학교, 음악학교 등은 예술을 대상으로 해서 거기에 도덕을 부속시키는 특수교육을 목적으로 하며, 따라서 현재 학생의 대부분이 받고 있는 교육은 학문을 주제로 한 특수교육이다. 특수교육의 대상인 학문은 인격의 요소 중 하나이며, 각자의 학문적 성장이 그 인격도야에 기여하므로, 학문과 인격은 부분과 전체의 관계에 있고, 특수교육과 일반교육은 지엽(枝葉)과 근본의 관계에 있다.

그런데 양자의 이러한 유기적 관련을 간과하고 학문교육을 그 자체가 독립된 목적을 가진 교육이라고 하는 사람들이 있으며, 또한 학문과 인격도야의 순위를 망각하고 막연하게 양자를 병렬시키는 사람들도 있다. 따라서 오늘날의 학생은 자신이 받고 있는 교육에 대한 종래의 잘못된 견해로부터 벗어나야 한다. 가령 사회가 무엇을 기대하든, 부모가 무엇을 의도하든 참된 교육이념을 파악하는 것이 자신에게 기대하고 있는 사회와 부모에게 보답하는 길임을 명심하고 조금도 주저해서는 안 된다.

참된 교육이념이란—되풀이 말한다면—일반교육으로서는 인격도야이고, 특수교육으로서는 학문·도덕·예술을 스스로 체득하는 것이다. 게다가 그의 인격도야와 그 학문·도덕·예술은 전체와 부분의 관계에 있으며, 부분은 각기 인격도야를 전제로 함으로써 서로 불가분의 유기적 관련을 유지한다.

사람들은 어쩌면 이러한 교육이념에서 국가나 국민은 어떤 위치를 차지하고 있는가, 라고 물을지도 모른다. 이 문제에 대한 나의 대답은 다음과 같다. 국가나 국민은 도덕교육을 통해서 인격도야 속에 훌륭하게 자리 잡게 된다고. 이 점에 대해서는 이 책이 진행됨에 따라 차츰 명백히 밝혀질 것이다.

school

3. 학교
學校

교사! 인생의 분기점에 선 젊은이의 숨겨진 심령에
점화하여 이들을 인생이라는 싸움터에 내보내는 일,
세상에 이만큼 신성한 직업이 있을 것인가!

교육에는 교육하는 주체와 교육받는 객체가 있다. 교육받는 객체
는 반드시 학생만은 아니며, 학창에 몸담지 않은 사람이나 학창을 이
미 떠난 사람이라도 영구히 교육을 받아야 되지만, 지금 이 책에서는
대상이 학생이므로 얼마 동안은 교육의 객체를 학생으로 해두기로
한다.

교육하는 주체로서 당장 연상되는 것은 교육자이지만, 교육자만
이 교육의 주체는 아니다. 우선 떠오르는 것은 사회이다. 우리는 태
어나자 곧 가족이라는 사회의 일원이 되고, 거기서 부모 형제자매 등
으로부터 일종의 교육을 받으며, 단지 현존하고 있는 사람들로부터
만이 아니라 그 가족의 전통으로서 전해 내려오는 가풍(家風)으로부
터도 교육을 받는다.

이윽고 학령(學齡)에 이르면 학교에 입학한다. 학교도 역시 하나의 사회이다. 입학 전에는 이웃의 어린아이들과 뛰어놀 것이고, 입학 후에도, 졸업 후에도 자라난 지방을 중심으로 한 여러 가지 접촉이 있다.

교통이 자유로워진 오늘날에는 이른바 지방색은 서서히 사라지고 있지만, 그렇더라도 사투리나 기질 등의 특징이 완전히 없어지는 일은 없을 것이다. 또한 사회에서 가장 현저한 구성원은 국민이고 국민 속에서 우리는 거의 결정적인 교육을 받는다.

인류의 세계도 하나의 사회이고, 국민에만 국한되지 않는 영향이 여기에서도 온다는 사실은 부정할 수 없다. 우리들은 자칫하면 사회로부터 받는 교육을 간과하기 쉬운데, 조금만 침착하게 생각해 본다면 사회는 참으로 커다란 교육의 주체임을 알 수 있다.

교육의 주체로서 달리 문화재를 들 수 있다. 서적·그림·악보·조각·건축 등은 어느 것이나 문화의 결정(結晶)이지만, 그 중에서도 서적이 학생에게 얼마나 필요한지에 대해서는 다음에 자세히 말하기로 한다.

이러한 문화재를 제공하기 위해서는 박물관·과학관·미술관·도서관 등의 시설이 있고, 또 강연회·음악회·전람회 등이 수시로 개최되고 있으며, 또한 라디오·영화 등은 그 자체가 문화재이면서도 이러한 것들에 의해 다른 문화재를 향유할 수 있게 한다.

이와 같이 열거해 보면 교육의 주체는 단지 교육자만은 아니지만, 그렇더라도 교육의 주체 중의 주체라고 할 수 있는 것은 교육자가 아닐 수 없다. 교육자는 인간이고 인격의 소유자이기 때문에 그는 의식적으로 교육을 시킬 수 있다. 게다가 그는 교육을 생애의 임무로 삼는 직업인이기 때문에 그는 능동적이며 적극적으로 교육을 시킬 수가 있다.

사회나 문화재의 교육은 학생에게는 수동적이어서 학생이 모르는 중에 교육을 시키든지, 또는 학생의 태도에 맡겨놓든지 하지만, 교육자의 교육은 적극적으로 학생에게 다가가서 학생들로 하여금 교육을 받지 않을 수 없도록 만든다. 따라서 교육자의 교육에 의해 사회로부터의 교육도, 문화재로부터의 교육도 가능하게 되고 불가분의 영향을 받게 된다.

여기서 교육자라고 하는 것은 단지 학교의 교육자만을 말하는 것은 아니다. 이른바 사회교육자로서 강연이나 서적을 통해서 교육하는 사람도 포함되며, 또한 개인 지도교사(tutor)로서 특정한 수의 학생을 대상으로 하는 교사도 포함된다. 우리나라에서는 입학시험 준비를 위해서나 또는 부유한 가정에서 자녀의 성적을 보완하기 위해서 가정교사를 두기는 해도 일반적으로 개인지도교사 제도(tutorial system)는 활용되고 있지 않다.

교육자 중에서도 학교의 교사를 대표적으로 생각하고 교육을 받기 위해 사람이 학교에 들어가는 것을 당연하게 생각하는 것은, 학교는 교육을 그 특수목적으로 하는 영속적인 기관으로서 교육을 조직적으로 실행할 수 있기 때문이다.

또한 단지 한 사람의 교사가 아니라 많은 교사가 있어서 각자의 특색인 전공을 발판으로 삼아 다양성을 발휘하고 있기 때문이다. 또한 인적 설비뿐만이 아니라 물적 설비도 완비하고 있기 때문이다. 특히 연구실·실험실 등의 구비는 자연과학을 배우는 학생에게는 결정적으로 필요한 조건이다.

마지막으로, 학교에는 교사를 상위에 두고 학생을 하위에 두는 입체적 관계가 있을 뿐만 아니라, 하위에 있는 학생들은 서로 평면적 관계에 있다. 학교는 교사와 학생, 학생 상호간의 종횡의 인간관계를 가지고 있는 사회이므로 학생은 사회에서 배우는 교육을 학교에서 아울러서 받을 수가 있다.

이것은 개인교사에게 배우는 학생이 가질 수 없는 특색으로서 사람들은 학교가 가지고 있는 이러한 영향을 가볍게 보아 넘겨서는 안 되리라 생각한다. 사회는 질서를 유지하기 위해서 그 구성원이 지켜야 할 규범을 설정하고 있거니와, 학교처럼 많은 학생을 모아서 하나의 공동 목적을 수행하려고 하는 경우에는 특히 엄격한 규칙이 필요하다.

예컨대 아침 몇 시부터 수업을 시작해서 몇 시에 끝낸다거나, 학생이 좋아하든 싫어하든 일정한 학과를 배우게 한다든가, 과제물을 주어서 기일 안에 제출하게 한다든가, 시험을 쳐서 공부를 강요한다든가 하는 규칙의 실행이 어느 경우에는 폐단을 낳기도 하지만, 학창생활을 끝낸 다음이라든가, 학교를 가지 않고 집에서 공부하려는 경우와 비교해 보면, 학교의 규칙 강행은 학생을 일정한 틀 속에 묶어놓고 그 틀에서 무궤도한 일탈을 하지 못하게 하는 장점을 가지고 있다.

학교생활을 하지 않는 독학생들에겐 여유가 있다는 장점이 있기는 하지만, 반면에 끈 떨어진 연 같은 점도 없지 않은 것이다. 또한 학교에서는 서로 개성이 다른 사람들이 모여 있으므로 학생은 이를 통해서 자신의 개성을 찾아낼 수 있다.

왜냐하면 개성은 다른 사람과의 비교를 통해서만 드러날 수 있는 것이기 때문이다. 이미 개성을 발견했다면 다른 개성과의 접촉을 통해 서로 보완할 수도 있다. 이 보완이 이상적으로 이루어지는 경우가 우정이지만, 우정까지 나아가지 않는다고 하더라도 보완은 이루어지며, 한 사람이 할 수 없는 일도 집단이기 때문에 가능해진다는 것도 보완의 한 예라고 볼 수 있다.

또한 집단이 만들어 내는 분위기는 우리가 모르는 중에 우리들을 움직이는 힘을 가지며, 이 힘은 큰 것으로서 하숙방에서 빈둥거리는 학생이 학우가 열심히 펜을 움직이고 있는 교실에 들어갔을 때나, 학우가 두꺼운 책을 탐독하고 있는 도서관을 엿보았을 때는 스스로 긴장을 느끼며 학구열이 고취될 것은 틀림없다.

가정에 가풍이 있는 것처럼 학교에는 교풍(校風)이 있다. 탁월한 창립자나 뛰어난 교장의 인격이나 사상이 응집되어 일정한 분위기를 조성하는데, 학생들은 여기서 감화를 받는 경우가 많다. 이러한 모든 점에서 학교가 좋다는 것은 타율(他律)에 의한 결과이다. 이것은 독학생이나 개인교사에게 배우는 학생들로서는 가질 수 없는 장점이다.

비록 이러한 좋은 점이 학교에 있다고 하더라도 이것은 사회로부터의 교육이지 학교를 학교답게 하는 핵심적 교육은 아니다. 학교교육은 교사에 의한 교육이어야 한다.

교사의 입장에서 본다면 학교에서의 직분은 반드시 교육만은 아니다. 교사는 자기의 전문학과에 대해서 연구를 계속해야 한다. 이점에서는 그는 교사가 아니라 학자이고 연구자이다. 또한 학교를 유지하기 위해 필요한 행정사무가 있다. 행정사무를 주재하는 것은 총장이나 교장이지만, 그를 돕기 위해 직원회의나 교수회의가 있다. 교사는 이러한 회의체(會議體)의 한 사람으로서 자신의 학교에 대한 사랑과 관심을 발휘해야 한다.

여기서의 그는 교사가 아니라 학교 행정가이다. 그러나 학교의 교사를 교사답게 하는 것은 말할 것도 없이 교육적 임무이다. 이 임무는 주로 강의 형식으로 수행되고, 때로는 연습·실습·연구회 등에서 수행되지만, 교사가 일반 학생 앞에 교사로서 나타나는 것은 교실의 강의에서이다.

강의에 의한 교육은 두 가지로 나눌 수 있다. 하나는 일반교육이고 또 하나는 특수교육이다. 그런데 일반교육, 곧 인격도야를 위해서 오늘날 학교에서 어떠한 강의가 실시되고 있는가?

물론 수신(修身)을 위한 강의는 실행되고 있을 것이다. 그러나 수신이란 도덕에 대한 실천적 강목을 말하고 있을 뿐이다. 그것은 도덕적 범위에 국한되고, 게다가 덕목(德目, virtues)을 열거하는 것에 지나지 않는다. 또는 혹시 윤리학 강의가 있을지도 모른다. 그러나 이것도 단지 도덕에 한정되어 있을 뿐 아니라 도덕의 추상적 논의를 하는 데 지나지 않으며, 도덕의 범위에서조차도 실천도덕과의 관련은 이루어져 있지 않다. 그뿐 아니라 개인과 사회와의 관련도 결여되어 있다.

그러나 인격도야란 단지 도덕과만 관련됨을 말하는 것이 아니라 학문, 예술, 도덕 등 모두를 총합한 주체로서의 인격의 형성이다. 이것은 중학교에서도 가르쳐지지 않고 고등학교에서도 대학에서도 다루어지지 않는 것이다.

사람들은, 이러한 것은 강의에서 이루어지는 것이 아니라 교사와 학생의 인격적 접촉에서 이루어진다고 말할지도 모른다. 그러나 이것 또한 인격도야를 도덕적으로만 해석하고 있는 말이리라. 인격도야는 단편적으로 교사의 몇 마디에 의해 요약될 정도로 간단한 일은 아닌 것이다.

관점을 바꾸어서 특수교육을 보면, 음악대학이나 미술대학처럼 예술의 특수교육을 하는 곳도 있지만, 대부분의 학교는 학문의 특수교육을 목적으로 하고 있다. 여기서는 기껏해야 일반교육의 결함을 보충하는 정도에 그치고 있다. 고등학교에서는 인문계와 자연계로 나누어지고, 대학에서는 문(文)·리(理)·경(經)·공(工)·의(醫)·농(農) 등의 분야로 나누어지고, 전문대학은 각기 학문의 분야에 따라 많은 학과목이 설치되어 있다.

그러나 그 과목이라는 것이 산만해서 이것저것 필요한 대로 나열되어 있을 뿐이어서 상호간에 관련도 없을 뿐 아니라 통일도 없다.

없어서는 안 될 과목이 빠져 있는가 하면 없어도 좋은 과목이 들어 있으며, 그렇게 필요하지도 않은 과목이 너무나 미세하게 세분되어 있다. 그 이유를 살펴보면 특수교육의 의의와 가치가 처음부터 명백하게 파악되고 있지 않기 때문이다.

그러나 과목 편성은 형식적인 일이라고 해도 좋다. 각 과목을 담당하는 교사의 능력에 따라서 결함을 어느 정도 보충할 수도 있기 때문이다. 그런데 학문의 교사는 『학자』인 동시에 『교사』이어야 하는데, 오늘날의 많은 교사는 연구자이기는 해도 학자는 아니다.

연구소의 연구원이나 독학의 연구자는 자기가 좋아하는 문제나 다른 곳으로부터 부과된 주제에 대해 기존 학계의 수준을 유지하고 발전시키면 그것으로 충분할 것이다. 그는 반드시 학문의 전 체계에 대한 전망을 갖지 않아도 된다. 전문분야가 세분되면 될수록 각 항목의 연구 능률을 올리는 데는 편리할 것이다.

그러나 학자는 연구자가 아니다. 그도 연구자와 마찬가지로 전문학과의 특정한 주제를 연구해야 되겠지만, 학자의 특징은 학문의 전 체계에서의 자신의 전문의 위치를 밝히고, 인접한 전문과의 관련을 선명하게 의식하는 데에 있다. 그러기 위해서 그는 학문의 가치인 진리를 숙지하고, 진리에 이르는 도정(道程)의 분화를 이해하지 않으면 안 된다.

이렇게 해서 전문학과의 통일과, 이 통일을 통한 상호간의 유기적 관련이 파악되는 것이다. 또한 그는 학문을 넘어서서 인격도야에서의 학문의 의의를 이해해야 한다. 그러나 오늘날의 많은 학자는

『전문』학과는 알지만 『학문』은 모르고 있다.

교사는 단지 학자이어서는 안 된다. 학자는 연구실에서 꼼짝도 하지 않고 연구에 박차를 가하는 것으로 충분하지만, 학교에서 학문을 교육하는 사람은 학자인 동시에 연구자이어야 한다.

그는 불특정의 독자를 대상으로 연구 성과를 발표하는 것이 아니라 특정한 학생과 대면하고, 살아 있는 인간과 접촉하는 것이다. 그는 강의를 연구보고와 혼동해서 자기가 좋아하는 주제에 대한 미세한 설명을 할 것이 아니라 자기가 담당한 학과목의 전모를 요령 있게 전개하지 않으면 안 된다.

그는 학문의 성과를 소개하고 이것을 기계적으로 주입시킬 것이 아니라 그 『성과』에 도달하는 『방법』을 가르쳐서 미래에 무한한 성과를 산출하도록 창조적 능력을 함양시켜야 한다. 또한 그는 자기가 연구하는 진리에 대해 얼마나 그가 성실하고 진지한가에 의해서 학생의 진리에 대한 존경과 사랑을 불러일으켜야 한다.

또한 그는 언어에 의한 표현 능력을 가져야 한다. 너무 짧거나 또한 너무 장황하지 않게 생각하는 바를 정확하게, 말하고자 하는 바를 간결하게 표현하는 능력은 학자로서는 필요 없을지 몰라도 교사로서는 절대로 필요한 것이다.

그러나 가장 중요한 것은, 그는 자기의 전문이 전 학문에서 갖는 지위와 다른 학문과의 관련, 더 나아가서 인격에서의 학문의 의의와 가치를 학생에게 명백하게 밝힐 수 있어야 한다. 오늘날의 학생의 경우 인격과 학문이 얼마나 유리되고, 각 학과가 얼마나 지리멸렬하게 채워져 있는가는 생각해 볼 필요도 없이 알 수 있는 일이다.

일반교육이 결여되어 있고 특수교육이 충분하지 않다면, 오늘날 학교의 교육은 어떻게 이루어지고 있는가? 사람을 가르치는 스승은 도대체 무엇을 하고 있는가?

중요한 사실은 우리나라의 학교에서는 교육의 독자적 가치를 간과하고 교육을 지식에 예속시켰다는 점이다. 연구자와 학자와 교육자의 구별을 망각하고, 교사 전형에 있어서도 연구 능력만을 조건으로 하고 학자로서의 능력, 교육자로서의 능력을 경시하고 무시했던 것이다.

그러나 교사는 무엇보다도 교육자여야 한다. 그는 스스로 고뇌하며 인생을 사는 자여야 한다. 그는 인생을 살기 위해서 학문과 진리의 가치를 체험한 자여야 한다. 그는 이전의 자기와 마찬가지로 인생의 문턱에 선 학생에게 동정과 사랑을 품고 있는 자여야 한다.

교사! 인생의 분기점에 선 젊은이의 숨겨진 심령에 점화하여 이들을 인생이라는 싸움터에 내보내는 일, 세상에 이만큼 신성한 직업이 있을 것인가! 이야말로 성직이라고 불러야 한다. 그러나 이러한 호칭을 들을 만한 교사는 지금 어디에 모습을 감추고 있는 것일까?

오늘의 교사는 단지 하나의 샐러리맨으로 변했다. 원래 교사도 생활을 해야 하므로 생활자금을 필요로 하는 것은 당연하다. 그러나 봉급을 받는 사람이면서도 전에는 교사와 군인은 월급자라고 생각되지는 않았다. 군인은 일단 유사시에는 생명을 희생할 각오를 하고 있기 때문에, 또한 교사는 인간의 자식을 가르치는 성직에 있기 때문에 사회는 그들을 존경했던 것이다.

그러나 오늘의 교사는 생활을 위해서 교육을 한다. 그는 교육을 생활수단으로 삼는다는 점에서 장부를 기입하고 금전 계산을 하는 월급쟁이와 다름이 없게 되었다. 무릇 오늘날처럼 사도(師道)가 황폐한 때는 일찍이 없었다.

학교교육과 학문이 위기에 놓였을 때에 안일하게 수수방관하고 있는 교사, 사표를 내거나 뒤로 물러나는 교사, 학생의 사표(師表)로서 내로라하는 자신과 긍지를 잃은 교사, 이런 상황 아래서도 교육이 존재한다고 할 수 있을 것인가. 이것이야말로 한심하고 중대한 일이다.

나의 말이 오늘날의 학교와 교사에 대해선 너무 가혹할지도 모른다. 나는 소수의 탁월한 교사가 있음을 부인하지는 않으며, 한편 오늘날의 학교에서 배울 바가 없다고 말하는 것도 아니다. 나는 뒤에 다시 한 번 학교문제에 대해서 거론할 생각이지만, 앞에서 한 말이 오늘날의 학교에 해당되지 않는다고 과연 누가 확언할 수 있겠는가.

학교에서 일반교육도 특수교육도 기대할 수 없다면 학생은 어디서 교육을 찾아야 하는가? 자기가 자기를 교육하는 길이 있을 것이다. 이것이 바로 교양이라는 것이다.

culture (1)

4. 교양 (1)
敎養

　　인격은 최고의 가치, 이상이므로 이것은 우리들의 목적이고 그 밖의 모든 것은 수단이며, 이것을 물건이라고 한다. 따라서 부나 지위나 우리들의 신체는 물건이지 결코 목적이 아니다.

　　나는 지금까지 사회에서의 학생의 지위를 이야기하면서, 학생이란 고등교육을 받고 있는 사람들이며, 이어서 교육의 본질을 인격도야에 두고 오늘날의 학교가 교육을 목적으로 하면서도 학생에게 교육을 시키지는 못하고 있음을 밝혔다. 이러한 모든 말 속에는 한 가지가 전제되어 있다. 그것은 인격도야란 무엇인가 하는 점이다.
이제 나는 비로소 인격을 말할 수 있는 자리에 이르렀다. 자기가 스스로의 인격을 도야하는 것이 교양(敎養)인데, 우리 주위에서는 흔히 교양을, 전문 이외의 학술서적을 읽거나 미술작품을 보거나 음악을 듣거나 해서 이것저것 조금씩 맛보는 것으로 해석하고 있다.
　　그러나 이러한 것은 교양의 본뜻이 확립된 다음에 교양을 위해서 하는 일이기는 하지만, 이것 자체가 교양은 아니다. 교양은 한인(閑

4. 교양(1) **31**

人)이 즐기는 안이하고 한가로운 일은 아니다. 교양이야말로 폭 넓은 것이지만 참담한 인생의 싸움에서 얻어지는 것이다.

사람은 태어나자마자 가정에서 길러지고 부모형제로부터 배우고, 더 나아가서 초등학교나 중학교에서 선생으로부터 배운다. 이 가르침 중에서 중요한 것은 어린이의 행위에 대한 명령이다. 근면하라, 정직하라, 훔치지 말라, 사람을 다치게 하지 말라는 등의 가르침을 받고, 어린이는 『왜』라고 묻지 말고 가르침을 그대로 받아들여서 이에 따르라고 한다.

이러한 명령은 때로는 법률의 명령이기도 하다. 아직은 자신의 마음속으로부터 명령이 우러나올 길이 없는 소년시대에는 의심하지 않고, 이의를 제기하지 않고 무조건적으로 이러한 명령에 따름으로써 소년생활에 일탈이 없도록 틀이 만들어진다.

만일 이 시절에 이러한 명령이 없다면 방일무궤도(放逸無軌道)한 생활에 빠져서 수습을 할 수 없게 될 것이다. 이러한 점에서 나는, 어릴 적에는 멋대로 하도록 내버려두었다가, 청년이 된 다음에 갑자기 속박을 가하는 일에는 반대하며, 거꾸로 어릴 적에야말로 강제를 가해서 훈련할 필요가 있으며, 청년이 된 다음에 그 강제를 완화하는 것이 현명하다고 생각한다.

어릴 적에 가해지는 속박에는 이상과 같은 의의가 있다고 하더라도, 이러한 명령은 요컨대 다른 사람으로부터 주어진 명령으로서 스스로의 마음속에서 우러나온 것은 아니며, 따라서 타율이고 자율은 아니다.

대다수의 청년은 지금도 어린 시절 그대로 타율에 안주하면서 조금도 의심을 품지 않는다. 아니, 타율이라는 것조차도 알지 못한다. 타율을 감수한다고 해서 타율의 명령을 엄격하게 준수하는 것은 아니다. 주어진 명령에 따를 수 없는 요구가 마음속으로부터 불타오름에 따라 지켜야 할 명령을 외면하면서, 그러나 대체로는 명령에 따르는 자세로 일생을 마치고 무덤으로 들어가게 된다.

이것이 이 세상 대부분 사람들의 실상이다. 이 대부분은 반드시 고등교육을 받지 않은 사람만은 아니다. 고등학교나 전문대학에서 배운 사람들도 그 대부분이 그와 다르지 않다. 이러한 점에서 현대교육을 받았는지 그렇지 않은지 하는 것은 인간을 구별하는 척도는 되지 않는다.

그런데 여기에 아주 소수의 청년이 있다. 사람들이 살아오던 길을 문득 멈추고 이러한 삶이 과연 옳았는가 하고 돌이켜 보는 것처럼, 지금까지 이상하게 생각지도 않고 의심하지도 않고 복종했던 명령에 대해서 『왜(why, warum)』라고 묻는다. 이때야말로 인생에서 중요한 전기이며, 이 물음이야말로 세상에서 가장 귀중한 물음이다.

지금까지의 그는 단 하나의 그였다. 그러나 이 물음을 물었을 때 그는 둘이 되었다. 두 개의 그는 아직은 확연한 대립은 아니다. 왜냐하면 다른 하나의 그에게 의심을 품었을 뿐이고, 이에 대해 긍정도 부정도 하지 않았기 때문이다. 그렇더라도 그는 분화되어서 둘이 되었다.

어떻게 해서 이런 물음이 나오게 되었는가. 거기에는 여러 가지 다른 사정이 있으므로 그 대답은 반드시 한결 같지는 않다. 지금까지는 타율의 명령에 따를 수 있었으나 다른 욕망이 커졌기 때문에 이 명령에 따르지 못하게 되기도 했으리라. 이를테면 부지런하던 청년이 지금까지처럼 근면하지 않게 된 경우, 순결하라는 명령에 따르다가 이에 따를 수 없는 고뇌가 마음속에 나타났을 때, 그는 이제 그 명령을 다시 생각해 보고 따르지 않아도 좋은지를 알아보고 싶게 된 경우도 있으리라.

또는 어떻게 해서든지 끝까지 따르고 싶지만, 그러기 위해서는 그 명령을 더욱 강화해야 한다고 생각하는 경우도 있으리라. 이 물음이 왜 대체로 청년시절에 나오는가? 왜 장년시절이나 노년시절에 나오는 경우는 적은가에 대해서 나는 충분한 설명을 할 수 없다. 그러나 유년시절에는 아직 이 물음을 묻기에는 지나치게 어리지만, 청년, 곧 20세 전후엔 비로소 그러한 물음을 할 정도의 지혜를 갖게 되는 나이라고 볼 수 있다.

그렇다면 어린 시절에 배운 모든 것이 결정(結晶)되어서 이러한 물음을 탄생시켰다고 할 수도 있다. 또는 청춘시절의 육체적 변화가 이러한 물음을 묻게 만든 한 원인이 되었을지도 모른다. 그리고 사람들이 청년시절에 이러한 전기를 놓쳤다면, 인생의 분망한 속무(俗務)가 이러한 물음을 물을 여유를 주지 않은 것이리라.

이렇게 해서 이 전기에 이르기 위한 필요한 조건은 청년이라는 것과 여유라는 것이다. 단지 청년이더라도 여유가 없으면 이 체험을 겪지 못한다. 이제야 우리는 비로소 알게 되었다. 살기 위한 동물적 요구로부터 해방되어서 부모가 해주는 학자금으로 조용히 읽고 생각하는 한가한 때가 갖는 커다란 의의를. 대체로 보면 청년 학생에게만 이러한 전기가 오는 것이다. 학생으로서의 행복을 다시 생각하게 된다.

그러나 행복하다는 것은 반드시 안이하다는 뜻은 아니다. 의심을 품기에 이른 학생의 전도는 결코 탄탄대로는 아닌 것이다. 의심 없이 타율의 명령에 따르던 옛날이야말로 오히려 평화로웠는지도 모른다. 이제는 무조건적으로만 복종할 수 없게 된 그에게는 명령이라는 이전의 구속력만은 감소되었지만, 새로운 규범은 아직 나타나지 않은 상태이므로 풀 수 없는 의문의 불쾌를 견딜 수 없어서 어쩌면 주색에 탐닉하게 될지도 모른다. 그러나 그에게 이전의 명령의 구속은 쇠퇴했다고 하더라도 아직은 그것이 전적으로 부정된 것은 아니므로 명령에 위반했다는 의식이 더욱 그를 불쾌하게 만들고, 이러한 불쾌를 몰아내기 위해서 그는 더욱 덧없는 쾌락을 추구하려고 한다.

탐닉에 탐닉을 거듭해서 정신과 육체를 소모하고 마침내 폐인이 될지도 모른다. 이것이 회의(懷疑)에 따르는 위험이다. 그러나 만일 그에게 사리를 파악할 냉철한 정신의 힘이 남아 있다면 그는 다시 일어서서 이 위험을 벗어날 것이다.

이전의 명령에 회의를 품고 새로운 명령을 파악하지 못한 오뇌는 때로는 이와는 다른 길로 달리게 하기도 한다. 그것은 이전의 명령을 전적으로 부정하고 아마도 이와는 대조적인 것을 긍정하는 입장이다. 이 긍정과 부정은 적극적으로 새로운 것을 구한 후의 긍정과 부정은 아니다. 단지 이전의 것을 부정하기 위해 부정한 것으로서, 그 긍정은 부정된 것의 부정을 구한 것에 지나지 않기 때문이다.

그리고 이전의 명령을 전적으로 부정하는 것은 과거를 말살하는 것이고, 인간을, 자기를 부정하는 것이다. 이렇게 될 수는 없으므로 이전의 명령을 부정하면서 무의식적으로는 이를 받아들이고 이상하게 여기지 않는다.

이렇게 해서 그에게는 모순과 당착이 따라다닌다. 이것도 또한 회의시대의 위험이다. 아테네에서의 소피스트의 사상, 17, 8세기의 자연주의, 마르크스, 엥겔스의 유물변증법은 이러한 심리의 소산인 부분이 많다.

그러면 회의의 위험에 빠지지 않고 회의로부터 벗어나는 청년의 모습을 살펴보자. 그는 지금까지의 자신을 돌이켜본다. 그 때에 보는 자기와 보이는 자기의 대립은 한층 더 선명해진다. 두 개의 자아가 이렇게 대면했을 때, 사람들은 그가 자각의 때를 맞이했다고 한다. 또는 자아에 눈떴다고 하기도 하고, 자아를 의식했다고 하기도 하고, 그가 자기 자신에 이르게 되었다고 말하기도 한다.

청년인 경우의 자각의 중요성은 아무리 높이 평가해도 지나치지 않다. 그의 앞에 비로소 인생이 나타났기 때문이다. 더 나아가서 그 후의 그는 어떻게 되는가?

그의 앞에는 세 갈래 길이 있다. 첫째는 지금까지의 명령을 그대로 긍정하는 것이다. 그러나 그는 이미 의심을 품었으므로 의심을 갖게 된 것이 그대로 지속될 수는 없다. 둘째는 이전의 명령을 전적으

로 부정하는 것이다. 이것이야말로 회의(懷疑) 자체의 소산으로서 회의를 벗어나는 길은 아니다

여기에 제3의 길을 택한 사람이 사상적으로 몇 사람 있었는데, 그 최초의 사람은 아테네의 거인 소크라테스였다. 그는 종전의 명령을 전적으로 긍정하는 노인과, 이를 전적으로 부정하는 청년 소피스트에 직면해서 어느 쪽에도 반대하고 제3의 길을 걸었다. 그것은 지금까지의 그를 바라보면서 그가 복종해 온 각각의 명령의 핵심에 숨겨져 있는 것을 파악하는 일이었다. 그것이 특수를 뒷받침하는 보편이었다. 그리고 이 보편은 바로 『인격』이었다.

인생의 문제에 직면하여 어느 길을 채택할 것인가에 나타난 그의 태도는 지금까지도 외면할 수 없는 교훈을 우리들에게 던져준다. 기원 전 5세기의 아테네에 나타났던 문제와 그 해답에는 2천 수백 년 전의 것이라고는 생각할 수 없는 현대적인 의미가 담겨 있다.

특수에 숨은 보편을 찾아낸 청년이 가는 길을 우리는 잠시 따라가 보지 않을 수 없다. 그는 보편에 도달한 다음에 다시 특수로 되돌아와서 이를 비판한다. 그리고 부정과 긍정의 두 가지가 나타난다. 따라서 그는 일면으로는 이전의 명령을 견지하는 보수파이고, 다른 면으로는 이를 개혁하는 개혁파이다.

그러나 어느 경우에도 그에게는 이미 타율은 없다. 모두가 자율인 것이다. 그러나 이러한 결론에는 어떻게 도달하게 되는가? 이 책 전부가 이에 대한 대답이므로 우리는 천천히 설명을 진행시켜야 한다. 여기서 우리는 다시 자각의 때로 되돌아가기로 하자.

*

내 앞에 산이 있고 나무가 있고 풀이 있고 시내가 있다. 이러한 것이 있을 때에 보이는 것과 보는 것이 있다. 보이는 것을 객관이라고 하고, 보는 것을 주관 또는 자아라고 한다. 내가 시점(視點)을 옮겨 나의 신체를 바라볼 때에는 신체도 또한 하나의 객관이다. 다만 이 객관은 『나의』 신체라고 할 정도로 나에게 근접해 있기는 하지만, 여전히 객관이라는 점에서는 다름이 없다.

그러나 여기서 객관에 대립해서 주관이 있다고 할 때에는 보는 주관을 보는 다른 주관이 있게 된다. 보이는 주관은 여기서는 이미 객관이다. 또한 하나의 주관이 다른 주관을 보고 있다고 생각할 때에는 보는 주관은 이미 객관이 된다.

앞에서 말한 산이나 시내를 외적 객관이라고 하는 데 대해서 이 객관은 내적 객관 또는 내적 세계라고 한다. 주관은 여기서 둘로 나누어지므로 이를 자아의 분화(分化)라고 한다. 자각이라고 하는 것은 자아가 분화하여 하나의 자아가 다른 자아를 의식하게 된 것을 말한다.

산이나 나무나 풀은 의식이 없다. 물고기는 먹이를 찾아 헤엄을 치고, 새는 총소리를 듣고 달아난다. 그러나 인간 이외의 동물은 외적 객관을 의식할 수는 있지만 내적 객관을 의식할 수는 없다. 자기를 의식할 수 있는 것은 오직 인간뿐이다. 인간을 만물의 영장이라고 하는 것은 이 때문이다. 자각이 우리에게 중요한 것은 인간이 인간이 되었다는 것을 의미하기 때문이다.

보이는 주관, 곧 내적 세계는 그 외적 세계와 함께 보는 주관에 대립해서 세계 전체를 구성한다. 우리는 외적 세계가 광대무변함은 알고 있지만, 내적 세계가 이에 뒤지지 않음은 흔히 잊고들 있다. 여기에도 옥야천리(沃野千里)로 멀리 천애(天涯)에 이어지는 광대무변의 세계가 있다.

저 외적 세계만을 알고 이 내적 세계를 모르는 사람에게는 세계는 얼마나 좁을 것인가. 내적 세계는 통일체를 이룬 자아의 세계이다. 여기서 자아는 자유롭게 도약하며 약동하고 있다. 우리는 무기를 들고 싸우는 경우에도, 펜을 들고 책을 쓰는 경우에도, 붓을 들고 캔버스를 마주하고 있는 경우에도, 그 하나하나의 경우에 전자아(全自我)는 자신을 약동시키고 있다

그런데 조용히 이 자아의 활동을 관찰해 보면 아마 세 가지 유형으로 분류할 수 있을 것이다. 앞의 예를 든다면, 무기를 들고 싸우는 것은 도덕적 활동이고, 책을 쓰는 것은 지식(학문)적 활동이고, 붓을 들고 캔버스와 마주하는 것은 예술적 활동이다.

이렇게 분류한다고 해서 자아가 셋으로 각각 분열되어 있다는 것은 아니다. 그 하나하나에 전자아(全自我)는 스스로를 나타내며 약동(躍動)하고 있는 것이다. 도덕적 행위의 한 예로서, 도둑질을 했을 경우에 처벌을 받고, 다른 사람을 구조했을 경우에 표창을 받는 것은 전자아가 처벌 또는 표창의 대상이 되는 것으로서 그 행위에 영향을 끼친 것은 전자아이기 때문이다. 미성년자나 정신질환자가 처벌을 덜 받는 것은 이 자아의 약동 방식에 처음부터 결함이 있기

때문이다.

지식적·도덕적·예술적이라는 세 가지 활동의 구별에 있어서 더욱 구체적인 것은 각각의 항목에 맡기기로 하고, 여기서 간단히 말하자면, 지식적 활동은 객관에 대한 의식을 체계로까지 포섭하는 작용을 말하는 것으로서, 이를 『지(智)』식이라고 말하지 않고 『지(知)』식이라고 말하는 것은 지식(智識)은 개개의 지식(智識)을 가리키고, 지식을 발생시키는 인식작용을 가리키는 경우에는 지식(知識)*이라고 한다.

> * 지식(智識)과 지식(知識)의 구별은 생소한 것으로서 흔히 사용되는 것은 아니다. 앞으로는 특별히 괄호 속에 밝히지 않는 한 지식은 知識을 가리킨다. (역자)

지식적 활동은 이미 존재를 갖는 객관을 파악하는 것이지만, 아직 존재를 갖지 못한 관념을 객관으로까지 실현하는 활동은 도덕적 활동과 예술적 활동이다. 도덕적 활동은 예를 든다면, 다른 사람을 구조한다는 관념이 관념으로 있는 경우에는 아직 객관으로 실현된 것이 아니지만, 이것이 구조라는 행위로 나타났을 때에는 객관으로까지 실현된 것이라고 볼 수 있다.

따라서 여기서 말하는 도덕적이란 이른바 선(善)만을 의미하지 않고 악(惡)도 포함되므로 일반 윤리학자가 말하는, 이른바 행위로 나타난 것을 말한다. 도덕적 활동에 의해 실현되는 객관이 현실의 세계인 데 반해서 예술적 활동에 의해 실현되는 객관은 상상의 세계이다. 이를테면 미술·음악·문학 등에서 아직은 존재를 갖지 못한 관념이 실현되는 것은 현실의 세계에서는 아니다.

예컨대 그림이나 조각에 나타나는 인간은 현실의 인간은 아니고, 소설에 나오는 일도 현실의 일은 아니다. 그러나 상상의 세계에 실현된 것은 이러한 것으로서 역시 하나의 현실이 된다는 것은 악보나 조각·그림·건축·소설 등이 문화재로서 현실에 존재하는 것만 보더라도 알 수 있다.

아직 존재하지 않는 것을 객관으로까지 실현하는 점에서 도덕적 활동과 예술적 활동은 비슷하고, 현실의 세계에 실현되지 않는 점에서 예술적 활동은 지식적 활동과 비슷하다. 이러한 세 가지 활동을 가능하게 하는 원동력을 우리는 『이성(reason, Vernunft)』이라고 하고, 특히 지식의 경우에 나타나는 이성은 『오성(understanding, Verstand)』이라고 부른다.

그러나 이성과 오성은 다른 것이 아니며, 오성은 이성이 어떤 경우에 나타났을 때의 명칭에 지나지 않는다. 이성은 단 하나밖에 없어서 그것이 다른 경우에 따라서 다른 활동을 하게 된다.

흔히 저 사람은 이성이 뛰어나다든가, 또는 계몽시대(啓蒙時代)는 이성 만능의 시대였다든가 하는 말을 하지만, 이 경우의 이성은 오히려 오성이나 이지(理智)라고 말하는 이성으로서, 이성이 이것으로 전부라고 생각하는 것은 이성의 다른 활동을 간과하고 있기 때문이다.

이성은 세 가지 활동을 가능하게 할 뿐 아니라 이러한 각 활동에 대해서 각기 이상을 부여한다. 지식적 활동의 이상은 진(眞)이고, 도덕적 활동의 이상은 선(善), 예술적 활동의 이상은 미(美)이다. 이상은 이러한 이상을 산출하고 각각의 활동으로 하여금 이상을 향하도록 편달한다. 이상은 또한 가치라고도 부르며, 그것에 의해 각각의 활동을 판단하는 궁극의 규준이다. 지금 존재하는 활동을 이상과 대립시켜서 전자를 현실·사실·존재라고 부르고, 후자를 규범·당위라고 부르기도 한다.

그런데 『이상이란 없다』고 하는 사람도 있다. 이 사람은 이 명제에서 『이상이란 없다』라는 판단을 하고 있다. 그런데 판단이라는 작용은 일반 개념에 의해 특수한 사실을 긍정하거나 부정하는 것이므로 판단은 이미 일반 개념을 예상하고 전제하고 있다. 그리고 이 경우의 일반 개념은 진, 곧 이상이므로 논자는 이상을 부정하면서 이상을 전제하고 있어서 이것은 분명히 자기모순이다.

또한 그는 이 명제를 주장할 때에 상대방의 인정을 유도하고 있다. 상대방이 인정하든 않든 관계가 없다면 그 주장은 무의미하기 때문이다. 상대방의 인정을 구하는 것은 상대방의 인정의 의무를 예상하고 있는 것이다. 그리고 의무란 이상을 전제하고 있으므로 여기서도 또한 자기모순을 범하고 있다. 이렇게 해서 우리는 이상의 존재를 허용하지 않으면 안 된다.

자아의 활동은 세 가지로 갈라서 관찰되었지만, 현실의 자아는 오직 하나이다. 이성도 각각의 경우에 다른 모습을 나타내기는 하지만, 이성 자체는 오직 하나이다 그런데 각각의 활동에서 현실과 이상이 대립하는 것처럼 현실의 자아에 대립해서 이상의 자아가 있을 수 있다. 각각의 활동에 대해 이상을 산출한 이성은 여기서도 자아의 이상을 산출한다. 이 경우에 나타난 이상을 인격성이라고 하고, 이성이 산출한 자아의 이상을 『인격(personality, persönlichkeit)』이라고 부른다. 따라서 인격은 진선미가 조화된 주체이다.

여기서는 인격을 『있어야 할 자아』 『이상의 자아』라고 규정했으므로 현실의 우리들의 자아는 인격은 아닌 것이다. 그러나 인격의 서양어는 원래 라틴어의 페르소나(persona)로부터 유래했고, 페르소나는 처음에는 연극무대에서 배우가 쓰는 가면을 의미하다가 가면을 사용하는 배우를 의미하게 되었으며, 이윽고 일반인에게까지 확대되게 되었다.

우리가 흔히 『인격과 인격의 접촉』이라든가 『하등의 인격』 『저 사람은 인격자이다』라거나 『우정이란 인격과 인격의 결합이다』라고 하는 경우에도 인격을 현실의 인간에 사용하고 있고, 서양어의 어원으로 봐도 적당한 것 같다.

그러나 정확하게는 인격이란 이상의 자아라고 규정되어야 하고, 다만 우리들은 인격이 될 가능성의 주체라는 의미에서 현실의 우리를 인격이라고 부르는 것이 허용될 것이다. 나도 이 책에서 인격을 이러한 의미로 사용하고 있는 경우가 있다.

인격은 진(眞)·선(善)·미(美)를 조화하고 통일한 주체이므로 이것은 최고의 가치이며 이상이다. 또한 이것은 최고선(最高善, the highest good, das höchste Gute, summum bonum) 이다. 앞에서 말한 것처럼 현실의 인간도 인격이 될 수 있는 가능성의 주체라는 의미에서 인간 이외의 것과 비교해서 최고 가치라고 하기도 하고, 또한 인격이 되려고 하는 것을 최고선이라고 하는 경우도 있다.

인격은 최고의 가치·이상이므로 이것은 우리들의 목적이고 그밖의 모든 것은 수단이며, 이것을 물건(sache)이라고 한다. 따라서 부나 지위나 우리들의 신체는 물건이지 결코 목적이 아니다.

그런데 진·선·미는 어떤가 하면, 이것은 인격을 구성하는 요소이므로 인격 이외의 것은 아니다. 이것과 인격의 관계는 일부와 전부의 관계이다. 인격이 되고자 하는 현실의 자아를 구성하는 지식(학문)적·도덕적·예술적 활동도 인격과 대립하는 것은 아니다. 마침내 이룩될 인격의 일부이다. 따라서 이것은 물건이 아니다.

사람들은 인격이 최고 가치임을 어떻게 증명할 수 있는가 라고 말할지도 모른다. 그것은 과학자가 실험에 의해서 증명하는 것과 같은 방법으로는 증명하지 못한다. 왜냐하면 지금 우리가 말하고 있는 인격은 증명이라는 것을 성립시키는 근본 요건이므로 이를 대상으로 해서 과학에서와 같은 증명을 시도할 수는 없기 때문이다. 다만 왜 다른 것이 최고 가치가 아닌가 하는 것만은 설명할 수 있다.

예를 들어 이익이나 지위를 최고 가치라고 하는 사람이 있다고 하자. 그러나 우선 이익도 지위도 이를 인식할 때에는 우리들의 이성의 활동을 조건으로 하고 있다. 어떠한 것을 조건으로 한다면 그것은 최고 가치는 아니다. 왜냐하면 『최고』 가치는 무조건적인 것이기 때문이다.

게다가 이러한 것이 최고 가치라고 하는 것은 하나의 가치비판(價値批判)인데, 이러한 비판도 무엇에 의해 가능한가 하면, 그것 역시 이성의 활동을 조건으로 한다. 여기서도 역시 무조건적인 것은 아니다. 다만 인격은 이성, 곧 인격성의 주체이므로 인격이 이성에 의존한다고 하더라도 이것은 자기의존(自己依存)이므로 인격의 무조건성을 저해하지는 않는다. 이것이 최고 가치를 인격 이외에서 구하는 경우에 언제나 실패하는 까닭이다.

인류의 조상은 일찍이 무기나 장식품을 최고의 가치로 생각했다. 그러나 이러한 것은 최고 가치가 아니고 그 조건 가운데 하나이며, 다른 최고 가치가 있음을 이윽고 알게 되었다. 그래서 최고 가치를 우리들의 신체에서 찾고 용모의 아름다움이나 육체의 강건함을 최고 가치라고 생각했다. 현재도 여성 가운데에는 이러한 생각을 하는 사람이 없지 않다.

그 다음엔 이러한 것을 버리고 용기나 절제나 정의나 경건을 최고 가치라고 여겼다. 여기서의 최고 가치는 외적 세계로부터 옮겨져서 내적 세계에서 구하게 되었다. 그렇지만 이러한 것들은 덕(virtues)이라고 하는 것으로서 이들 상호간에는 모순도 저촉도 있을 수 있다. 그래서 이러한 덕들의 배후에 최고 가치가 있지 않을까 하고 탐구하는 사람이 나타났다. 그것이 아테네의 소크라테스였다.

그는 사람들이 지금까지 최고 가치라고 생각해 온 것은 무엇엔가 소유되어 있는 것으로서 덕들에 나타나는 무엇이 있지 않으면 안 된다고 의심하기도 하고 생각하기도 했다. 그리고 그것을 『자기 자신』에게서 찾았다. 『자기 자신의 것』이 아니면 『자기 자신』이 나타난 것은 아니며, 『자기 자신』이야말로 최고 가치임을 알게 된 것이다. 이것을 그는 『영혼(靈魂, psyche)』이라고 불렀고, 이것은 바로 우리가 말하는 인격인 것이다.

물론 그가 『영혼』을 찾아내기는 했더라도 그것은 주로 도덕적 활동의 주체로서의 『영혼』이었고, 오늘 우리가 말하는 인격이라고 하기에는 한정된 성격을 가진 것이지만, 최고 가치를 찾아 편력하다가 마침내 『영혼』, 곧 『인격』과 부딪친 사람은 소크라테스였다.

그 후로 『인격』의 운명에도 많은 변천이 있었다. 어떤 시대에는 그 존재가 말살되기도 했다. 다시 인격을 발견한 것은 근세 초기의 르네상스 시대였다. 사람들은 이를 일컬어 『인간의 발견(Entdeck-ung des Menschen)』이라고 한다. 그러나 이때 발견된 인간은 결코 인간의 완전한 모습은 아니었다. 그 후로 어떤 때에는 인간의 예술적 일면만을, 또 어떤 때에는 지식적 일면만을 인간의 전체적 모습이라고 보고 그 면만을 강조했다.

이러한 시대가 있은 다음에, 자칫하면 간과하기 쉬운 『인격』을 확연한 의식으로까지 끌어올리고, 지식·도덕·예술의 각각의 한계를 분명히 해서, 각기 그것은 인간의 한 측면에 지나지 않고, 전 인간(全人間)은 각각의 측면만으로 그치지 않는 것임을 확립한 사람은 칸트였다.

칸트는 《순수이성 비판》에서 지식적 활동을, 《실천이성 비판》

에서 도덕적 활동을, 《판단력 비판》에서 예술적 활동을 다루었다. 그가 『인격』이라는 관념을 내세운 것은 《실천이성 비판》에서였으며, 그의 경우 인격이 도덕적인 면에 한정되는 흠이 있기는 했다.

그러나 그만큼 인격이 최고 가치임을 역설하고, 그만큼 지식·도덕·예술의 존재 가치를 각기 인정하고, 이윽고 이러한 것들이 통일되고 총합(總合)되는 주체에 이르는 길을 연 사람은 없었다. 고대에는 소크라테스, 근대에는 칸트—『인격』의 관념은 이 두 사람에게 크게 의존하고 있는 것이다.

5. 교양 (2)
敎養

> 교양에서는 주체도 객체도 모두 자아이다.
> 자아가 자아를 객체로 삼아서 이상적 자아로
> 만드는 것이다. 여기에 자아를 둘러싼 삼중주가 있다.

현실의 자아와 대립해서 이상의 자아, 곧 인격이 주어진다면 현실의 자아는 이상의 자아여야 하고 또한 그렇게 되도록 노력해야 한다. 이것이 『교양(culture, Bildung)』이라는 것이다.

교양은 이것저것 지식이나 예술품을 섭렵하는 일이 아니라, 지식이나 예술의 주체인 인간을 아는 일이다. 종래 쓰여 오던 교양이라는 말이 자칫하면 오해받기 쉬워서 이 말을 육성이라는 말로 바꾸고자 한 사람도 있다. 그러나 교양이라는 말은 이미 관용되어 온 지가 오래되므로 새로운 말을 사용하는 것보다는 교양의 본질을 구명하는 것이 바람직하다.

영어의 culture는 경작(耕作)하는 것을 의미하고, 따라서 현실의 자아를 경작해서 인격이 되도록 하는 것이고, 독일어의 Bildung은 형성, 구성을 의미하는 것으로서 인격으로까지 형성, 구성하는 것이다. 빌헬름 폰 훔볼트는 『인간의 목적, 곧 막연한 찰나의 욕망에 의한 것이 아니라, 영원불변의 이성이 명하는 목적은 각자의 능력을 완전무결한 일체(一體)가 되도록 해서 가장 고도이면서 또한 가장 원만한 발달을 하도록 하는 것이다.』라고 말한다.

이 말을 인용한 존 스튜어트 밀은 《자유론》에서 『아마 사람이 만든 것 중에서, 그것을 완성하고 미화하기 위해서만 인생을 살아가야 하는 것 중에서, 그 중요성에 있어서 최초의 것이 되어야 할 것은 분명히 인간 그 자신이다.』라고 말한다.

앞에 인용한 피히테나 나토르프가 교육을 정의한 말은 이를 타동사에서 자동사로 바꾸기만 하면 교양의 정의가 된다. 곧 『인간을 그 자신이게 하는 것』이고 『인격을 도야하는 것』이다. 그린은 이것을 『자아를 실현하는 것』이라고 했고, 또한 『인격 또는 자아의 성장』이라고 했다.

교육에는 주체와 객체가 있으며, 주체를 교사라고 한다면 객체는 학생이고, 주체와 객체는 동일하지 않다. 그런데 교양에서는 주체도 객체도 모두 자아이다. 자아가 자아를 객체로 삼아서 이상적 자아로 만드는 것이다. 여기에 자아를 둘러싼 삼중주(三重奏)가 있다.

그것은 『있는 것』(존재)도 아니고, 또한 『하는 것』(행위)도 아니고 『되는 것』이다. 『있는 것』에 대한 지식은 자아와 객관과의 관계이고, 『하는 것』이란 자아에 의한 객관의 창조이지만, 『되는 것』은 자아가 자아로 『되는』 것으로서 외적 객관에 대립하는 주관 그 자체의 변화이다. 따라서 이 변화는 자아가 할 수 있을 뿐이고, 다른 사람이 대리하는 것은 허용되지 않는다.

교육의 주체인 교사는 교양을 환기하고 자극하고 편달할 수는 있지만, 교양 자체를 실현시키지는 못한다. 이것이 소크라테스가 교사의 임무를 조산부(助産婦)적이라고 한 까닭으로서, 교사는 그 이상의 역할을 할 수는 없는 것이다. 다만 이미 들어 있는 태아를 끄집어 내는 일을 하는 데 지나지 않는다. 자기만이 할 수 있는 임무이면서 또한 자기만이 하려는 능력을 가진 것, 이것이야말로 인간을 만물의 영장이라고 하는 이유이다. 인간은 자각으로 말미암아 만물의 영장이라고 했지만, 여기에 이르러 자각이 자아 성장의 출발점임을 알게 되었다.

교양에 대해서 우선 알아두어야 할 일은, 학문과 도덕과 예술이 모두 교양에 있어서는 중요하다는 점이다. 이들 중의 한 면만을 가지고 전자아라고 하는 것이 잘못임은 앞에서 이미 지적했지만, 이 세가지는 어느 것이나 인격을 도야하는 요소로서, 인격이라는 최고 가치를 목적으로 하고, 인격에 의해서 서로 유기적 관련을 갖게 되어야 한다.

학문이나 예술을 인격도야로부터 유리시켜 다루는 것이 우리나라 교육의 결점임은 앞에서 말했지만, 그 결과 학문이나 예술이 자아에 반응하여 전자아를 성장시키지 못하고, 학자나 예술가가 각기 각분야의 직업인으로서 기형적인 발달을 이루고 있는 것은 우리들 주위에서 많은 예로 나타나고 있다. 그처럼 전자아의 무성장은 학문이나 예술의 힘을 얼마나 약화시키고 있는가. 이것은 모두 이러한 활동이 각각 분열되어 있어서 인격도야라는 한 점에 응집되고 결집되어 있지 않기 때문이다.

다음에 경계해야 할 일은 물건으로서, 인격도야의 수단이 되어야할 것을 거꾸로 그것을 최고 가치로 함으로써 인격 성장을 무의미하게 만드는 것이다. 지금도 부(富)나 지위나 신체를 최고 가치로 삼는 사람이 있다.

최고 가치가 무엇이냐에 대해 어떤 대답을 하든, 생활의 실제에 있어서는 암암리에 물건을 신성화(神聖化)하고 있는 사람들이 많다. 더구나 이러한 욕구에 이론적 근거를 제공하는 여러 가지 학설이 있다. 예를 들면 공리주의(功利主義), 물질주의, 유물론 등이 그것이다. 이러한 학설이 없다면 쑥스러워하며 슬그머니 주저앉을 사람이 얼핏 그럴 듯하게 보이는 이러한 학설을 알게 되면, 혹은 정직하게 그 이론에 감동해서, 또는 교활하게 그 학설을 이용해서 이러한 학설이 횡행하게 만든다.

그러나 이러한 학설은 요컨대 인간에게 뿌리 깊게 숨어 있는 이기심을 정당화하기 위해서 양심에 눈가리개를 하는 도구에 지나지 않는다. 사람들은 이를 『자기궤변(self-sophistication)』의 학설이라고 한다. 특히 위험한 것은 이러한 자기궤변의 학설은 결국 우리들의 내심을 승복시키지 못하기 때문에 자아의 분열을 일으키게 하고, 분열에서 생기는 약점은 인격의 성장을 저해하게 된다.

자기궤변의 학설의 하나로서 필연론(必然論)이라는 것이 있다.

우리들은 필연에 의해 결정되어 있으므로 우리들에게는 자유가 없고, 따라서 자아 성장의 여지도 없다는 주장이다. 여기서는 필연이라는 것이 우리들의 노력을 게으르게 하는 도구가 되고 있다. 그러나 새삼 인식론상의 논의를 할 것도 없이 필연이란, 우리를 원인 결과의 계열에 두는 것으로서, 우리가 어떻게 할 수 없는 원인이 우리를 그 결과에 이르게 한다는 것인데, 원인이나 결과라는 개념도 인간이 만든 것이고, 원인이 있으면 결과가 있다는 인과율(因果律)도 외계에 존재하는 것이 아니라 우리가 만든 것이고, 어떤 현상과 현상 사이에 인과율을 적용하고, 하나를 원인이라고 하고 다른 것을 결과라고 하는 것도 역시 인간인 것이다.

필연의 관계는 자아가 만든 것이므로 이를 만든 자아는 필연에 속하지 않는다. 그러므로 필연은 자아의 자유와 모순되지 않을 뿐 아니라 자유로운 자아가 있기 때문에 필연의 인식이 가능하게 된다. 자아가 필연적으로 결정된다는 학설이야말로 인과(因果)를 전도한 학설이다. 적어도 자기의 태만을 변명하는 구실로서 이 학설을 내세우는 자유만은 그 사람에게 있을 것이다.

이러한 위험이 배제된 다음 성장을 위한 우리들의 자세는 어떤 것이어야 하는가? 여기서는 생명 있는 교사와 생명 없는 교사—책—나 부모나 친구가 도움이 된다. 그러나 이들도 조산부나 위안자일 뿐이지 우리의 성장을 대신할 수는 없다. 성장은 우리들 자신이 하지 않으면 안 된다.

그러나 여기서 성장의 계기가 되는 것은 경험이다. 이렇게 말하면 경험설이라는 자기궤변의 학설이 다시 등장할지도 모른다. 경험이 인간을 결정한다고 하는 것이다. 그러나 경험은 성장의 주체가 아니라 단순한 계기이다. 이를 계기로 활용하는 주체야말로 자아 자신인 것이다.

동일한 경험에 있어서 어떤 사람은 위축되고 어떤 사람은 오히려 분기한다. 여기서 경험이라는 것은 어쩌면 내적인 것일지도 모른다. 공명심이 강한 것, 우월욕이 강한 것, 금전을 탐욕하는 것, 색욕(色欲)이 강한 것, 태만한 것, 박지약행(薄志弱行)인 것—이러한 것은 모두 자연으로서 주어진 경험이라 하겠다. 또한 어쩌면 외적인 것일지도 모른다.

가난한 것, 신체가 허약한 것, 부모의 별세, 친구의 죽음, 연인의 죽음, 사회로부터의 비난과 공격, 생명이 위험에 놓이는 일, 또는 반대로 부유한 것, 입신출세하는 것, 세상 사람들로부터 박수갈채를 받는 것—이것도 모두 경험이다.

어떤 사람은 혹은 내외의 경험에 지쳐서 쓰러질지도 모른다. 그 어느 쪽이 되는가 하는 것은, 그가 얼마만큼 최고 가치를 구명하고 이를 위해서 사는 보람이 있다고 믿는가에 달려 있다. 만일 그에게 성장의 의욕이 치열하다면, 해로운 경험도 바꾸어서 유리하게 활용하고, 해로운 경험에 오염되지 않을 것이다. 우리는 세상의 성장한 사람을 볼 때에 그를 성장시킨 계기가 된 경험이 무엇이었는가를 상상할 수 있다.

경험은 내외로부터 이에 대응하는 자아의 힘을 촉발(觸發)한다.

이 힘은 촉발하는 것이 없었다면 영원히 잠복해 있었을 것이다. 그러나 촉발하는 것이 있을 때에는 이에 대처하기 위해 전자아를 총동원한다. 이렇게 해서 우리는 성장하는 것이다.

존 스튜어트 밀은 《경제원론》 1절에서 『인생의 실무는 인간의 실제적 교육의 주요한 일부를 이루는 것이다. 서적과 학교의 훈도(訓導)는 크게 필요하고 유익하지만, 실무 없이는 사람들에게 행위할 자격을 갖추게 하고, 목적에 대해서 수단을 적응시키는 일에 사람들로 하여금 자격을 갖추게 하는 데에 부족을 느낀다. 다른 것, 예컨대 거의 불가결의 것은 능동적 정열을 발랄하게 발양(發揚)시키게 한다. 노동, 공부, 판단, 억제 등 이러한 모든 것에 대한 자연의 자극은 실로 인생의 고투이고 난관이다…….』라고 말한다.

모든 것을 빼앗긴 천애의 외로운 나그네(孤客)도 그 자신의 성장만은 빼앗기지 않는다. 아니 외로운 나그네라는 것 자체가 더욱 그를 성장시킨다. 그러므로 내외의 경험은 저주할 것이 아니라 오히려 축하하고 찬양해야 할 것이다. 그러면 성장의 극한, 곧 인격은 어떤 것인가? 이것은 마치 눈에 보이듯 구체적으로 묘사할 수는 없다. 왜냐하면 구체적인 묘사는 이미 실현되어 있다고 예상하는 것이고, 실현되어 있는 것은 이미 이상이 아닌데, 인격은 자아의 이상이기 때문이다. 다만 그것에 가까운 것의 일단을 포착할 수는 있다.

요컨대 완전한 지식과 풍부한 정서와 광범한 동정은 각기 고도의 것이면서도 서로 조화된 상태라고 할 수 있다. 여기서는 크고 깊고 넓고 풍부하고 굵고 강한 것이 연상되고, 작고 약하고 좁고 가늘고 얕은 것과는 정반대다. 여기서는 선인(善人, good man)은 위대한 사람이고, 선인은 전인(全人, ganzer Man)인 것이다.

우리는 통속적으로도 단순한 학자를 위대한 사람이라고는 생각하지 않으며, 단순한 예술가를 위대한 사람이라고 생각하지 않는다. 원래 단순히 공을 세운 정치가나 선량한 농부를 위인이라고 생각하지는 않는다. 학문이나 예술이나 도덕의 배후에 이를 통일하는 『사람』을 생각하고 이에 의해서 위대함은 결정되는 것이다. 그리고 그 표준은 아마도 앞에서 말한 것에 있을 것이다

만일 그렇지 않고 단순한 정치가나 단순한 부호를 위대한 사람으로 생각한다면 그 사람은 최고 가치에 대해 잘못된 입장을 가지고 있다고 하겠다. 그런데 우리 주위에는 이러한 오류를 범하는 사람이 결코 적지 않다.

좁은 시야, 건조한 감정, 희박한 의지력―이러한 것은 선과는 정녕 반대되는 것으로서 악에 속하는 것이다. 우리 주위에서는 흔히 사람을 변호하는 경우에 『저 사람은 성격이 유약하니까』라고 말한다. 그러나 유약하다는 것은 변호의 이유가 되지 않을 뿐 아니라 정녕 악 그 자체인 것이다.

사람들은 내가 말하는 선인이 온후한 덕이 있는 군자(君子)를 뜻하는 것이 아닌가 하고 오해할지도 모른다. 그러나 그 정반대이다. 만일 온후한 군자가 하지 말아야 할 일은 하지 않지만, 해야 할 일을 하지 않는 소극적이고 퇴영적인 사람을 의미한다면 그는 결코 선한 사람이 아니다. 또한 만일 유덕(有德)한 군자가 되는 것이 세상에서

말하는 이른바 전통적 도덕에 일의전심(一意專心)으로 따르기만 하는 속없는 사람을 말한다면, 이것 역시 우리가 바라는 바는 아니다.

세상에는 흔히 몸을 사리며 잘못이 없기만을 바라마지 않는 사람이 있다. 그렇게 함으로써 잘못은 저지르지 않을지도 모른다. 그러나 그 값비싼 대가로 인간 자체는 작고 약하고 위축된다면 오히려 선으로부터 떨어지는 결과가 된다.

괴테가 말했듯이, 『사람은 노력하면 할수록 잘못에 빠진다.』 나는 새는 떨어지지만 날지 않는 새는 떨어지지 않는다. 잘못이 없기를 바란다면 아무 일도 하지 않는 것이 제일이다. 그 대신에 인격의 성장은 멈춘다. 이렇게 볼 때 교양은 인생에서의 싸움인 것이다.

일찍이 빅토르 위고는 세상에는 싸움의 유형에 세 가지가 있다고 보고, 인간의 자연에 대한 싸움, 사람과 사람의 싸움, 사람의 내면(內面)에서의 싸움을 들고, 각각의 싸움에 대해 《해상의 고투자(苦鬪者)》, 《1793년》, 《레미제라블》의 3부작을 썼는데, 사람들은 자칫하면 마음속의 싸움을 잊기 쉽다.

*

이상의 자아, 곧 인격은 오직 하나이다. 따라서 각각의 현실의 자아가 지향하는 표적은 하나인데, 이를 지향하는 현실의 자아는 한결같기는커녕 실로 천차만별이다. 현실의 자아를 촉발하는 경험, 곧 유전이나 환경이나 교육이 다르기 때문이다.

라이프니츠가 말한 것처럼, 우리는 『단자(單子, monad)』이고, 전 우주의 축도이므로 『소우주(microcosmos)』이고, 『우주의 산 거울(miroir virant de l'univers)』이지만, 이 거울은 우주를 비치는 방식에서 다르다. 이러한 각자의 특수성은 개성(individuality), 또는 성격(character)이라고 불린다. individuality는 그 이상 나눌 수 없음을 의미하고, 따라서 다른 것에 나누어 줄 수 없다는 의미가 된다. 또한 character는 형용사의 characteristic이 나타내는 바와 같이 특유한 것이라는 의미이다.

나는 앞에서 성격, 개성이 생기는 이유를 유전이나 환경이나 교육 등, 한 마디로 말하면 경험에 돌렸지만, 여기서 더욱 중요한 점은 각자가 최고 가치라고 생각하는 것이 다르다는 점이다. 우리들의 경우, 최고 가치는 인격이었지만 사람에 따라서는 부나 지위나 생명의 지속에 둘지도 모르고, 또는 학문이나 예술에 둘지도 모른다. 어떤 사람은 사람을 죽임으로써 자아가 만족하고, 어떤 사람은 위험을 무릅쓰고 사람을 구함으로써 자아가 만족한다.

그리스도는 십자가 위에서 죽고, 석가는 출가하여 속세를 떠나는 데 최고 가치를 둔다. 이것은 모두 각자의 최고 가치가 다르기 때문이다. 무엇이 최고 가치여야 하는가에 대한 논의는 잠시 뒤로 돌리고, 현실적으로 최고 가치로 삼는 것이 각자에 따라 다르다면 여기에는 각자의 특수성이 생기지 않을 수 없다.

앞서 설명한 것처럼 현실의 자아는 인격으로 성장해야 하므로 각자가 인격이 되어서 끝나는 궁극의 경우를 상상한다면 오직 한 가지가 가능할 것이다. 그런데 이것은 궁극의 이념으로서, 우리의 성장이란 이 궁극의 이념을 지향하는 『영원의 진보(progressus ad infinitum)』이다. 이 덧없음이 인간으로 하여금 지금 실재하는 인격을 구성시킨다. 이것이 신(神)이다.

그러나 신이 아니고 이 과정에 있는 현실의 자아가 각기 특수성을 갖는다면, 자아의 성장에서의 특수성은 어떻게 다루어야 할 것인가? 거기에 대한 대답은, 특수에 있어서도 너는 너 나는 나라고 하는 의미는 아니고, 학자는 학자, 예술가는 예술가라는 의미도 아니다. 왜냐하면 특수는 단순히 서로 다르다는 것을 의미함은 아니기 때문이다. 보편이 특수하게 표현되어 있는 것으로서, 특수한 것은 서로 특수하면서도 보편에서 결합되어 있는 것이고, 특수는 보편의 표현 방식이 다를 뿐인 것이다.

두 개의 것 사이의 관계는 세 가지로 구별할 수가 있다. 첫째는 대립상이(對立相異)의 관계이다. 예를 들면, A는 B가 아니고 B는 A가 아닌 관계가 그것이다. 둘째는 전체와 부분과의 관계이다. A는 전체이고 B는 그 부분인 관계가 그것이다. 셋째는 보편과 특수의 관계로서 인격과 성격은 바로 이러한 관계에 있다.

이 경우에 보편을 A라고 하고 특수를 B, C, D라고 하고 A는 B, C, D는 아니어서, 단순히 B, C, D와 다르다고 한다면, A와 B, C, D는 첫째의 대립상이의 관계에 있어서 A는 B, C, D를 부분으로 하는 전체는 아니다. 현실의 자아를 아무리 많이 집합시켜 놓아도 인격이 되지는 않기 때문이다.

A는 B, C, D와 단지 다른 것도 아니고, 또한 원래부터 동일한 것도 아니다. A는 B, C, D의 각각에 자기를 표현하고, 그것도 각기 다

른 방식으로 표현하는 것이다. 그리고 A는 자기를 표현한 B, C, D 이외에 달리 현실적으로 존재하고 있는 것은 아니다. 다른 방식으로 표현하고 있기 때문에 B, C, D는 서로 다르지만, 단지 다른 것이 아니라 보편에 있어서 이어져 있으면서도 다른 것이다. 이것이 특수의 의미이다.

그런데 여기서 B는 학자이고, C는 예술가이고, D는 정치가라고 하자. 이들의 현실의 성격이 단지 학자로서만, 예술가로서만, 또한 정치가로서만 성장한다면 그것은 대립상이의 관계이다. 만일 단지 학자와 예술가와 정치가가 결합했다면 각자는 전체에 있어서의 부분의 관계이다. 만일 각자가 학자, 예술가, 정치가로서 성장하면서 인격의 성장을 도모한다면 이는 보편과 특수의 관계이다.

이 관계에서는 전문인으로 성장하면서 이미 인격의 성장을 하고 있으므로 인격의 성장이 되지 않는 전문인으로서의 성장은 있을 수 없으므로 사실은 학자도, 예술가도, 정치인도 아무것도 아닌 것이다. 그런데 현실에는 아무것도 아닌 것이 적지 않다. 이를 어떤 것인 것처럼 생각하는 것은 보편과 특수의 관계를 이해하지 못하기 때문이고, 최고 가치를 인격에 두지 않기 때문이다.

현실의 자아가 특수이기 때문에 여기서 전문이 생기고 이윽고 직업이 생긴다. 학생이 인문계와 자연계로 나누어지고 각각의 대학에 입학하는 것은 그 특수성 때문이다. 그리고 마침내 직업인이 되어 사회에 나간다. 자본주의 사회에서는 각 직업인은 주관적으로는 대립상이의 관계에 있고 객관적으로는 전체에 있어서의 부분의 관계이다. 어느 경우에나 특수에 있어서 보편이 살아 있지 않다.

　이것은 한편으로는 자본주의의 결함이고, 또 한편으로는 현대의 학교에서의 이른바 특수교육이 일반교육, 곧 인격 성장과 아무런 관련도 갖지 않기 때문이다. 그러나 나는 아직 사회를 말할 자리에 와 있지는 않다.

　사람들은 인격이라고 말할 때, 어쩌면 국민을 넘어선 인류사회(人類社會)를 연상할지도 모른다. 그러나 이 연상은 오류이다. 인류와 국민의 관계도 보편과 특수의 관계이다. 국민 이외에 인류란 없다. 인류는 국민 속에 자기를 표현하고, 국민은 특수를 삶으로써 보편을 살리는 것이다. 이에 대해서는 이 책 끝에 가서 보다 자세하게 말하려 한다.

*

　인격은 최고 가치이므로 이는 신성시되어야 하며 이에 대한 외경의 자세를 가져야 한다. 칸트는 『위에는 별이 빛나는 하늘의 대법(大法), 마음속에는 도덕의 대법』이라고 말했거니와, 이 말을 바꾸어서 말하면 인격에 대한 외경이라고 할 수 있다. 현실의 인간은 인격이 아니기 때문에 원래 최고 가치는 아니다. 그러나 인격은 각자가 스스로를 표현한 것이고, 각자는 인격이 될 수 있는 것을 자기 안에 갖고 있으므로 비록 엄격한 의미에서는 최고 가치에 가까운 존재다. 그러나 그것은 인격이 될 수 있는 것, 곧 인격성(人格性)을 갖고 있기 때문이고 그 밖의 이유 때문은 아니다. 이를 가장 잘 표현하고 있는 것은 칸트의 다음 구절일 것이다.

『물론 인간은 신성한 존재는 아니다. 그러나 그의 안에 있는 인간성 그 자체는 신성하지 않으면 안된다.』

여기서 칸트는 Person과 Menschheit를 구별하지만, Person이란 현실의 인간을 의미하고 Menschheit는 인격성을 의미한다. 현실의 인간은 그 안에 있는 인격성 때문에 자기 자신이면서도 『자기 자신』에게 존경을 느낀다. 이것이 자경(自敬, Selbstachtung)이다. 만일 인격성에 어긋난다면 그것이 누구이든 간에 경멸(Verachtung)을 느낀다.

자기 자신조차도 존경해야 하는 인격성이 자기 자신 안에 있기 때문에 우리들에게는 긍지의 마음이 끓어오른다. 스스로에게 인격성이 있음에도 불구하고 쓸데없이 스스로를 경멸하는 것—이것을 비굴이라고 한다. 스스로의 인격성 앞에 경건하게 머리 숙이는 일로부터 우리들에게는 겸손이 나타난다. 스스로의 인격성 때문이 아니라 단지 자기 자신을 자랑하는 것—이것을 존대(尊大)라고 하고 오만이라고 한다.

자신과 겸손, 그리고 비굴과 오만은 각기 동일한 것의 안과 밖이다. 우리는 프라이드(긍지)를 가져야 하지만, 프라우드(오만)해서는 안된다. 특수를 단지 특수로서 긍정하는 것과 특수를 보편에 있어서 긍정하는 것이 모두 여기에 나타난다.

우리는 자칫하면 보편을 망각하고 특수에만 주목하기 쉽다. 인간 성장의 그림자를 좇아서 성장 자체의 모습을 잊어버리는 일 때문에 명예심, 공명심이 생긴다. 더 나아가서는 다른 특수를 헐뜯음으로써 스스로의 특수가 높아질 수 있다고 착각하는 일도 있다. 이것이 질투이다.

우리는 많은 사람들과의 생활에서 자기주장을 해야 하건만 주장하지 않는 경우가 있다. 사람들은 이것을 겸손이요 온유라고 할지 모른다. 그러나 그 사람이 보편에 있어서 자기주장을 긍정할 수 없기 때문이라면 겸손이라고 할 수도 있으리라. 그렇지만 보편과 아무 관계없이 침묵을 지키고 있다면 그것은 겸손이 아니라 비굴이다.

만일 그의 경우에 자신의 긍지가 허락하지 않는 것이라면 존경을 손상할 뿐 아니라 다른 사람의 마음속에 오만과 존대를 배양하기 때문에 더욱 부정되어야 한다. 특수는 보편에 있어서 긍정되거나 부정되어야 하는 동시에 만일 긍정된 경우에 특수를 주장하는 것은 권리인 동시에 의무이다. 더구나 각자가 자신의 정당한 몫을 소유하는 것 —이것을 정의(justice)라고 한다—은 권리이면서 의무임에도 불구하고 흔히 겸손과 희생이라는 미명 아래 의무의 포기를 타인에게도 요구하고 자기도 이를 감수하는 것은 오히려 보편에 충실하지 못한 자세다.

각자가 존경하는 것이 각자의 인격성이라면 존경해야 할 것은 자기만이 아니라 다른 사람도 포함되어야 옳다. 왜냐하면 인격성은 보편으로서 모든 사람들에게 표현되어 있기 때문이다. 만일 인격성 때문에 다른 사람을 존경하지 않는다면 그 사람은 자기의 『인격성』을 존경하지 않고 단지 『자기』를 존경하고 있는 셈이다. 그래서 자경(自敬)에는 당연히 타경(他敬)이 따른다. 다시 칸트의 말을 인용한

다면,

　『모든 사람을 단지 수단으로 보지 말고 언제나 목적으로 삼으라.』

　사람과 사람은 언제나 목적으로서 서로 존경하고 존경받아야 한다. 그러나 단지 존경만은 아니다. 자기와 마찬가지로 인격 성장의 도정(道程)에 있는 사람으로서 『함께』 있다는 느낌이 일어나지 않을 수 없다. 여기에서 인간 상호간의 공감과 공명이 생기고, 더 나아가서 이것은 사랑이 된다. 사람들은 이렇게 해서 존경에 의해 결합되고, 다음에는 사랑에 의해 이어진다. 이러한 사람들의 생활체를 일컬어 공동사회라고 한다.

　공동사회의 각 구성원은 각자의 목적, 곧 인격 성장을 지향하고 있다는 점에서 누구나 동일하지만, 현실의 각 구성원은 한결같지는 않다. 앞에서 말한 것처럼 각자는 각기 개성, 성격을 갖기 때문이다. 따라서 공동사회는 지금은 각기 특수적인 것이 보편을 목적으로 해서 지향함으로써 결합된다고 할 수 있다.

　사회의 각자가 특수적이기 때문에 사회 존재의 의의가 있는 것이며, 만일 동일하고 한결같은 인간만이 있다면 사회 존재의 필요도 없고 의의도 없을 것이다. 각자의 특수성은 남녀의 성별로부터 시작해 직업의 차이가 되고 능력, 취미, 경향, 체력의 차이로까지 나타난다. 이러한 특수가 서로 유무상통(有無相通)하는 보완의 역할을 하고 있다.

　칸트가 각자를 『언제나 목적으로 다루어야 한다.』고 말하면서 결코 수단으로 다루어서는 안 된다고 말하지 않고 『단지 수단으로서 다루어서는 안 된다.』고 말하며 수단으로서 다루는 일이 있음을 인정한 것은, 각자가 서로 보완의 역할을 하는 경우에 그는 나의 수단이 되고 나는 그의 수단이 되지 않을 수 없기 때문이다.

보완(ergänzen)이란 충전(充全)을 이루기 위해서 결여된 것을 준다는 의미인데, 보완에도 여러 가지 방식이 있다. 스스로의 자아 그 자체를 가지고 그의 자아를 보완하는 경우에는 부부, 부모와 자식, 사제, 친구, 연인 사이에서 볼 수 있는 특수애(特殊愛)가 있다.

그러나 이러한 특정한 사람을 상대로 한 특수애도 사실은 인격성에 대한 존경과 인격 성장을 하고 있는 사람에 대한 사랑이 기초를 이루고 있으며, 따라서 특수애의 대상 이외의 사람에 대한 일반애(一般愛), 또는 동포애와 함께 이루어지는 것이다

후자의 사랑의 경우에도 서로 보완의 역할을 하는 데에는 변함이 없으나, 이 경우에는 자아 자체로써 보완하는 일은 적고 자아의 소산을 가지고 보완하는 경우가 많다. 학자는 학문으로써, 예술가는 예술로써, 군인은 국방으로써, 정치가는 치국평천하(治國平天下)로써, 식료품 상인은 식료품으로써 인격 성장의 수단을 제공하고 보완을 수행한다. 우리는 스스로 의식하지 못하고 있지만, 평생의 생활에서 다른 사람을 보완하고 다른 사람으로부터 보완을 받고 있다.

보완의 방식이 무엇이든, 그것은 요컨대 다른 사람의 인격 성장을 위한 조건에 지나지 않으며, 인격 성장 자체는 자기 자신만이 할 수 있는 일이고, 또 해야만 하는 일이다. 이러한 조건이 칸트가 말하

는 이른바 물건(Sache)이다. 나는 물건을 최고 가치로 하는 가치 전도를 경계하기 때문에 지금까지 물건의 가치를 낮게 평가해 왔는지도 모른다.

그러나 물건은 최고 가치가 아니고 최고 가치에 의해 가치가 부여되는 것이지만, 최고 가치의 실현에 필요불가결한 것이고, 이를 물건의 효용(效用)이라고 하고, 물건은 그것이 발휘하는 효용에 의해 가치가 부여된다.

우리들의 성장을 위해 물건이 필요함은 물론이지만, 우리들이 사랑하는 동포를 위해 우리들이 할 수 있는 일이 단지 물건의 제공이라고 한다면, 물건은 다른 사람을 위해서도 자기를 위해서도 중요하다고 하지 않을 수 없다.

그러면 물건 중에서 어떤 것을 생각할 수 있는가? 그것은 문화와 문화의 성과이다. 우리들의 인격 성장을 위해 노력하는 자아의 모든 활동을 정신이라고 한다. 우리들의 선인은 성장을 위해 노력하면서 안팎의 자연에 대한 극복을 계속해 왔다. 정신의 자연에 대한 극복의 소산을 문화라고 한다.

문화 중에는 학문·예술·도덕처럼 우리들의 인격 성장의 내용이 되는 것도 있다. 이것이 내적 조건인데, 이와 함께 정치·법률·경제·기술처럼 인격 성장을 위한 외적 조건이 되는 것이 있다. 어느 것이나 조건임에는 틀림이 없다. 이것이 자기의 성장을 위해 필요한 물건이고, 또한 다른 사람의 성장을 위해 제공해야 할 물건이다.

그러나 각각의 경우에 어떤 조건을 제공할 것인가 하는 것이 문제가 된다. 그 때 우리들은 어떻게 해야 하는가? 나는 무엇을 해야 하는가?(What should I do?)—여기에서 도덕의 영역이 우리들 눈앞에 열리게 된다.

지금까지 나는 자각으로부터 시작해서 인격을 도입하고 교양의 의의를 말하고, 그 내용으로서 학문·예술·도덕을 말했다. 이것은 윤리학(ethics, Ethik)의 문제는 아니다. 윤리학은 단지 도덕적 활동을 대상으로 하기 때문에 행위를 다루면서 동기에 이르고, 거기서 인격의 문제를 다룬다고 하더라도 그것은 도덕의 창으로 흘긋 본 인격에 지나지 않는다.

인격을 그렇게 강조한 칸트조차도 도덕과의 관련에서 벗어난 입장에 서 있는 것이 아니다. 물론 학문도, 예술도, 도덕도 마찬가지로 『의지(will)』를 필요로 하고, 학문이나 예술은 전문인의 독점물처럼 보이지만, 도덕은 누구에게나 공통된 문제라고 해서 도덕을 특히 인격과 결합시켰을지도 모른다. 그러나 인격은 단지 도덕이 독점할 것은 아니다. 우리는 앞에서 말한 바와 같은 교양을 주제로 한 학(學)을 종래의 윤리학에서 구할 수는 없다.

영국의 『도덕철학(moral philosophy)』은 어느 정도 우리의 요구에 가까운 것일지도 모른다. 그러나 그것으로는 충분하지 않다. 어쨌든 명칭은 어떻든 간에 그 내용에 있어서 『인생관의 학(Lebensan-schauungslehre)』을 구해야 하는 것이다.

learning

6. 학문
學問

학문은 개개의 지식도 아니고,
또한 지식을 단순히 모아 놓은 것도 아니며,
다만 일정한 원리에 의한 지식의 체계화인 것이다.

여기서 학문이라고 하는 것은 철학과 과학을 포함하는 것으로서,
독일어에서 Wissenschaft는 과학만이 아니라 철학을 포함한 학문 전
체를 말하지만, 영어의 science와 불어의 science는 어느 쪽인가 하면
과학에 중점을 두고 있고 철학을 포함하고 있지 않은 것 같다.

뿐만 아니라, 영어의 philosophy라는 말조차도 과학에 가까운 것
을 의미하는 경우가 있다. 예를 들면 물리학을 natural philosophy라
고 하고, 심리학에 가까운 것을 mental philosophy라고 하는 것이 그
것이다. 물론 후에 밝혀진 것처럼 필로소피의 내용에도 여러 가지 변
천이 있었으므로 따라서 어떤 시대에는 필로소피가 사이언스를 의
미하는 일도 있었지만, 필로소피가 사이언스와 명백히 구별된 시대
이후에도 영국에서는 필로소피를 과학의 의미로 사용하는 일이다.

학문이 도덕 및 예술과 어떻게 다른가에 대해서는 앞에서 이야기했지만, 학문과 학문에 이르지 못한 지식은 어디서 구별되는가. 학문은 개개의 지식도 아니고 또한 지식을 단순히 모아 놓은 것도 아니며, 다만 지식을 체계화한 것이다. 그리고 체계를 만드는 것은 일정한 원리를 중심으로 해서 비로소 가능하므로, 학문은 일정한 원리에 의한 지식의 체계라고 하는 것이다.

산 속의 사냥꾼이나 바닷가의 어부는 산이나 바다의 기상에 대해서 오랜 세월의 경험에 의해 정확하고 잘못이 없는 관측을 할 수 있다. 그렇다고 해서 우리는 사냥꾼이나 어부가 기상에 대한 학문을 가지고 있다고 말하지는 않는다. 그들은 지식을 가졌다고 할 수는 있다. 그러나 체계화되지 않은 지식이므로 이를 학문이라고 하지는 않는다.

또한 우리들은 넓은 지식을 갖춘 『박학다식』한 사람을 박식하다고 할지는 몰라도 학문이 있다고 하지는 않는다. 그 지식이 체계화되지 않았기 때문이다. 특정한 대상에 대해서 특정한 욕망에서 만들어진 지식은 그 『특정』이라는 제약으로부터 벗어나서 일반화·보편화되어야 한다. 그러기 위해서는 일정한 원리에 의해 체계화되어야 한다.

그러므로 학문과 단순한 지식의 차이는 보편과 특수의 차이라고 할 수도 있다. 학문화한다는 것은 특수하게만 보던 것을 보편적으로 보도록 고양하는 것이다.

학문의 기원은 그리스에 있다고 한다. 그리스 이외의 나라에도 각기 지식은 있어서 그리스는 이집트나 페르시아로부터 지식을 수입할 정도였다. 그러나 이러한 외국의 지식은 각기 특정한 실제적 필요로부터 생긴 것으로서, 예를 들면 그리스의 기하학은 이집트의 측지술(測地術)로부터 발달한 것이라고 하는데, 이집트의 측지술은 토지 분배나 조세 징수라는 실제적 요구로부터 생긴 것이므로 그러한 한에서는 그것은 지식이었지만, 기술의 범위를 벗어나지 못하기 때문에 아직 학문에 이르지는 못했다. 여러 외국으로부터 지식을 수입한 그리스에서 어떻게 학문이 탄생했는가 하는 것은 때로는 학문과 지식의 차이를 나타내는 것으로서 퍽 시사적이다.

지금까지 여러 외국에서는 지식을 실제적 필요에서 구했지만, 그리스 사람은 지식(지혜)을 사랑하기 때문에 지식을 구했다. 곧 실제적 필요로부터 벗어나서 지식 그 자체를 위해서 지식을 구했다. 그러므로 거기서는 학자를 애지자(愛智者, philosophy)라 했고, 학문을 애지적 활동(philosophia)이라고 했다.

이것으로도 알 수 있는 것처럼 당시의 필로소피아는 오늘의 철학이 아니라 오히려 독일어의 **Wissenschaft**와 마찬가지로 학문을 의미하고 있었으므로, 오늘날 의미의 철학이 아직 나타나지 않았을 때에는 오히려 자연과학과 자연철학을 가리키고 있었다. 철학을 오늘날과 같은 의미로 사용한 것은 소크라테스에 이르러서였다.

앞에서 말한 것처럼, 지식을 그 자체를 위해서 구하게 된 것은 이미 여러 외국으로부터 여러 가지 지식이 수입되어 있어서 일단 실제적 필요로부터 벗어날 소지가 갖추어져 있었다는 것과 실제적 필요와 관계없이 그 자체를 위해서 지식을 구할 만한 여유가 그리스에 있었기 때문이라고 생각된다. 이렇게 해서 실제적 필요와 지식으로 부터 분리되었을 때 학문 성립의 제일보가 가능했던 것이다.

실제적 필요에서 지식을 구하고 있었을 때에는 그 구하는 지방, 구하는 대상, 구하는 욕망이 각기 특수적이었다. 이것이 아직 학문이 되지 못하고 기술로 머물러 있던 까닭이었다. 그런데 그리스에서는 지식을 위한 지식을 구하게 되어서 이러한 특수성에서 벗어날 수 있었다.

그러나 이것만으로는 아직 소극적 요건이 갖추어진 데 지나지 않았으나, 그리스 사람들은 지식을 위한 지식을 구하면서 일정한 원리에 의해 체계화하는 일을 시작했다. 당시에는 천문학·기하학 등 여러 가지 과학이 있었을 뿐 아니라 우주는 물이나 불로 환원된다고 하는 자연철학이 성행했는데, 불이든 물이든 그것은 실제적 필요를 벗어났음을 보여준다.

그러나 불이나 물이라는 일원적(一元的) 원리를 구해서 이를 궁극적 원리로 삼았다는 것은 그리스 사람들 사이에 원리를 구해서 체계화하려는 욕구와 능력이 나타났음을 보여주는 예이다. 이렇게 지식이 체계화되어서 학문이 성립된 것이다.

리케르트는 《근대문화의 건설자로서의 칸트》에서 그리스 사람은 개념을 발명함으로써 학문이 성립됐다고 밝히고 있는데, 개념이라는 특수적인 것이 아니라 보편적인 것이 나타난 다음에 학문이 성립했다는 것은 일정한 원리에 의한 체계화와 거의 같은 말일 것이다.

실제적 필요로부터의 이탈과 원리에 의한 체계화, 이 두 가지에 의해 그리스 학문을 건설했다. 그리고 오랜 후대 사람들의 감사와 찬탄의 대상이 되었다.

자연현상에 대한 학문과 마찬가지 방법으로 소피스트들은 국가나 법률에 대한 학문을 만들었고, 여기서 자연과학과 함께 사회과학도 성립했는데, 소크라테스가 『영혼』의 문제를 제기하고 이에 대한 지혜를 특히 필로소피아라고 했으므로 필로소피아는 오늘의 철학만을 의미하게 되었고, 과학도 철학도 전체를 포함한 필로소피아와는 다른 것이 되어서 과학에 대해 철학이 나타나게 되었다. 이에 대해서는 뒤에 다시 언급하겠다.

우리는 여기서 학문이 어떻게 해서 그리스에서 성립되었는지를 살펴보는 것으로 충분한 것이다. 그 후로 학문의 내용도 변하고 과학과 철학의 구별에도 여러 가지 변천이 있었다. 그러나 원리에 의해 체계화된 지식으로서 일단 대두된 학문 자체는 오늘에 이르기까지 그대로 전달되어 오고 있다.

학문은 분리되어 과학과 철학이 된다. 학문으로서의 철학을 분리시킨 것은 소크라테스였다. 당시에는 『자기 자신』의 소유에 관계되는 여러 가지의 것을 대상으로 하는 지식은 있었지만, 『자기 자신』을 대상으로 한 지혜는 구하지 않았고, 이러한 것이 있다는 것도 아직 알려져 있지 않았다.

소크라테스는 종래의 지식과 다른 것이야말로 오히려 중요한 것이라고 생각했다. 『자기 자신』이란 『영혼』을 말하며, 영혼에 대한 지혜를 그는 필로소피아라고 불렀다. 그가 『자기 자신의 것』이라고 한 것은 오늘의 용어로 말한다면 자연이나 객관에 해당되고, 『자기 자신』이라고 한 것은 주관이나 자아나 정신이나 인격에 해당된다.

그러나 소크라테스는 객관에 대한 지식 이외의 객관에 대립하는 주관 그 자체에 대한 지식을 철학이라고 해서 과학에 대립하는 별개의 학문을 건설한 것만은 아니다.

사실은 당시에도 영혼을 대상으로 하는 학문이 전혀 없었던 것은 아니다. 예를 들면 소피스트들은 영혼에 대한 학문을 도모했으나 주관과 객관을 같은 방법으로 연구했던 것이다. 그런데 소크라테스는 주관을 대상으로 하는 경우에는 주관에 대립하는 객관을 다루는 것과 동일한 방법을 사용해서는 안 된다고 생각했다.

객관에 대해서는 이론(theoria)으로 충분하고, 테오리아는 관상(觀想, 사물을 마음에 떠오르게 하여 관찰하는 일)의 태도를 가지고 다룰 수 있지만, 필로소피아는 테오리아가 아니며, 관상하는 주관 자체를 문제 삼고 있으므로 다른 방법을 사용하지 않으면 안 된다고 생각한 것이다. 객관과 대립하는 주관을 발견하고, 테오리아와 필로소피아의 방법상의 차이를 밝힌 이 말은 정녕 소크라테스의 탁견이라고 하지 않을 수 없다.

소크라테스의 유업을 계승해서 필로소피아를 학문으로서 구성하는 것은 플라톤의 임무였다. 다음에 아리스토텔레스에 이르러서 학문의 체계는 다시 정비되었지만, 그 정비에 따라서 테오리아와 대립한 필로소피아는 소크라테스의 취지에서 이탈했고, 철학은 여러 과학으로부터 얻은 결과를 종합해서 우주의 전체상(全體像)을 구성하는 학문이 되었다.

과학과 대립해서 인간 자신의 영혼을 대상으로 한 것이 아니라 여러 과학의 위에 자리 잡게 되기는 했지만, 그 대상은 인간 자신과 대립하는 객관이 되어서 과학과 성질상 다른 것이 아니라 오직 종합인가 부분인가, 전체인가 일부인가 하는 차이를 갖게 되었을 뿐이다.

중세에는 과학도 철학도 신앙의 노비였다. 철학은 신앙을 논증하기 위한 학문이었고, 과학은 신앙과 모순될 수 없다는 질곡을 갖게 되었다. 근세에 이르러 철학도 과학도 신앙의 지배로부터 해방되었으나, 철학의 운명은 결코 행복하지는 않았다.

십자군에 의한 이국 문화와의 접촉, 그리스 문화의 서방에로의 이동, 그리스 과학의 부흥이 있었고, 또한 바스코 다가마에 의해 동양과 교류하고, 콜럼버스에 의해 미 대륙을 발견한 유럽은 내외의 세계가 광막하게 눈앞에 펼쳐지는 것을 느꼈을 것이다.

이렇게 해서 자연과학은 급속히 발달하고 오늘날의 물질문명을 이루었다. 자연계를 정복한 과학은 이윽고 사회현상에도 손을 뻗쳐서 사회과학을 건설했고, 다음에는 인간의 심리현상을 대상으로 하는 심리학까지 성립되기에 이르러서 과학은 그 전성기를 구가하게 되었고, 철학은 시간이 지날수록 그 존재의 영역이 좁아졌다.

아리스토텔레스 이후 철학은 우주의 전체상을 구성하는 학문으로서 여생(餘生)을 보존하려고 했지만, 만일 과학을 완성된 학문이라고 볼 경우, 철학은 과학으로부터 빌려온 것을 모아놓은 것에 지나지 않는다고까지 여기게 되었다. 하지만 우주의 전체상을 구성할 수 있을 정도로 과학은 각각의 영역에서 아직은 완성되어 있지 않다.

이렇게 해서 실러의 말을 빌린다면 철학은 세계의 분할에 뒤늦게 등장한 시인과 같게 되었고, 그 자식에게 재산을 분배하고 이윽고 그 자식들에게 쫓겨난 리어왕과 같았다. 철학의 존재를 잠식하여 그 전성기를 자랑한 과학은 이윽고 과학만이 필요하고 철학은 필요하지 않다고까지 주장하게 되었다. 이것이 실증주의(實證主義)라는 이름으로 불리는 주장이다.

실증주의는 단지 콩트(Comte, Auguste, 1798~1857)에 의해 주창된 것만은 아니다. 몇 번인가 분장을 바꾸어 모습을 나타내게 되었다. 가령 스스로 실증주의를 주장하지 않더라도, 암암리에 무의식중에 과학의 유일적(唯一的) 존재를 믿으며 철학을 부정하는 예는 현대에 이르러서도 우리들 주변에 결코 적지 않다.

그러나 실증주의는 그 자체에 있어서 모순된다. 왜냐하면 과학만이 필요하고 철학은 필요하지 않다는 명제는 과학 자체가 다룰 수 있는 대상도 아닐 뿐더러, 또한 과학이 논증할 수 있는 문제도 아니다. 이 명제의 주장 자체가 이미 과학의 한계를 인정하고 철학의 필요를 인정하는 것에 지나지 않기 때문이다.

실증주의에 대해서 근세 이래로 철학은 우주의 전체상의 구성을 사명으로 삼고 덧없는 존재를 유지해 왔으나, 그 존재는 날로 희미해지지 않을 수 없었다. 이에 대해서 과학의 성립을 가능하게 한 것은 인간 자신이라고 하겠으며, 과학을 성립시키는 인간 자신은 인과필연(因果必然)의 지배를 받지 않고, 다시 말하면 자유롭고, 여기에 자연계와 다른 가치 판단의 광망무한(廣茫無限)한 세계가 있다고 주장하며 과학과 대립하는 철학의 지위를 확립한 사람이 다름 아닌 칸트였다.

소크라테스가 영혼이라고 부른 것을 칸트는 자아라고 부르고, 여기에야말로 인간의 가장 높고 가장 깊은 과제가 숨어 있다고 주장했다. 정녕 고대의 소크라테스에 대응하는 인류사적 위업인 것이다.

그렇다면 오늘날은 과학과 철학의 구별을 어디에 두고 있는가? 과학은 현상(現象)을 대상으로 하고, 현상과 현상의 인과관계를 연구한다. 여기서 현상이란 시간과 공간 속에 존재를 유지하는 것이고, 이것이 이른바 객관이다. 그 안에 자연현상도 있고 사회현상도 있다. 우리들의 심리현상은 보통의 자연현상과는 다른 것처럼 생각하지만 이것은 내적 객관으로서, 이를 대상으로 하는 심리학은 자연과학에 속한다.

여기서 인과관계를 연구한다고 하더라도 그것은 과학의 일반적 성질을 말하는 것이지 모든 과학이 다 그렇다고 할 수는 없다. 단지 분류 기술하는 데 지나지 않는 동물학·식물학 등의 과학도 없지 않으나, 이것은 예외로서 과학의 공통된 특성은 인과관계를 구명하는 데에 있다.

이에 반해서 철학의 대상은 이상이고 당위이고 가치이다. 이상은 현상이 아니다. 왜냐하면 시간과 공간 속에 존재하는 것이 아니기 때문이다. 아직은 현상이 되지 않고 현상을 지도하고 비판하는 것이 이상이므로 이상과 현상은 당연히 달라야 한다.

학문의 이상은 진이고, 도덕의 이상은 선이고, 예술의 이상은 미이므로 이에 따라서 이론철학·도덕철학·예술철학이 성립된다. 진·선·미가 조화된 것이 인격인데, 인격으로서 현실적으로 실재하는 것으로 신앙되는 것이 신(神)이다. 신은 신성한 것으로서 숭배의 감정을 품게 되는 것이다. 여기서 성(聖, das Heilige)을 대상으로 해서 종교철학이 성립된다.

이상을 대상으로 하는 것이 철학이라고 하더라도, 명목상은 이상이지만 사실은 이상이 아닌 것은 철학의 대상이 아니라 과학의 대상이다. 예를 들면 과거의 사회적 이상이나 정치적 이상이 어떻게 발생하고 어떤 결과를 남겼는가 하는 것은 사상사(思想史)라고 하는 특수한 역사과학의 분야지만, 이 경우의 이상은 사실은 철학의 대상인 이상이 특정한 시간에 표현된 것으로서 이미 하나의 현상이다. 그렇기 때문에 이를 과학의 대상으로 삼을 수 있는 것이다.

반대로 사회철학·법철학·정치철학 등 특수철학이 있지만, 그 대상인 사회·법률·정치 등은 과학의 대상으로서의 현상에 속하는 것이므로, 같은 대상에 대해서 과학과 철학의 양쪽이 성립되는 것은 이상하게 생각될지도 모른다. 이 경우에는 과학은 대상을 인과관계의 입장에서 보고, 철학은 가치 비판적으로 다루고 있는 것으로서 양쪽의 입장은 다른 것이다.

가치 비판적이라는 것은 궁극적 가치에 비추어서 이루어지는 것으로서, 궁극적 가치 자체를 대상으로 하는 기초적인 철학을 전제하지 않으면 안 된다. 이 경우의 그것을 도덕철학이라고 생각한다.

여기서 내가 학문에 대해 말하고 있는 경우라도, 학문은 어떻게 발생했는지, 학문은 어떤 변천을 겪었는지를 말하는 것은 과학적 입장을 취하고 있는 것이고, 학문은 어떠한 의의와 가치(Sinn und Wert)가 있는지를 말하는 경우에는 어떤 이상에 비추어서 가치 비판을 하고 있는 것이므로 철학적 입장에 서 있는 것이다.

학문은 도덕이나 예술과 다른 것은 물론이지만, 그렇다고 해서 학문과 도덕과 예술이 아무런 관련도 없다고 하는 것은 아니다. 세 가지는 동일한 자아의 활동이고, 동일한 정신의 소산이다. 주체가 동일한 것이 서로 유기적 관련을 갖지 않을 수는 없다.

여기서 세 가지가 서로 어떻게 영향을 미치는가 하는 것은 생략하더라도, 앞에서 도덕철학·예술철학이 있다고 했거니와, 그것은 도덕(善)이나 예술(美)을 대상으로 한 학문이다. 또한 도덕이나 예술의 발생의 유래를 서술하는 과학도 성립할 수 있다.

한 걸음 더 나아가면 학문(眞)을 대상으로 하는 철학도 있으며, 학문을 대상으로 하는 학문사(學問史)라는 과학도 성립할 수 있다. 곧 학문(지식)은 어떤 것이라도 그 대상으로 삼을 수 있는 것으로서, 여기에 학문의 특이한 성질이 있는 동시에 또한 우리들이 경계해야 할 점이 있다고 생각한다.

도덕이나 예술처럼 학문과는 성질을 달리하는 것이라도 이를 전달하는 경우에는 지식을 구성해서 지각작용에 호소해야 한다. 그런데 도덕이나 예술에 대해서 학문이 성립한다고 하더라도 그것은 단지 학문이고 예술이나 도덕 그 자체는 아니다. 도덕이나 예술에 대한 과학에 접했다고 해서 도덕이나 예술의 활동이 달라지는 것은 아니며, 이에 관한 철학의 경우에도 마찬가지다. 학문을 대상으로 한 학문에 대해서도 똑같은 말을 할 수 있다.

결국 학문이란 어디까지나 지식이며 지식 이외의 아무것도 아니다. 다만 이것이 지식이기 때문에 일반적으로 전달이 가능한 것이다. 그리고 우리는 도덕이나 예술에 있어서도 이에 대한 지식을 획득함으로써 이를 계기로 삼아 도덕이나 예술의 고유한 활동에 이바지할 수는 있다.

그러나 그렇게 하려면 단지 지식이 아니라 지식과는 별개의 활동으로 옮겨가야 하므로 지식은 지식으로서 일단 자아의 주체로 되돌아가서 자아로부터 다시금 도덕, 예술의 활동으로 약동하지 않으면 안 된다. 다시 말해 자아를 매개로 하는 것이 아니면 지식은 단지 지식으로 그치는 것이다.

소크라테스는 테오리아와 필로소피아의 구별을 얘기하면서 테오리아의 관상(觀想)에 대해 필로소피아는 이와는 달라야 한다고 하고, 필로소피아, 곧 영혼의 지혜만은 영혼을 대상으로 하는 그 자체 때문에 지혜가 실천화되지 않으면 안 된다고 했다. 다시 말하면, 지즉행(知卽行, 아는 것을 실행하지 않으면 지식이 아니다)을 말했는데, 소크라테스가 필사적으로 테오리아로부터의 필로소피아의 분리를 역설한 것은 우리들 현대인에게는 매우 교훈적이라고 생각한다.

그러나 영혼에 대한 지혜라고 하더라도 지식은 역시 지식이다.

소크라테스의 역설에도 불구하고 그 후에 영혼의 지혜도 역시 영혼의 테오리아로 변했다. 그래서 칸트로 하여금 다시 소크라테스로 돌아가게 한 것이다.

그러나 어떻게 구별하든, 요컨대 지식에 있어서의 문제는 지식에 대한 태도에 있다. 적어도 자아의 구성요소인 학문・도덕・예술에 대한 지식만은 단지 지식으로서가 아니라 이를 자아로까지 환원시켜서 『주체적』으로 파악해야 한다. 이렇게 해서 비로소 지식을 예지(叡知)로, 박식을 총명으로, intellect를 intelligence로, knowledge를 wisdom으로, Vielwisserei를 Weisheit로 바꿀 수 있는 것이다.

그러나 현대의 지식계급 가운데는 단지 아는 것만을 능사로 삼는 사람들이 얼마나 많이 있는가. 그리고 학문이 발달하면 할수록 단지 아는 데만도 많은 노력을 소비해야 하기 때문에, 그 아는 것은 이미 산만하고 주체적인 파악에까지는 이르지 못하고 있다. 이것이 지식계급의 자아가 빈약하고 굳은 성격을 갖지 못한 근본적 이유일 것이다. 우리는 여기서 소크라테스의 교훈을 살리지 않으면 안 된다. 그렇지 않으면 학문은 자아를 해치는 일은 있어도 자아를 육성하지는 못할 것이다.

*

그러면 학문의 의의와 가치는 무엇인가? 나의 견해를 말하기 전에 이에 대한 종래의 견해를 비판하기로 한다. 첫째로 학문은 생활을 위해서 있다고 하는 설이다. 학문의 역사를 보면, 실제적 필요에서 학문이 생겼다는 것은 사실이지만, 그것은 학문에 대한 발생사적(發

生史的) 관점이고, 그 때문에 학문의 의의와 가치가 생활에 이바지하는 것이라고는 할 수 없다.

생활은 두 가지로 생각할 수 있는데, 하나는 물질적 자연적으로 사는 것이고, 또 하나는 참되고 바르게 사는 것이다. 『바르고 참되게』 살기 위한 조건으로서 학문이 필요하다고 한다면 우리는 정면으로 반대할 이유는 없지만, 문제는 바르고 참되게 사는 것이 어떤 것인가 하는 데 있다.

이것이 단지 도덕적 생활을 의미한다면 학문을 도덕에 예속시키는 것에 반대해야 하겠지만, 바르고 참되게 사는 것을 인격 성장이라는 의미로 본다면 우리도 찬성한다.

만일 산다는 것을 물질적 자연적으로 사는 것이라고 하더라도, 그것이 역시 인격 성장의 조건이라면 여기에도 반대할 필요는 없다. 다만 그렇다면 처음부터 『살기 위해서』라고 하지 말고 다른 표현을 쓰는 것이 좋을 것이다.

그러나 살기 위해서라고 하는 경우에는 대체로는 자연적 동물적으로 사는 것을 최고 가치로 하고 그 조건으로서 학문에 가치를 부여하는 것으로서, 그렇다면 사는 것, 곧 육체의 유지가 왜 최고 가치인가 하는 물음에 대답하지 않으면 안 된다.

아마도 이 물음에 대해서 완전하게 대답할 수는 없을 것이다.

육체도 인격 성장의 조건이고, 이른바 물건으로서 여기서는 가치의 전도가 일어나고 있는 것이다. 만일 학문이 생활을 위해 있다면 학문은 생활의 편의에 의해 좌우되어야 한다.

그래서 어떤 때에는 참이라고 한 것이 다른 때에 그것이 불편할 때에는 참이 아니라고 해야 한다. 그것은 학문의 동일성을 저해하는 것이므로 이미 학문이라고 할 수 없다. 따라서 학문이 생활을 위해서 있다고 하는 것은 학문이 아니어도 좋다는 것이고, 학문을 논의하고 있는 것은 아니다.

만일 학문을 생활자금, 예컨대 봉급을 획득하기 위한 수단이라고 한다면, 여기에는 앞의 논의가 그대로 적용되겠지만, 이 경우에도 학문이 봉급 획득의 수단이라고 반드시 생각할 필요는 없으며, 학문은 다른 의미에서 가치를 가진다. 가치 있는 것을 제공했기 때문에 그 대가로서 봉급을 획득할 수 있다는 해석도 할 수 있으므로 현재 학문의 대가로서 봉급을 받고 있는 사람들은 모두 학문을 생활의 수단이라고 생각할 필요는 없다

생활을 위한 학문이 변형된 것이 수험을 위한 학문이다. 유감스럽게도 우리나라 학생의 대부분이 이러한 입장에 있다. 당사자는 반드시 이러한 입장에 긍정적인 것은 아니며, 어쩔 수 없이 이러한 입장에 서게 되는 것이지만, 수험을 위한 학문은 입장으로서 잘못 되었을 뿐 아니라 결국 학생 시절에 학문의 진수를 이해하지 못하고 졸업 후에 시험이 없어지면 학문을 전폐하게 된다. 뜻이 있는 사람은 수험을 위한 학문이라는 입장으로부터 벗어나려고 노력해야 한다.

둘째로 등장하는 것은, 학문은 학문『그 자체를 위해서(for its own sake)』있다고 하는 입장이다. 이것은 그리스에서 학문을 성립시킨 입장이고, 생활을 위해서라는 소극적인 데서 벗어났다는 공적

을 인정하지 않을 순 없지만, 이 입장의 곤란한 점은, 만일 학문을 그 자체를 위해 있다고 해서 학문 자체를 학문의 종국적 가치라고 한다면, 도덕이나 예술이나 종교의 가치는 어떻게 되는가 하는 점이다.

이러한 것들이 서로 대등하게 각기 가치를 갖는다고 하면 우리의 가치는 다원적(多元的)으로 되고 통일이 불가능하게 되고, 만일 학문만을 종국적 가치로 보고 다른 것은 학문에 종속시킨다면 다른 쪽에서 승인하지 않을 것이다. 도덕도 예술도 종교도 각기 엄연히 독립된 존재를 가진 것이기 때문이다. 이 학문 지상주의(至上主義)가 사상사적인 입장에서는 주지주의(主知主義, intellectualism)라는 이름으로 등장한다.

지즉행(知卽行)을 주장한 소크라테스, 이를 조직화한 플라톤과 아리스토텔레스가 오히려 주지주의의 창시자가 된 것은 아이러니컬하지만, 주지주의는 오직 지식(학문)만을 유일하고 지상(至上)의 것으로 본다는 점에서 잘못일 뿐 아니라, 그 지식은 자칫하면 과학적 지식에 한정되기 십상이고, 따라서 과학 지상주의에 떨어질 위험성이 있으며, 가령 철학적 지식을 포함한다고 하더라도 지식을 갖는 것으로서 만사는 끝난 것으로 생각하고, 지식을 주체적으로 파악하기에 이르지 못할 위험이 있으므로 우리는 이를 경계하지 않으면 안 된다고 생각한다.

이상의 두 가지 입장의 비판을 통해서 이미 우리의 입장은 어느 정도 표현되었다고 생각되지만, 여기서 더 구체적으로 말한다면, 학문의 의의와 가치는 첫째로 우리들의 최고 가치인 인격의 구성요소의 하나로서 도덕·예술과 함께 인격의 내용이 되고, 인격 성장의 과정에서는 성장 자체의 내용이라고 할 수 있다.

그러나 이것은 학문이 바로 인격을 이상으로 한다는 의미는 아니다. 학문은 직접적으로는 진(眞)을 이상으로 하고 진은 인격의 요소가 된다. 학문을 위한 학문이라는 입장이, 다른 어느 것에 의해서도 학문은 좌우되어서는 안 되고 진만을 목적으로 해야 한다고 주장한 것은 정당하다. 다만 그 결점은 진을 진으로서 방임하고 선이나 미와의 관련을 맺지 못한 것이다. 진을 이상으로 하면서 선과 미와 함께 최고 가치에서 통일되어야 함을 간과한 것이다.

그런데 학문을 인격으로부터, 자아로부터 유리시켜서 학문을 공중에 뜨게 하는 것이 오늘날 학자들의 통폐이다. 더구나 학생의 경우에 있어서는 더욱 그러할 것이다. 이것은 학문의 의의와 가치를 이해하지 못하고 있기 때문이다.

학문의 직접적인 이상이 진에 있다면, 학문하는 사람은 이 가치에 봉사하는 자세를 잃어서는 안 될 것이다. 그러기 위해서 다른 욕망을 억제하고 전력을 기울일 것이다. 청빈질소(淸貧質素)를 감수하는 것은 이 때문이다. 또한 학문을 명예심·공명심의 수단으로 삼지는 않을 것이다.

또한 진이 가치이므로 다른 어떤 것을 위해서도 진을 오도하지는 않을 것이다. 자기 일신을 위해서 권력과 폭력의 압박에 굴복해서 학문에 대한 신념을 굽히고 사상에 대한 지조를 더럽히지는 않을 것이다. 만일 이에 굴복하는 사람이 있다면 그는 학문의 어디에선가 기만이나 거짓을 저지르고 있음에 틀림없다. 학문을 팔고 진을 배반하는 것은 학문의 권위를 실추시키고 교육의 위신을 진흙탕에 빠지게 하는 일이다.

학문을 주체인 자아와 관련시키는 사람은 전자아(全自我)를 기울여서 학문에 몰입하게 된다. 자아와의 관련을 상실한 학문은 얼마나 약하고 얕은가. 또한 학문은 자아와 접촉할 때에 자아에 여러 가지 영향을 미치게 된다. 학문은 많은 사람의 경험과 지식의 체계이므로 한 사람의 경험과 지식으로써는 충분한 것을 제공하지 못한다. 이렇게 해서 시야가 광범해진다.

학문은 독단과 편견을 떠난 것이므로, 이른바 베이컨의 동굴을 탈출해서 편협하거나 고루하지 않게 된다. 학문은 특수를 떠나서 일반화하는 것이므로, 특수에 사로잡히지 않고 보편을 본다. 또한 특수한 시대를 넘어서서 미래를 통찰한다. 또한 참에의 도정(道程)이 긴 것을 알고 있으므로 그는 언제나 『영원의 상(相) 밑에서』 본다. 또한 영원한 진리의 심판 앞에 서게 되기만을 바라고 한 순간의 운명을 고려하지 않는다.

학문의 제2의 의의와 가치는 도덕적 활동을 돕는 데 있다. 앞에서 도덕은 관념으로서, 있는 것을 현실의 존재로까지 실현하는 것이라고 말했거니와, 무엇을 실현하면 되는가, 어떻게 실현하면 되는가는 도덕 자체에서는 결정되지 않고, 학문 곧 철학과 과학에 의존해야 한다. 그 의의와 가치는 생활을 위해 있다고 하는 학문과 비슷한 점이 있다. 학문을 경국제민(經國濟民)을 위해서 있고 복리후생(福利厚生)을 위해서 있다고 하는 것도 이러한 의미에서는 정당하다.

다만 여기서의 생활은 도덕적 생활을 의미해야 하는데, 이 경우에도 도덕이란 그 자체로서 독립된 것이 아니라 자아활동의 한 요소로서 학문과 예술과 공통되는 것임을 잊어서는 안 되고, 또한 이 경우에도 학문은 생활에 의해 좌우되는 것이 아니라 진에 봉사하는 것임을 잊어서는 안 된다. 제2의 의의와 가치에 대해서는 뒤에 보다 자세하게 말하고자 한다.

philosophy

7. 철학
哲學

철학은, 우리들의 자아가 무엇인지,
무엇이어야 하는지를 가르쳐준다. 이것이 정해져야
비로소 우리들에게 인생을 살아가는 목표와 지침이 주어진다.

철학은 이론철학(인식론認識論)·도덕철학·예술철학·종교철학
으로 나뉘고, 다시 교육철학·역사철학·법철학(法哲學)·정치철
학·사회철학 등으로 나누어진다.

이 중에서 처음의 세 가지는 자아활동의 세 방면에 나타난 이상
을 다루는 것으로서 우리들의 인격 성장과 관련이 가장 깊은 부분이
다. 단지 읽고 쓰는 것에 그치지 않고, 곧 지식에 그치지 않고 자아로
까지 환원되어야 한다는 것은 모든 학문에 해당될 수 있는 말이지만,
특히 이 부분에 타당하다.

종래의 철학의 분과(分科) 이외에 앞에서 말한 인생관의 철학이
있어야 하는데, 이 철학이 있어야만 자아의 세 가지 활동은 분열·불
통일의 상태에 머물지 않고 통일과 관련을 획득할 수 있는 것이다.

도덕철학·교육철학의 이름으로 나타난 것이 약간 인생관의 철학에 접근한 듯하지만 아직은 충분하지 않다고 생각한다. 예를 들면 학문의 가치와 의의를 찾기 위해서는 지금까지의 어떤 철학의 궁극적 가치에 따르면 되는가?

철학은 우리들의 자아가 무엇인가, 무엇이어야 하는가를 가르쳐 준다. 이것이 정해져야 비로소 우리들에게 인생을 살아가는 목표와 지침이 주어진다. 목표가 정해진 다음에 비로소 우리들의 삶의 초점이 확정되므로, 우리들의 자아는 전력을 기울여서 이 목표를 지향할 수 있다. 여기에서 자아의 통일이 가능해진다.

통일은 힘을 강화시킨다. 현대인의 자아가 약한 것은 우리들의 자아가 통일되지 않고 분열되어 있기 때문이다. 그리고 그것은 우리들의 목표와 지침이 안정되어 있지 않기 때문이다. 한 마디로 말하면 이상을 갖고 있지 않기 때문이다. 또는 이상은 있지만 복수(複數)의 이상이 교착(交錯)되어 있기 때문이다. 그러나 이상, 곧 최고 가치는 오직 하나만이 있을 수 있다. 복수의 이상이란, 말에 있어서 이미 모순이다.

그러나 실제로 우리는 자칫하면 복수의 이상에 지배당하기 쉽다. 그 자체가 서로 모순되고 대립되는 이상은 우리들의 마음속에 혼재(混在)하면서 서로 다툰다. 자아는 오직 하나이면서도 사실은 복수의 자아인 것처럼 되는 것이다. 우리가 어떤 일을 맞이하여 거취를 망설이고 귀추에 고심하는 것은 이 때문이다.

그러면 이러한 복수의 이상을 정리하여 자아의 통일을 도모하려면 어떻게 하면 되는가? 그러려면 과거의 철학을 돌이켜 보아야 한다. 우리들 인간은 옛날이나 지금이나, 다른 사람이나 스스로나 결코 그렇게 큰 차이를 가지고 있는 것은 아니다.

우리들의 마음속에는 이익이나 명예를 구하는 생각, 생명에 집착하는 생각, 태만무위(怠漫無爲)하려고 하는 생각 등이 있는 동시에, 이와는 반대로 이러한 생각에 대립하여 이상을 위해 살려는 욕구가 있다. 누구에게도 이러한 경향은 있는데, 어떤 개성이 강한 사람의 경우에는 특히 이러한 것들 중의 특정한 것이 압도적으로 그를 지배하게 된다.

만일 그가 어떤 통일을 욕구하는 사람이라면, 그는 자기를 지배하는 특정한 경향을 강하게 긍정하든지 또는 반대로 강하게 부정한다. 또한 그에게 어떤 실감을 체계화할 능력이 있다면 그는 그것을 표현한다. 그것이 바로 그 사람의 철학이다.

피히테가 말한 것처럼, 모든 철학에서 다른 사람이 아니라 자기 자신을 발견하고, 자기 자신이 그 거울에 나타나 있다고 느낄 것이다. 실로 소크라테스, 플라톤, 아리스토텔레스, 스토아학파, 에피쿠로스학파, 성(聖) 아우구스티누스를 비롯해서 근대의 철학자에 이르기까지 모두 우리들 자신인 것이다.

이러한 사람들의 철학을 순력(巡歷)해 가는 동안에 우리는 우리들 자신을 느끼는 동시에, 다음 사람이 앞의 사람을 비판하고 반박하는 것을 보면 거기에도 우리들의 비판과 반박이 표현되어 있는 것처럼 느낀다.

만일 과거의 철학을 일일이 순력할 틈이 없다면 그것을 간단하게 우리들에게 전개해 주는 것이 있다. 그것이 철학사(哲學史)·사상사(思想史)이다. 철학사와 사상사야말로 인간의 사색의 기록이고, 인간의 발견이고, 또한 우리들 자신의 발견이다.

일찍이 에드워드 케어드는 말했다. 『철학의 사명은 각자가 무의식중에 당연한 것으로 전제하고 있는 것을 밝은 햇빛 아래 드러나게 해서 이를 의식에 떠오르게 하는 것이다.』

철학사, 사상사를 읽는 것은 케어드의 말처럼 우리들에게 잠재되어 있는 것을 현재화(顯在化)하는 것이다. 지금 우리가 가지고 있는 것을 낱낱이 의식화한다고 해서 우리들의 통일에 무슨 도움이 되느냐고 할지도 모른다. 그러나 우리들의 무의식에 있던 것을 의식화(意識化)한다는 것은 단지 우리들의 마음속의 한 욕구가 백일하에 드러난 것으로 그치는 일은 아닌 것이다. 이와 대립되는 다른 것도 의식화되는 것이다.

게다가 이 두 가지는 산만하게 병립해서 나타나는 것은 아니다. 하나는 다른 것을 비판하고 반박하고, 동시에 다른 것을 찬성하고 긍정한 것이다. 이렇게 해서 뒤의 것은 앞의 것의 단순한 대립이 아니다. 그것은 지양이고 총합(總合)이다. 이 점에서 본다면 철학사, 사상사는 인간 성장의 기록이고 우리들의 변증법적 발전의 역사이다.

철학사, 사상사를 읽으면서 우리들의 내면은 서서히 조화와 통일을 이루게 된다. 특히 주의하지 않으면 안 될 것은, 주장과 반대와 총합이 진전되고 경과해 가는 동안에 어느 틈엔지 우리들이 알지도 못하는 사이에 우리들의 사색의 『능력』이 단련되고, 우리들의 통일의 『방법』이 주어지는 것이다.

이 점에서는 철학사, 사상사의 단계를 지나서 우리들이 가장 사사(師事)할 만한 특정한 철학을 연구할 때에, 우리들에의 이 선물은 더욱 풍부해진다. 이렇게 해서 우리들의 내면은 정리되고 통일되며, 우리는 이상을 가지고 철학을 갖게 된다. 이미 있는 철학이 우리들에게 이상을 『주는 것』은 아니다. 우리는 이상을 철학으로부터 찾아내서 획득해야 하는 것이다.

모든 사람은 자기 자신의 철학을 가지고 이상을 가져야 한다. 그렇다고 해서 각자의 이상이 서로 달라야 한다는 말은 아니다. 각자가 자기의 노력에 의해 이상을 갖는 것이 필요하며, 특수가 자기 자신에게 깊이 침잠해서 파악한 것은 특수에 표현되는 보편과 마주치지 않을 리가 없는 것이다.

세상에는 자기의 노력으로 이상을 획득하지 않고 쓸데없이 철학의 정원을 소요하는 사람들이 있다. 지멜(Georg Simmel, 1858~1918)은 그의 일기에서 다음과 같이 말한다. 곧, 철학자 중에는 사물의 심장의 고동만을 듣는 사람, 인간의 심장의 고동만을 듣는 사람, 개념의 심장의 고동만을 듣는 사람 등 세 종류가 있는데, 여기에 덧붙여서 제4종으로서 문헌(文獻)의 심장의 고동밖에 듣지 못하는 사람이 있다는 것이다.

이러한 사람은 철학의 학도이기는 하지만 철인(哲人)은 아니며, 원래 구도자(求道者)도 아니다. 그러나 철학연구는 우리들의 독자적인 것을 획득하게 하는 계기는 된다. 이것이 철학의 의의와 가치인 것이다.

철학적으로 본다는 것은 가치 비판적으로 보는 것이라고 앞에서 말했지만, 가치 비판적으로 보기 위해서는 궁극적 가치가 주어져 있어야 한다. 실로 철학의 특징은 과학에서도, 철학 자체에서도, 예술이나 도덕에서도, 또한 우리들의 일상생활에서도 막연하게 세워 놓은 가정까지 거슬러 올라가서 이를 날카롭고 엄격하게 사색하는 것이다.

그러므로 철학적 방법은『근본적』방법이다. 그 종국적 가정을 원리라고 한다면 또한『원리적』방법이라고 할 수도 있다. 또한 근본적이므로『통일적』이다. 왜냐하면 참된 통일은 종국적인 것을 가질 때에만 기대할 수 있기 때문이다. 또한 근본적인 것은 그 핵심에 서서 전체를 전망하는 것을 잊지 않는다. 따라서 철학적 방법은『전체적』이다.

일찍이 옥스퍼드의 학생은 그린 교수 밑의 제자들을 평해서『사물을 전체적으로 보는 사람들』이라고 말했다고 했는데, 전체적이라고 하는 것은 철학적이기 때문이다. 철학적으로 생각하는 사람에게는 깊이가 있으며, 사물을 천박하게 처리하지는 않는다. 그것은 그가 근본적이기 때문이다.

또한 일부에 편중되어 전체를 잊는 일도 없다. 그것은 그가 전체적이기 때문이다. 또한 산만하거나 분열되지도 않는다. 그것은 그가 통일적이기 때문이다. 또한 주의가 조잡하거나 소홀하지도 않는다.

그것은 그가 사색에 단련되었기 때문이다.

논리학·수학·법률학은 각각의 방식으로 우리들의 두뇌를 정치(精緻)하게 만드는데, 철학도 또한 그러한 것이다. 이렇게 본다면 철학적 방법을 채택하는 것은 그 인품에까지 영향을 미치지 않을 수 없다. 이것 역시 철학의 의의와 가치이다.

지금의 학생을 보면, 학문에 대한 흥미와 능력이라는 점에서 네 종류로 나눌 수 있다. 첫째는 철학에 흥미를 가진 사람, 둘째는 과학적 이론을 좋아해서 자연과학이나 사회과학의 인과관계를 추구하는 사람, 셋째는 역사에 관심을 기울이는 사람,—그 관심은 일반사에 대한 것이든 특수사에 대한 것이든 관계가 없다—넷째는 통계나 자료를 수집하기를 좋아해서 표를 만들거나 그래프를 그리거나 하면서 즐거워하는 사람이다

물론 이외에도 아무것도 하지 않는 사람도 많지만 그들은 여기서는 논외로 한다. 이상의 네 가지는 서로 병유(竝有)할 수 있음은 말할 것도 없고, 병유하는 것이 바람직하지만 다소의 차별은 가능하다고 생각한다. 통계를 모으거나 자료를 갖추는 사람은 직업인으로서 세상에 없어서는 안 되고, 또한 장차 어떤 일을 하던 각자의 역할에서 이러한 일을 할지도 모르므로 학생 시절에 그 기초를 배워두고 대체로 어떤 곳에서 어떤 자료나 통계를 구할 수 있는지를 알아두는 것은 좋다고 생각하지만, 표를 만들거나 그래프를 그리거나 하면서 여기에만 흥미를 갖고 또 그런 능력밖에 없는 그래프학생은 너무나 수준이 낮다.

그렇다면 고등교육을 받을 필요조차 없다는 생각도 드는 것이다. 다른 세 가지는 이와는 달라서 훨씬 수준이 높은 일로서, 가능하다면 이 세 가지를 병유하는 것이 좋지만, 다만 주의할 것은, 과학적 이론에서는 연령관계는 무시되지만, 철학연구에서는 연령이 커다란 영향을 미친다는 점이다.

청년 학생시절에 과학적 논의의 훈련을 받으면 졸업 후에도 계속할 계기는 풍부하지만, 철학적 사색은 청년이라는 나이에 수련을 하지 않으면 해가 지나감에 따라 머리가 말을 듣지 않게 된다. 또한 시간적 여유가 있는 학생시절에 공부해 두지 않으면 졸업 후에 시작하는 것은 어렵다. 과학처럼 직업으로부터의 자극이 없기 때문이다.

역사는 연령과의 관계는 없지만, 요즘의 학생들은 너무나 역사서적을 읽지 않으며, 역사의 의의에 대한 이해 또한 그리 크지 않다. 역사는 언뜻 생각하기에는 단지 읽기만 하면 되는 것으로서 통계나 그래프와 비슷한 것 같지만, 사실은 그렇지 않아서 역사는 과학 가운데서도 특필할 만한 것이다. 이에 대해서는 다른 항목에서 언급하기로 한다.

여기서 내가 희망하는 것은, 과학에 대해서는 학교의 강의에서 배우는 것 이외에 다소 스스로 연구를 하고, 역사서를 읽고 철학과 사상에 대한 독서와 사색에 상당한 정력을 기울여 달라는 것이다. 이것은 어디까지나 일반적인 말이고, 각자의 각각의 사정에 따라 달라진다는 것은 말할 필요도 없는 일이다.

또 한 가지 학생들에게 주의해 두고 싶은 말은, 너무 소설만 읽지 말라는 것이다. 국내나 외국의 소설 등을 여러 가지 문고판으로 값싸게 입수할 수 있기 때문이기도 하겠지만, 고등학교 정도의 학생으로서 소설만 읽고 다른 책은 보지 않는 사람이 있다.

소설 속에는 작가의 인생관이나 사회관이 나타나 있어서, 문학으로서 가치는 젖혀두더라도 일종의 철학적 문헌으로서 소설을 읽는 의의는 인정할 수 있지만, 우리나라 말로 된 소설은 물론이고, 외국의 소설이라도 우리말 번역으로 읽기 때문에 편하고 쉽고, 게다가 재미도 있어서 소설에 탐닉하기 쉬운데, 학생시절에 쉬운 철학을 줍는다는 것은 안타까운 일이다. 좀 더 철학서적을 읽어서 강인한 사색훈련을 쌓아야 된다고 생각한다.

그리고 또 한 가지 덧붙인다면, 학생시절에는 너무 일찍 마르크스, 엥겔스의 철학부터 연구하는 일은 피하는 것이 바람직하다는 것이다. 독일의 이상주의 철학을 제대로 알지 못하면 마르크스, 엥겔스의 철학은 올바르게 알 수 없으며, 그러한 배타적 사상에 빠지면 다른 사상에 대한 관용을 갖지 못하게 되고 인간이 풍부하게 자라지 못한다.

그리고 본래는 마르크스, 엥겔스의 철학은 난해한 철학인데, 언뜻 보기에는 평이하고 단순한 것 같아서 철학적 깊이를 찾으려고 하지 않게 된다. 학생시절에는 다른 사상에 대해 관대하고 모든 것을 받아들이는 철학, 그리고 우리를 단련시키는 사상으로부터 세례를 받는 것이 좋다고 생각한다. 그 다음에는 어떤 사상과 접촉하든 각자의 자유이다.

내 개인적인 경우를 말한다면, 나에게는 본래의 소질에도, 환경적으로도 철학적 관심을 갖게 하는 것은 없었다. 영국의 철학자들은 대체로 목사의 가정에서 태어나고 어릴 때부터 신이라든가, 죄라든가, 영혼불멸이라든가, 내세(來世)라든가 하는 형이상학적 문제에 젖어 있어서 철학적 흥미가 생겼고, 따라서 많은 철학자가 종교 열이 높은 스코틀랜드 출신이다.

그런데 나는 도쿄의 중류 상인의 집에서 태어나서 종교나 철학과는 인연이 멀었다. 그래서 중학교, 고등학교, 대학을 통해서는 역사 서적을 상당히 읽고 대학에서는 과학 공부도 했지만 철학과는 여전히 인연이 없었고, 나도 이것이 나의 약점이라고 생각하고 있었다. 따라서 약점이기 때문에 더욱 보충해야 한다고 생각했다.

그것이 나로 하여금 철학을 공부하게 한 이유였고, 지금도 문외한이면서 다소간에 철학적으로 생각하는 경향이 있는 것은, 나의 약점이 오히려 나로 하여금 철학을 공부하게 만들었기 때문이다.

지금 말한 것처럼 원래 철학적 소질이 없고, 말하자면 철학의 만학생(晩學生)으로서 질서 있는 공부를 하지 못한 문외한인 나는 만일 학생 여러분이 철학연구에 대해 묻는다면 다음과 같이 대답할 수 있을 것 같다.

우선 철학적 사색이란 어떤 것인가를 쓴 책을 읽으라고 권하고 싶다. 다음에는 철학사나 사상사를 읽는 것이 좋다. 여기서 사상사라고 하는 것은 고답적(高踏的)인 철학사에 비해 인생이나 사회에 대해 언급한 것을 의미한다.

고대, 중세, 근세를 통해서 철학사에서는 우리들이 주의를 기울일 만한 세 시기가 있다고 생각한다. 첫째는 고대의 소크라테스, 플라톤, 아리스토텔레스가 나온 그리스시대이고, 둘째는 칸트, 피히테, 헤겔이 등장한 19세기 초엽의 독일이고, 셋째는 영국과 독일 두 나라에서 우연히 새로운 철학이 대두한 1870년대이다.

　　이 세 시기는 어느 시기나 이상주의가 지배한 시대이기는 하지만, 나는 그 때문에 이 시대를 선택하는 것이 아니라, 앞의 두 시대는 뛰어난 거성(巨星)이 함께 나타난 시대이고, 뒤의 시대는 앞의 두 시대의 영향을 받아서, 등장인물은 앞의 두 시대에 비해선 뒤떨어질지 몰라도 다른 것과 비교하면 그 수준이 뛰어나기 때문이다.

　　특히 이 세 시대는 어느 시대나 할 것 없이 반대 사상의 극복을 위해 나타났고, 게다가 그 지양하는 바가 아주 훌륭하기 때문이다. 나의 흥미와 동경은 언제나 이 시대에 집중된다. 흔히 최근의 철학을 권장하는 사람이 있지만, 철학은 과학과는 달라서 최근이 최량(最良)은 아니다. 단지 지식을 얻기 위해서라면 모르지만, 덮어놓고 최근을 말하는 것은 천박하기도 하고 무익한 일이라고 생각한다.

　　근대에 있어서 나라별로 살펴보면 미처 거기까지 힘이 미치지 못했기 때문에 프랑스 철학에 대해서는 철학사 이상으로는 거의 아는 것이 없다. 나의 집중적인 성품이 영국과 독일을 우선 선택하게 했기 때문에 결국 프랑스 철학에까지는 손이 미치지 못했던 것이다. 이제부터라도 조금씩 보충하려고 생각한다.

　　우리나라에서는 철학연구라고 하면 독일에 한정되는 것으로 생각하는 경향이 있지만, 나는 영국에도 그 나름의 특징이 있다고 생각한다. 독일철학의 탁월한 점은 그 깊이에 있고, 그 단점은 너무 전문에 치우친 점에 있다. 독일 철학자는 거의가 대학교수였지만, 영국 철학자로서 대학교수였던 사람은 오히려 적고, 대체로는 실무에 종사하는 실제인(實際人)이었다.

베이컨(Francis Bacon), 홉스(Thomas Hobbes), 로크(John Locke), 버클리(George Berkeley), 흄(Hume, David), 밴담(Jeremy Bentham), 콜리지(Samuel Taylor Coleridge), 칼라일(Thomas Carlyle), 밀(John Stuart Mill), 스펜서(Spencer, Herbert)는 각기 정치가나 공무원이나 회사원이나 목사였고, 기껏해야 민간학자였다. 아주 최근의 철학자는 대학교수이다. 따라서 그 철학은 쉽고 통속적이고, 또한 강의를 위한 철학이 아니라 자기 자신을 위한 철학이다. 자신을 위한 것이므로 철학에만 그치지 않고 사회사상에까지 이르기 전에는 만족하지 못했다.

영국철학의 특징은 그리스철학의 특징과 비슷하다. 그 하나하나의 부분의 수준은 떨어지더라도, 사상이라고 하는 것 모두가 종합되고 조화되어 있는 것이다. 영국 철학자로부터 그 특징을 취하고, 독일철학으로부터는 부분적인 깊이를 심화시키는 것이 가장 바람직하리라고 생각한다.

여기에 열거해야 할 문제는 한이 없겠지만, 가장 근본적인 문제는 자연주의와 이상주의의 대립이라고 생각한다. 여기에는 물(物)과 심(心)의 대립이 있고, 또한 개(個)와 전(全)의 대립이 따른다. 많은 철학자들이 그들의 개인적 생애에 있어서 이 대립을 경험했다. 우리는 이러한 대립을 칸트에게서, 피히테에게서, 콜리지에게서, 칼라일에게서 볼 수 있다. 그리고 이러한 대립은 지금도 우리들 각자의 마음속에 있다.

아마도 철학사상의 스케일에 있어서 크게 이 대립을 부각시킨 사람은 흄과 칸트일 것이다. 흄의 《인성론(Treatise of Human Nature)》과 칸트의 《순수이성 비판》은 반드시 함께 읽어야 한다. 흄을 분리해 놓고는 칸트의 비판철학의 의의는 참되게 이해되지 않는다고 생각한다. 흄과 칸트의 대립은 고전적 대립인 것이다.

각자는 자기의 철학의 스승을 가져야 한다. 산 스승의 말을 듣는 것처럼 그 저서를 읽는 세심한 스승을 가져야 한다. 내가 그러한 스승을 선택한다면, 고대의 소크라테스(플라톤에 나타난), 근대의 칸트, 피히테, 밀, 그린을 들겠다. 여기에 괴테와 실러를 덧붙여도 좋다. 헤겔에 대해서는 아직 충분히 모르는 탓인지 자신 있게 얘기할 수 없다. 니체는 요즈음 특히 흥미를 갖고 있지만 아직 스승이라고 할 수는 없다.

만일 스승을 선택하자면, 그 철학사상(哲學史上)의 위치, 그 시대의 분위기를 알고 그 전기를 읽고 난 다음에 그의 저작을 일일이 읽는 것이 좋다. 저작을 읽기 전에 예비지식이 필요하지만, 예비지식만 가지고 그 저작을 읽지 않는 것은 요리를 냄새만 맡고 수저를 대지 않는 것과 같다.

저작을 일단 읽은 다음에는 그 책을 설명하고 비판한 뛰어난 책을 읽기 바란다. 이렇게 하면 자기가 느낀 것과 비교할 수 있고, 책을 읽는 방법과 사상을 소화하는 방법을 훈련할 수 있게 된다. 그 다음에 그 저작을 다시 읽는다. 아니, 두 번만이 아니라 몇 번씩 되풀이해서 읽어야 한다.

철학은 서양철학에만 한정되는 것은 아니다. 동양의 불교철학, 중국의 유학(儒學) 등이 있다. 나는 8년 전에 낸 수필집 《서재의 창으로부터》에서 서양사상에만 심취해 있는 사람이라도 스스로 의식하지 못하는 사이에 동양사상이 잠재해 있고 이 사상이 우리들의 강력한 구성 요소이므로, 누군가가 동양사상을 우리들이 이해하기 쉽도록 정리해 주면 좋겠다고 말한 일이 있다.

또한 다른 곳에서는 동양사상을 연구하고 싶다는 욕망이 강하게 일어나지만, 동양사상이나 국사, 국문학을 연구하는 사람들은 보수적으로 되기가 쉬워서 반드시 이러한 사상이나 학문이 보수사상과 결합할 필연성은 없지만, 우리 주위를 보면 그것이 사실이므로 나는 그 연구를 장래에 유보해 두고 싶다고 이야기한 적이 있다.

그렇지만 동양과 우리의 사상은 현재의 우리들을 구성하고 있어서 이를 의식화하는 것은 가장 필요한 일이고, 그것을 모두 그대로 보존해도 좋은지는 장래의 연구에 맡겨야 할 일이지만, 원래 그 안에는 보존되어야 할 것이 많다고 생각한다. 그리고 서양사상과 조화되고 총합된 것이 탄생하는 것이 우리나라를 위해서도, 동양을 위해서도, 또한 세계를 위해서도 바람직하다고 생각한다.

따라서 오늘의 학생 여러분은 옛날의 우리들처럼 동양의 것, 우리의 것에서 멀어져서는 안 된다. 그렇다고 해서 서양철학이나 사상으로부터 멀어지는 것도 피해야 한다. 우리는 서양철학에 의해 단련을 받을 필요가 있는 것이다. 특히 청년시절에는 절대로 필요하다.

철학은 철학책 안에만 있는 것은 아니다. 비록 체계적이지는 않더라도 그 때문에 자유롭고 쉽게 철학을 엿볼 수 있는 것이 있다. 그것이 수상(隨想)이고 수필이다. 특히 수필이 여행 기록의 형식으로 된 것이 기행문이다. 또한 뛰어난 사상가에 대한 전기는 그 자체가 이미 하나의 철학 서적이다. 또한 문학, 곧 시·희곡·소설에서도 작자의 인생관을 엿볼 수 있다. 이러한 점도 놓쳐서는 안 될 것이다.

science

8. 과학
科學

과학자가 철학을 무용지물이라고 하는 것이 잘못인
것처럼, 철학은 과학의 발달과 진보를 바라도 좋으며,
과학이 아무리 진보하더라도 철학의 영역이 소멸하지는 않는다.

철학이 가치를 대상으로 하는 데 대해서 과학은 현상을 대상으로
하고, 현상과 현상과의 원인 결과의 관계를 설명하는 학문이다. 과학
이 대상으로 하는 객관을 총칭해서 자연이라고 하기도 한다. 이 경우
의 자연은 넓은 의미의 자연이고, 자연과학이 대상으로 하는 경우의
자연은 좁은 의미의 자연이다.

그러면 좁은 의미의 자연이란 인간정신의 소산이 아님을 의미하
는 것으로서, 인간정신의 소산은 예컨대 사회·법률·정치·경제 등
을 가리키며, 이를 대상으로 하는 것이 자연과학과 대칭되는 문화과
학(文化科學)이고, 또는 인문과학이라고 말하기도 하고, 또는 모든
것이 사회 안에서 일어나는 일이라고 해서 사회과학이라고도 하고,
또는 이러한 대상은 역사 속에 있기 때문에 이를 역사과학이라고도

하는 경우도 없지는 않다. 그러나 이 경우의 역사과학은 뒤에 말하는 역사학이라고 하는 경우의 역사과학과는 다른 것이다.

이러한 여러 가지 명칭은 각기 다소의 견해 차이로부터 생길 뿐이고 동일한 것에 대한 다른 명칭이라고 하는 것은 약간 성급하지만, 여기서는 단지 과학 일반을 말하는 것으로 그치려고 한다.

지금 내 앞에 한 식물이 있다고 하자. 이를 아름답다거나 아름답지 않다고 말하면, 그것은 예술적으로 보는 관점이다. 이를 식물을 좋아하는 자기 아버지에게 보이면 아주 기뻐할 것이라고 생각하고 아버지에게 갖다 드리려고 생각한다면 그것은 도덕적으로 생각하는 관점이다.

그런데 이를 과학적으로 보는 것은 무엇인가 하면, 이를 미(美)라든가 선(善)과는 관계없이 이 식물이 왜 이렇게 됐는지, 이 식물 속에서는 어떤 작용이 일어나고 있는지를 보는 관점이다. 곧 현상을 인과적(因果的)으로 관찰하는 것으로서, 앞에 예술적이라든가 도덕적이라든가 하는 것은 가치의 관점에서 보는 것이지만, 과학적 관점은 이러한 가치적 관점으로부터 독립하여 원인과 결과의 계열의 일부로서 이를 보는 것이다.

그러나 과학적 관점이 가치와 전혀 관계가 없다는 말은 아니다. 과학의 이상과 최고 가치는 진(眞)이므로 진이라는 가치와 관계없는 것은 아니다. 다만 진이라는 가치는 미라든가 선이라든가 하는 가치와는 달라서 현상을 인과적으로 보는 경우의 이상으로서, 만일 인과적 관점에 오류가 있다면 이를 진이라는 이상에 비추어서 시정해야 하는 것이다.

그러나 진이라는 가치는 선이나 미라는 가치와는 달라서 인과적 관점으로부터 독립된 것은 아니며, 인과적 관점을 성립시키는 가치이다. 그러므로 과학적으로 보는 것은 진이라는 가치의 지배를 받으면서도 예술적이라든가 도덕적이라든가 하는 관점과는 대립되어 있는 것이다.

우리가 과학적으로 보는 경우에 채택하는 방법을 과학적 방법(scientific method)이라고 한다. 이 방법은 과학의 종류에 따라서 반드시 동일하지는 않지만, 이를 개괄적으로 말한다면 다음과 같은 과정을 밟는다.

첫째로 연구대상에 대한 어떤 종류의 구상이 있어야 한다. 무엇을 연구할 것인가에 대해서 어떤 구상이 없다면 연구는 한 걸음도 진척되지 못한다.

둘째로 이 구상에 바탕을 두고 필요한 모든 자료를 수집하고, 이를 일정한 표준에 따라 분류하고, 또는 서로 분리시키거나 연결시킨다.

셋째로 이러한 자료를 검토하는 동안에 앞의 구상보다 더욱 좁혀졌으면서도 더욱 명확해진 형태를 가진 구상이 나타난다. 이것이 연구 성과에 대한 예상이다.

넷째로 그 구상이 과연 타당한지를 검토하기 위해서 두 번째의 경우보다도 더욱 광범위한 자료를 수집하고, 이에 적합한 경우와 이에 반대되는 경우를 비교 검토한다. 그 결과로서 그 구상은 확인되기도 하고 부인되기도 한다. 만일 부인된다면, 그는 그 구상을 단념하고 다시 출발해야 한다.

다섯째로 만일 확인된 경우에는 그 구상을 일반화하는 일정한 정식(定式, formula)으로 표현해야 한다. 이것이 법칙이라고 일컬어지는 것이다. 이러한 방법은 과학자가 스스로 의식하든 하지 않던 간에 연구에 종사하는 경우에는 반드시 따라야 할 방법이며 과정이다.

이 과정에서 주의해야 할 일은, 첫째 및 둘째의 구상을 어디서 얻는가 하는 것이다. 원래 한 연구를 하는 동안에 앞의 연구가 차례로 다음의 구상을 떠오르게 하지만, 그렇더라도 그 구상은 앞의 연구의 결과와는 다른 것이어야 하므로, 그 구상이 어디에서 나타나는가 하면 그것은 일종의 직감(直感), 직각(直覺)으로부터이다.

우리들은 뉴턴(Isaac Newton), 와트(James Watt), 갈바니(Luigi Galvani), 다윈(Charles Darwin) 등의 전기를 읽으면 이런 위대한 과학자들이 일상생활의 평범한 작은 일로부터 시사를 받는다는 사실을 발견하는데, 많은 사람들이 간과하는 사소한 일에서 시사를 받았다는 점에 그들의 비범한 직감력이 있는 것이다. 이러한 직감은 어떤 의미에서는 예술가의 직각(直覺)과 비슷한데, 실제로 뛰어난 과학자는 언뜻 보기에는 모순이라고 생각될 정도로 예술적 향기가 짙다.

그러나 비록 이러한 구상은 직감으로부터 얻더라도, 과학자를 과학자답게 하는 특성은 이를 직감인 채로 놓아두지 않고 둘째 및 넷째의 경우처럼 자료를 수집해서 사실로서 확인시키지 않고는 만족하지 못하는 데에 있다.

직관을 그대로 인정하지 않고 이를 회의하고 반성하고 비판한다. 이것이 증명한다(beweisen)는 행위이다. 자연과학에서는 증명을 위해 실험하는 것이 가능하지만, 사회과학에서는 그렇게 할 수 없기 때문에 역사적 사실에 비추어 본다.

이상의 과정을 밟아보면 과학 하는 사람들의 모습이 우리들 앞에 떠오르게 된다. 그는 독단이나 편견이나 미신이나 상상을 허용하지 않고 반드시 이를 회의하고 반성하고 비판한다. 그리고 사실로서 확인시키려고 한다. 이것이 실증적 태도이다.

그는 사실을 수집하는 경우에도 자기의 주관에 사로잡히지 않고, 또한 자기에게 편한 경향만을 선택하지 않는다. 이것을 공평이라고 한다. 아무리 사소한 일이라도 가볍게 보거나 소홀히 하지 않는다. 이것을 정밀(精密)이라고 하고, 또한 이를 충실이라고 한다.

그는 판단을 할 때에는 하나의 논리로부터 다른 논리로 착실하게 밟아 나가고 논리의 비약을 허용하지 않는다. 이를 정확이라고 한다. 그는 도달한 결론에 대해서는, 가령 그것이 자기에게 불리한 평판을 불러일으키더라도, 또한 무서운 결과를 가져오더라도, 주저하거나 겁내지 않고 대담하게 이에 직면한다. 이를 과학적 용기라고 한다. 그리고 이상과 같은 심적(心的) 경향을 총괄해서 과학적 정신이라고 한다.

사람들은 흔히 현대교육을 지식 편중이라고 하고, 또는 과학적 결론이 마음에 들지 않는다고 해서 과학적 연구에 어떤 제약을 가하려고 한다. 그러나 과학적 연구는 어디까지나 장려되어야 한다. 지식은 아무리 많아도 지나치게 많은 경우는 없다.

지식 편중이라는 폐단은 과학교육으로부터 필연적으로 생기는 것은 아니다. 교육 방법이 적합하지 못한 데에서 생기는 것이다. 또한 과학적 연구는 불가분의 것이므로 이것은 허용하고 저것은 허용하지 않는다는 전단(專斷)을 허용해서는 안 된다. 과학이 그 한계를 지켜야 한다는 것은 뒤에 언급하겠지만, 과학이 허용된 한계 안에서는 연구 과정이나 결론에 제약을 가해서는 안 된다.

현대의 우리나라에서 걱정해야 할 것은 너무 과학적이라는 것이 아니라 너무 비과학적이라는 점이다. 이 폐단은 자연과학에서는 적은 듯하지만 사회과학에서는 현저하다. 흔히 독단과 편견을 전제로 해서 출발하고 자료의 수집이 불공평하고 논리의 비약을 개의치 않으며, 그 결론이 마음에 들지 않는 경우에는 논리의 진행을 중간에서 중단하고 결론을 왜곡한다. 만일 어떤 결론이 마음에 들지 않는다고 해서 과학적 방법을 왜곡시킨다면 과학은 헤아릴 수 없을 만큼 값비싼 대가를 치러야 한다.

과학적 방법은 선생이나 선배로부터 배우는 경우도 있고, 스스로 연구에 종사하고 있는 동안에 체득(體得)하는 경우도 있을 것이다. 그러나 과학적 방법은 무의식적 방법이어서는 안 된다. 반드시 스스로 의식하고 있어야 한다. 그렇지 않으면 알지 못하는 사이에 비과학적으로 되기 쉽기 때문이다.

이러한 방법을 확고하게 학생들에게 익혀 주는 것이 과학교육의 가장 중요한 핵심이어야 하는데, 자칫하면 현대과학이 도달한 성과를 암기시키는 것이 과학교육이라고 생각하는 것이 지금의 우리나라의 통폐이다. 아무리 암기에 뛰어나더라도 단지 배운 성과만으로 그친다. 방법과 정신을 깨닫게 한다면 이윽고 무한한 성과를 올릴 창조적 과학인이 될 터인데······.

과학적 방법을 학교에서 가르치지 않는다면 학생 스스로가 이를 터득해야 한다. 그러려면 교과서를 읽는 것만으로는 얻는 것이 없다. 왜냐하면 교과서는 과학의 성과를 진열하기는 해도 과학적 방법은 말하지 않기 때문이다. 학생은 우선 과학사(科學史)를 읽는 것이 바람직하다. 어떻게 해서 이 과학이 발흥(勃興)했으며, 어떻게 해서 이러한 성과를 얻게 되었는가 하는 것을 과학사는 우리들 앞에 전개시켜 준다. 그야말로 인간의 정신사(精神史)의 일면인 셈이다.

다음에는 위대한 과학자의 고전을 읽어야 한다. 또한 과학자의 자서전이나 전기를 읽는 것도 좋다. 이렇게 해서 스스로 과학적 방법을 체득하고 그것을 자신의 연구에서 살려 나가는 것이다. 이 경우에는 과학은 창조이고 사업이다. 옛날의 장인(匠人)이 한 가지 일에 정진한 것처럼, 여기서는 일의 핵심을 파악하고 조심루골(彫心鏤骨)의 명인기질(名人氣質)을 터득해야 하는 것이다.

그러면 과학의 의의와 가치는 무엇인가? 과학은 학문의 일종이므로 과학의 의의와 가치는 학문의 의의와 가치와 같다. 곧 인격의 구성요소로서 인격 성장에 기여하는 것과, 도덕적 행위에 대해 무엇을 해야 하는지를 지시하는 두 가지이다. 그러나 인격 성장에 기여하는 방식의 철학에 특수한 방식이 있는 것처럼 과학에도 특수한 방식이 있다.

앞에서 과학적 정신으로서 실증·공평·정밀·정확·용기를 들었지만, 과학인은 과학적 방법을 끊임없이 사용하고 있는 동안에 이러한 정신이 체득되어서 이윽고 일종의 습관이나 경향이 된다. 이를 과학적 성향(科學的性向, scientific frame of mind, scientific habit of mind)이라고 한다.

일단 이러한 성향이 육성되면, 단지 과학 연구 과정에서 발휘될 뿐 아니라 과학 하는 사람의 성격을 형성하여 그는 모든 인생문제에 대해서 이러한 성향을 발휘한다. 이런 성향이 사색 또는 처세에 나타났을 때, 이를 합리주의(合理主義, rationalism)라고 한다.

그런데 과학적 성향이 연구실이나 서재에서 과학연구를 하는 동안에는 발휘되지만, 일단 연구실이나 서재를 나와서 과학문제가 아닌 일상의 일반적 문제에 부딪치면 그의 과학적 성향은 당장 사라져 버린다.

그는 독단의 지배를 받고 편견에 빠지며, 그는 공평하게 자료를 모으려고 하지 않고, 모은 자료로 확증을 얻으려고 하지도 않으며, 쉽게 논리의 비약을 하고, 그 결론이 마음에 들지 않을 때에는 이를 회피할 만큼 비겁하고 겁이 많지 않은가.

왜 이렇게 되는 것인가? 그것은 과학적 방법을 반성하고 사색해 보지 않고 단지 사람들로부터 전해진 것을 그대로 답습해서 반추하고 있기 때문이다. 과학적 성향이 몸에 붙을 만큼 과학에 온 심혈을 기울이지 않기 때문이다. 또한 과학적 성향이 성격을 형성할 만큼 과학적 자아가 결합되지 않고 유리되어 있기 때문이다.

이러한 불합리가 우리나라의 공사(公私) 두 방면의 생활에서 얼마나 많은 무리와 문제를 야기하고 있는가. 그가 과학자이고 과학도라는 사실을 알지 못하고, 단지 인간으로서의 그와 이야기하고 그의 생활을 본다면 술집의 지배인이나 잡화상의 점원과 조금이라도 다른 점을 찾아내기는 어려울 것이다.

여기서 합리적이라고 하면, 사람들은 모든 생활이 합리적으로 된다면 답답할 것이라고 말한다. 그러나 나는 모든 생활이 합리주의의 지배를 받기를 요구하는 것은 아니다. 우리들의 정서생활에서는 합리는 걸음을 멈춘다. 여기서는 비합리가 허용된다.

그러나 비합리란 합리가 허용되는 한계 이외의 것으로서, 합리적이어야 할 때에 합리적이지 못한 것은 『비』합리가 아니라 『불』합리이다. 우리들에게 합리가 허용되는 경우는 지식이 사용되어야 할 경우이다. 그런데 비합리의 이름 아래 얼마나 많은 불합리가 횡행하고 있는가. 아니, 합리나 비합리가 구별되지 않을 만큼 합리주의를 생각하지 않고 있는 실정이다.

과학이 자아와 관련해서 합리주의적 성격을 형성하는 동시에, 자아와 관련된 과학은 종래와 같이 산만한 지식을 끌어 모으는 것으로는 만족하지 못한다. 왜냐하면 자아는 오직 하나밖에 없고, 또한 유일한 것과 관련되었을 때에만 통일과 질서가 나타나기 때문이다.

자연과학도 사회과학도 서로 무관한 것이 아니라 과학으로서 상호 관련된다. 자연과학은 미세한 전문 분과에 만족하지 않고 하나의 세계상(世界像, Weltbild)을 형성해 그 밑에서 통일된다. 사회과학 또한 사회관(社會觀, Gesellschaftsauffassung) 밑에서 통일된다. 그리고 세계상과 사회관은 합일되어서 세계관(世界觀, Weltanschauung)을 구성한다. 이렇게 해서 전 과학이 유기적 관련을 갖게 된다.

현대교육이 지식 편중이라는 비난을 받는 것은 지나치게 지식에 중점을 두기 때문이 아니라, 어떤 관련도 통일도 없는 전문과목을 산만하게 나열해 놓아, 학생은 다기다단(多岐多端)한 괴로움을 받아서 지식을 소화 흡수할 여유가 없기 때문이다.

또한 성과에 도달하는 방법은 가르치지 않고, 단지 성과만을 가르치기 때문에 학생은 단지 암기하는 것 이외에는 방법이 없고, 암기라는 번거로운 일에 짓눌려 있을 뿐 결코 지식의 재미나 즐거움을 느끼지 못한 채 마침내는 지식이라는 무거운 짐을 지는 괴로움을 겪게 되는 것이다.

*

과학과 철학은 각기 대상을 달리하고 방법을 달리하므로 각자의 영역을 겸손하게 지켜야 한다. 그러나 이것은 과학이 철학과 아무런 관계도 없다는 말은 아니다. 과학은 그 전체에서 철학에 의존하지 않으면 안 되는 것이다.

첫째로 과학이 대상으로 하는 것은 이미 인식된 것이다. 과학은 인식된 것을 그 이상으로 거슬러 올라가서 추구하지 않고 이를 대상으로 삼아서 연구를 진행시키는데, 과학이 대상으로 삼는 것이 어떻게 인식되었는가 하는 문제는 당연히 과학의 출발점에서의 전제이고, 과학 자체의 내용은 아니다. 따라서 과학은 이를 과학 이외의 학문에 맡겨야 한다.

또한 과학은 인과율의 존재를 전제로 하고 원인과 결과와의 필연적 관계를 예정하고 있다. 과학은 의심하지 않고 이러한 개념을 사용하고 있지만, 이것도 또한 과학의 전제이므로 과학 자체의 내용에 속하지 않는다. 또한 인과율을 특수한 현상들 사이에 적용해서 성립한 법칙이 필연성을 갖고 보편성을 갖는 것을 과학은 당연한 일로 여기고 있지만, 아무리 많은 실험을 거쳐서 확증했다고 하더라도 그것으로 필연성이나 보편성이 획득되는 것은 아니다. 오직 실험된 내용에 대해서만 말할 수 있는 것이다.

그런데도 과학이 법칙의 필연성과 보편성을 의심의 여지가 없는 전제로 하고 있는 것은 무슨 까닭인가? 이러한 문제를 다루는 학문이야말로 철학—여기서는 인식론—이므로, 과학은 철학에 의존하지 않고서는 한 걸음도 그 출발을 시작할 수 없는 것이다.

여기서 나는 인식론에 관한 논의를 할 생각은 없다. 요컨대 인식이 성립하기 위해서는 자아에 내재(內在)하는 이성—여기서는 오성(悟性)—이 참가한다. 우리 앞에 실재하는 세계는 우리들에 의해 인식된 세계로서 자아가 구성한 세계이다. 인과율도 법칙도 자아에 의해 구성된 것이고, 자아에 내재하는 이성은 누구에게나 보편적인 것이므로, 이성에 의해 구성된 인과율도 법칙도 보편적인 것이 된다.

이렇게 해서 과학은 자아의 소산이다. 이 점에서 예술이나 도덕이 자아의 소산인 것과 다름이 없다. 모두가 인간의 정신의 승리이다. 사람들은 과학의 세계를 실재하는 세계의 모사(模寫)이고 사진인 것처럼 생각할지 모르지만, 과학의 세계는 자아에 의해 구성된 추상(抽象)의 세계이다. 법칙을 그대로 구체적 사실에 적용하지 못하는 것은 이 때문이다.

예를 들면 인력의 법칙이 발견되었다고 해서 그것이 그대로 직접 구체적으로 적용되지는 않으며, 공중에서, 물속에서 이 법칙이 어떻게 작용하는지는 새롭게 각기 연구되지 않으면 안 된다.

사람들은 법칙이 귀납법(歸納法)에 의해 발견된다고 할지도 모른다. 그러나 일반적으로 법칙의 구성은 귀납법에 의한 것은 아니다. 귀납법은 특정한 대상을 파악해서 그 특수에 내재하는 일반적 법칙을 구성한다고 생각하지만, 실제로는 일반적 법칙은 특수에 내재하는 것이 아니라 특수를 넘어서 아직 어떤 것에도 내재하지 않는 이념으로서, 이념은 직관에 의해 파악된다.

따라서 대상의 연구에 의해 법칙이 구성되는 것이 아니라 대상의 연구에 앞서서 법칙은 이념으로서 직관되어 있는 것이다. 이것이 아리스토텔레스의 귀납법에 반대하고 갈릴레이가 스스로 사용한 방법이었다. 특정한 대상은 이러한 법칙을 확증하기 위해 필요한 것이고, 귀납법에 의해 법칙이 구성된다고 하는 것은 법칙 구성의 시간적 전후를 전도하는 것이다.

그러나 과학은 출발에서 철학에 의존할 뿐 아니라 과정에서도 그렇다. 과학에서의 노작(勞作)은—과학뿐 아니라 철학에서도 예술에서도 마찬가지지만—정신적 노동의 일종으로서, 노동의 주체인 과학인은 일정한 도덕률에 복종하지 않으면 안 된다. 육체노동자의 경우에도 정확이라든가 충실이라든가 근면이라든가 하는 것은 요구되어야 할 도덕적 성질이지만, 과학인에게도 같은 말을 할 수 있다.

과학인은 독단을 배제하고 정밀하고 정확해야 하며 과학적 용기를 가져야 한다는 것은 앞에서 말했지만, 다시 덧붙일 것이 있다. 그는 진을 이상으로 한다. 그리고 이상은 하루아침에 도달할 수 없는 것이므로 끊임없는 진보와 발전을 예상해야 한다. 이상을 향해 매진하고 있다는 자신을 갖는 동시에 스스로의 이론이 언제나 상대적이라는 겸허함을 잊어서는 안 된다.

또한 진보와 발전이란 대립하는 이론이 서로 싸우면서 마침내 보다 높은 이론으로 지양(止揚)되어서 이룩되는 것임을 알기 때문에, 비록 자기의 이론과는 반대되는 이론이라도 이에 대해서 존경하고 감사하는 마음을 가져야 한다. 그 이론 중에는 자기가 긍정할 수 없는 것이 있더라도, 그 존재이유와 이용가치를 인정하고 그 이론과 이론적으로 논쟁하는 것은 정당하지만, 권력에 의해 그 이론을 말살하는 일은 있어서는 안 된다.

무릇 과학인은 관용을 갖지 않으면 안 된다. 그러나 이러한 모든 일에는 확고한 성격에 의한 자기통제가 필요하다. 그는 자기 마음속에서 자기를 배반하려고 하는 유혹과 싸워야 한다. 만일 과학자가 양심적이고자 한다면, 그는 앞에서 말한 싸움을 의식할 것이다. 그리고 이 내심(內心)의 싸움에서 이기기 위해서는 틀림없이 도움을 구하게 될 것이다. 이 도움은 과학으로부터는 얻지 못한다. 그것은 도덕으로부터 얻어야 하며, 결국은 도덕철학에 의존하지 않으면 안 된다.

과학은 단지 과정에서만이 아니라 그 종극(終極)에서도 철학에 의존한다. 과학의 의의와 가치는 앞에서 논했지만, 인격의 구성요소로 이바지한다고 할 때, 인격에 대한 철학이 필요해지고, 또한 도덕적 행위에 이바지한다고 할 때에는 도덕철학과 관계하지 않으면 안 된다.

그런데 과학에서 가치판단(價値判斷, werturteil)을 이끌어내려고 하는 사람들이 있다. 예컨대 역사는 이러이러한 이상에 의해 움직였다고 하는 것으로부터 이 이상을 현대에까지 적용하려고 하는 사람들이 있는가 하면, 역사는 계급투쟁의 역사였고, 따라서 계급투쟁을 하지 않으면 안 된다고 결론을 내리는 사람들도 있다.

좌익이든 우익이든을 불문하고 이러한 예는 적지 않다. 만일 과학으로부터 가치판단을 도출할 수 있다면, 적어도 실천적인 철학은 필요하지 않게 될 것이다. 그러나 과학에서의 이론판단은 선악에 대한 가치판단이나 미추(美醜)에 대한 가치판단과는 성질을 달리한다.

예를 들면 『이 종이는 희다』는 것은 이론판단으로서, 『이 종이』라는 주어는 『희다』는 술어를 그 내용에 포함하고 있고, 이 경우의 주어를 분석한다면 여기에서 술어가 도출된다. 따라서 이론판단은 주어와 술어의 결합에 의해 새로운 것을 만들어내지 못한다.

이에 반해서 『이 종이는 좋다』는 것은 가치판단이고, 주어로부터 술어가 당연히 도출되지는 않는다. 이 술어는 가치를 규준(規準)으로 해서 거기서부터 도출되는 것이고, 이 주어와 술어의 결합에 의해 당연한 것이 아니라 전혀 새로운 것이 덧붙여지는 것이다. 가치판단과 이론판단은 성질을 달리하므로 이론판단에서 가치판단을 이끌어내서는 안 된다. 이것이 막스 베버(Max Weber)가, 가치판단은 과학에 의해 증명되지도 않고, 또한 가치판단의 기초를 놓을 수도 없다고 한 까닭이다. 따라서 과학으로부터 가치판단을 이끌어내는 것은 허용되지 않는다.

그런데 과학이 이 한계를 넘어서 가치판단을 과학으로부터 이끌어 내려고 하는 것이 오늘날 흔히 과학이 위험시되고 마침내 과학에 제약을 가하려고 하는 이유가 되는데, 이 경우에는 과학의 연구가 나쁜 것이 아니라 과학이 자기의 한계를 지키지 않으려고 한 것이 나쁜 것이다.

과학으로부터 가치판단을 이끌어 내지는 않지만, 과학에서 사용된 방법을 그대로 철학에 끌어들여서 일종의 철학을 구성하려고 하는 사람들이 있다. 이것이 과학적 철학이라고 불리는 것이다. 로크, 흄, 벤담의 철학이 그러한 것이고, 페히너(Gustav Theodor Fechner), 헤겔(Georg Wilhelm Friedch Hegel), 오스트왈드(Wilhelm Ostwald)의 철학이 그러한 것이고, 마르크스, 엥겔스의 유물변증법 철학도 이러한 것의 일종이다. 그러나 과학에서 사용한 방법, 곧 인과관계를 구명하는 방법은 과학에만 적용되는 것으로 그치며, 이를 철학에 끌어들여도 철학이 구성되지는 않는다.

우리는 인식론의 문제로 되돌아가서 과학적 방법이 어떻게 해서 가능한지를 문제 삼을 수 있다. 또한 이론판단은 가치판단과는 다르므로 과학적 철학은 가치판단을 할 수 없기 때문에 참된 철학은 여전히 달리 존재하지 않으면 안 된다. 특수한 전문 과학의 영역에서 빛나는 업적을 올린 과학자가 때때로 과학의 한계를 넘어서 과학적 철학을 구성하기 쉬우며, 사람들은 과학자로서의 권위에 압도되어서 자칫 과학적 철학을 승인하려고 한다. 그러나 이야말로 철학에 대한 과학의 부당한 침입이다.

앞에서 말한 것처럼 과학은 출발에서, 과정에서, 종극에서 철학에 의존하지만, 과학의 영역에서는 과학의 자기 지배가 허용되어야 할 것이다. 그리고 철학과 과학은 각기 자기의 영역을 겸손하면서도 확고하게 지켜야 한다. 과학자가 철학을 무용지물이라고 하는 것이 잘못인 것처럼, 철학은 과학의 발달과 진보를 바라도 좋으며, 과학이 아무리 진보하더라도 철학의 영역이 소멸하지는 않는다.

만일 과학자가 자신의 영역을 넘어서서 철학은 경험에 의거하는 것이 아니기 때문에 틀렸다든지, 철학은 필연성을 갖지 않기 때문에 불안하다든지 한다면 철학자는 과학자에게 다음과 같이 물을 것이다. 『과학자의 경험은 어떻게 가능한가? 경험의 집합에서 어떻게 법칙이 성립하는가? 법칙의 필연성은 어떻게 설명할 수 있는가?』라고.

history

9. 역사
歷史

> 역사는 문학이 아니라 과학이지만, 일반적 과학은
> 보편타당한 법칙의 정립을 목적으로 하는 데 대해서
> 역사는 단 한 번 발생하는 사건의 인과관계를 구명하는 것이다.

최근의 한 시기만을 살펴본다면, 학생은 반드시 역사에 무관심한 것 같지는 않다. 물론 서양이나 동양을 막론하고 그 혼돈으로 인해서 귀추를 정하기 어려운 때이므로 역사에서 지침을 구하려고 하는 것은 당연하다.

지금까지 인류는 혼란에 직면하여 지침을 상실했을 때에는 언제나 과거를 발견하려고 끊임없이 과거에 눈을 돌리고 있는 사람도 있다. 그것은 발랄하게 역사를 회고하는 방식이지만, 또 한편으로 우리들 개인은 역사의 톱니바퀴라는 필연적 진행 밑에서 유린된다고 하며 우울한 얼굴로 원망스러운 듯이 역사의 필연을 바라보는 사람도 있다.

이와 같이 여러 가지 의미에서 역사는 요즈음의 우리들의 관심사가 되고 있다. 그러나 요즘만이 아니라 우리는 언제나 역사에 대한 관심을 계속해서 가져야 한다고 생각한다.

나는 앞에서, 요즘 학생의 학문적 관심을 네 가지 유형으로 나누고, 역사에 대한 흥미를 철학이나 과학적 이론에 대한 흥미와 구별했다. 그런데 역사학은 일종의 과학이므로, 역사에 대한 흥미를 과학에 대한 흥미와 구별하는 데는 특별한 이유가 있어야 하는데, 그것은 과연 무엇인가?

과학을 잠시 동안 사회과학에만 한정하고, 더구나 법률, 정치, 경제, 사회 등을 대상으로 하는 특수한 사회과학에만 한정하면, 여기에 법률학, 정치학, 경제학, 사회학(종래의 사회학, 곧 sociology와는 구별되는 것으로서) 등의 과학이 성립한다.

그런데 이러한 과학은 법칙을 정립(定立)한다고 하는 좁은 의미의 과학으로서, 그 밖에도 법률, 정치, 경제, 사회를 대상으로 해서 법제사(法制史), 정치사, 경제사, 사회사 등의 역사학이 성립하고, 또한 이를 대상으로 해서 입법정책, 정치정책, 경제정책, 사회정책이라는 정책학(政策學)이 성립한다.

앞의 역사학이 과학에 속하는 것은 일반적으로 인정되는 것이고, 뒤의 정책학에 대해서는 그 성립을 부정하는 사람이 있다. 예를 들면 막스 베버가 그 대표자이다. 그러나 정책학은 인과관계만을 구명하는 과학은 아니지만, 한편으로는 인과관계를 구명하는 동시에, 또 한편으로는 가치판단을 하는 학문으로서, 말하자면 과학과 철학의 중간에 있는 특수한 학문이다. 이 학문의 성립 조건에 대해서는 논의가 있지만, 역사학이 과학이라는 데 대해서는 거의 이론이 없는 것 같다.

그러면 과학에 대한 관심과 역사에 대한 관심을 구별하는 이유는 무엇인가 하면, 역사학은 과학의 일종이면서 법칙정립적(法則定立的)인 과학과는 다른 점이 있는 것이다.

역사(history, Geschichte, histoire)라는 말에는 두 가지 의미가 있다. 하나는 객관적 역사로서 사건을 의미하고, 또 하나는 사건을 기술(記述)하는 것, 곧 주관적 의미이다. 역사의 연구는 사건에 대한 연구이지만, 전문적 역사가도 아니고 역사학도도 아닌 일반 학생은 사료(史料)에까지 거슬러 올라가서 사건을 연구하는 것이 아니라 사건을 기술한 역사를 연구하는 것이다. 다시 말하면 역사서적을 읽는 것이다.

이렇게 읽혀지는 역사가 체계를 이루고 있을 때에 이를 역사학이라고 부른다. 그런데 역사는 학문이 아니라 문학이라고 한 사람이 있는가 하면, 역사학을 일반적인 과학과 동일시해서 보편타당(普遍妥當)한 법칙을 거기서 구하려고 한 사람도 있다. 마르크스와 엥겔스가 역사는 계급투쟁의 역사라고 한 것이 그 예이다.

그런데 역사는 문학이 아니라 과학이지만, 일반적 과학은 보편타당한 법칙의 정립을 목적으로 하는 데 대해서 역사는 단 한 번 발생하는 사건의 인과관계를 구명하는 것이다. 산소와 수소가 화합해서 물이 된다는 것은 언제 어느 때의 누구에게나 변함이 없는 인과관계이지만, 예컨대 프랑스 대혁명은 어떤 원인의 결과로서 발생했고, 또한 그것이 원인이 되어서 다른 결과를 일으켰다는 인과관계는 오직 18세기 말의 프랑스 혁명을 중심으로 한 특정한 인과관계로서, 그 밖의 어떤 사건에도 적용되는 것은 아니다. 이것이 동일한 인과관계를 설명하는 과학이면서도 역사가 법칙정립적인 과학과 구별되는 점이다.

그러나 내가 보기에는, 역사의 과학에서의 특징은 이것만은 아니다. 역사는 말하자면 과학과 철학의 경계에 있는 것으로서 이 점에서는 정책학과 비슷하다. 이에 대해서는 뒤에 말하고자 한다. 이러한 역사의 특성이 있기 때문에 철학에 대한 관심과 과학적 이론에 대한 관심으로부터 구별되어서 역사에 대한 관심이 병립할 수 있는 것이다. 그리고 우리는 끊임없이 역사에 대한 관심을 가져야 한다고 생각한다.

그런데 요즈음의 학생은 역사서적을 읽는 데 별로 매력을 느끼지 못하는 것 같다. 나는 이것이 요즈음 학생들의 한 결함이라고 생각하고, 또한 이 결함은 요즈음 학생의 다른 결함과 결부되어 있다고 생각한다. 물론 철학에 대한 관심이 없는 것은 아니다.

그러나 역사철학은 역사를 위해서는 필요하겠지만 이를 연구하는 것만으로는 역사의 주위를 방황하고 소요하는 데 지나지 않는다. 우리는 역사서적 자체를 읽어야 한다.

베른하임은 역사에 세 단계가 있다고 하고, 첫째는 『이야기로서의 역사(erzählende Geschichte)』로서, 신화나 전설을 정리한 것과 같은 역사, 둘째는 『교훈사(敎訓史)』 또는 『실용사(實用史, lehrhafte, pragmatische Geschichte)』로서, 교훈을 주려는 목적 또는 실용을 위한 목적으로 쓰인 역사, 셋째는『발전사(發展史)』또는『발생사(發生史, entwickelnde, genetische Geschicht)』로서, 여기에 이르러서 역사는 비로소 과학이 된다고 한다. 이는 역사를 쓰는 입장에서 본 단계이지만, 동시에 역사를 읽는 사람의 입장에서도 이러한 분류가 가능하다고 본다.

베른하임이 말하는 역사가 발전사로 되기 위해서는 발전이라는 개념의 대두가 필요했다. 그것은 결코 먼 옛날의 일은 아니었다. 사실상 18세기 말에서부터 19세기 초에 걸쳐서 일어났던 것이다. 그리고 이 개념의 대두야말로 사상사(思想史)에서 획기적인 일이었다.

근세의 자연과학은 각 시대의 사고방식에 영향을 미쳤지만, 17세기의 자연과학은 물리학이었다. 그리고 물리학에서 인과관계를 구명하는 사고방식이 사회과학을 성립시키는 동시에, 또한 철학사에서 자연주의를 대두시켰다. 그런데 물리학에서는 대립상이(對立相異)의 관계에 있는 두 사물이 취급되고, 여기서는 변화가 일어난다면 한 사물의 공간에서의 장소 변화를 의미했다. 예를 들자면 여기에 있는 구슬이 어떤 힘을 받아서 저쪽으로 옮겨가는 것이다.

18세기에 새로이 성립한 자연과학은 화학이었다. 여기서는 두 사물이 화합해서 다른 사물이 된다. 이를테면, 일정량의 산소에 일정량의 수소를 가하면 물이 된다. 변화는 새로운 사물의 성립을 의미하는 것으로서, 종래의 사물의 모양은 없어지게 된다.

18세기 말에서부터 19세기에 걸쳐서 성립한 것은 생물학이다. 다윈이 《종(種)의 기원》을 발표한 것은 1859년으로서 19세기 중엽이지만, 생물학의 성립은 이보다 훨씬 이전으로서 다윈의 진화론(進化論)과 비슷한 견해는 적어도 다윈의 가족—천재로 가득한—에서만도 19세기 초에 알려져 있었다고 한다.

생물학에서의 변화는 물리학에서와 마찬가지로 두 개의 사물이 각기 존재를 유지하면서 장소적 이동을 하는 것이 아니고, 화학에서처럼 두 개의 사물이 각각의 존재를 말살하면서 전혀 새로운 제3의 사물을 성립시키는 것도 아니다. 여기서는 하나의 사물이 존재, 곧 자기동일성(自己同一性)을 유지하면서 자기 자신이 변화하는 것이고, 그 변화는 공간에서 이루어지는 장소적 변화가 아니라 시간의 경과 속에서 자기 자신이 변화하는 것이다. 여기서의 변화의 성질은 현저한 것임을 알게 될 것이다.

물리학으로부터 생물학으로 자연과학이 새롭게 발전한 것이 인간의 사고방식에 영향을 미치지 않을 리가 없다. 칸트는 물리학을 염두에 두고 《순수이성 비판》을 썼지만, 생물학에 착안했을 때에는 《판단력 비판》을 썼다. 그러나 칸트가 제3 비판서에서 다룬 생물학적 특징은 반드시 발전은 아니었다.

나는 생물학의 대두가 곧장 발전의 개념을 대두시켰다고 말하는 것은 아니다. 오히려 발전이라는 개념이 18세기 말부터 대두되기 시작한 것이 생물학을 성립시켰고, 여기서 다른 변화에 착안하게 만들었다고도 할 수 있으므로, 발전이라는 개념은 말하자면 당시의 영국·프랑스·독일 일대에 널리 전파되어 있었을 것이다. 그리고 우연히도 프랑스에서 생시몽으로부터 시작되어 이윽고 콩트에게 전해지고, 영국에서는 다윈 가(家)에서 생기고, 독일에서는 헤겔에 의해 파악되었다.

그리고 발전이라는 개념이 일단 확정되자, 한편으로는 오직 영원무한을 말하는 철학적 견해와 대립되는 동시에, 또 한편으로는 17, 8세기의 자연과학적 견해(물리학의 영향을 받은)와도 대립한다.

후자와는 어디에서 대립되는가? 후자는 추상에 대해서 구체에, 보편에 대해서 특수에 착안하고 자기동일성을 유지하면서도 자기 자체의 내용이 변화하고 있다고 하는 것이며, 후자가 다른 것으로부터의 힘에 의해 변화가 일어나는 데 대해서 자기 자동원인(自動原因)으로서 변화가 일어난다는 것을 발견한 것이다.

발전 개념은 우선 생물에 대해서 나타나고 이윽고 인간에, 사회에 적용되게 되었다. 그리고 생물의 경우에는 발전의 동인(動因)이 자기에게 있으면서도 물리적 과정을 통해서만 이루어지지만, 인간과 사회에서는 단지 발전의 동인이 자기에게 있을 뿐 아니라 목적을 의식해서 자유롭게 이루어진다는 것이 분명해졌다. 만일 발전이라는 개념이 없다면 교양은 있을 수 없다. 교양은 스스로 목적을 의식하면서 자유롭게 이루어지는 것이다. 이것은 인간의 발전이 생물의 발전과는 다르기 때문이다.

그렇다면 발전의 개념은 역사를 어떻게 변화시켰는가? 지금까지 많은 역사가 씌어졌다. 헤로도토스, 투키디데스, 타키투스 이래로 탁월한 역사가가 많았다. 그리고 18세기에도 결코 뛰어난 역사가가 드물지는 않았다. 기본(Edward Gibbon), 하람이 있고, 제임스 밀(James Mill)조차도 《인도사(印度史)》를 썼다.

그러나 그때까지의 역사는 이야기로서의 역사였고 교훈사였다. 흥미를 유발하는 목적을 달성하면 이야기로서의 역사의 사명은 끝난다. 교훈을 줄 수 있으면 교훈사의 역할은 수행된다. 따라서 이야기와 교훈이 필요한 한도 안에서 역사가 씌어졌으므로 시대도 자료도 선택이 자의적(恣意的)이었다. 따라서 역사는 단속적이고 비연속적이었다.

그런데 발전의 개념이 등장한 다음에는 사회는 자기동일성을 유지하면서 무한히 그 내용을 변화시켜 가는 것이므로 오늘의 사회는 어제의 사회와 접속하고, 오늘의 사회는 이윽고 내일의 사회로 변화한다. 그리고 역사는 단절을 허용하지 않는 연속체(連續體)가 되었다.

그때까지도 역사를 쓰면서 국가의 흥망의 자취를 서술하면서 어떤 변화를 생각하지 않은 것은 아니다. 그러나 그 변화는 자기 자신이 변화하는 것이 아니라 자기는 조금도 내용을 바꾸지 않고 외부에서 움직이는 작용에 변화가 있는 데 지나지 않았다. 가령 국가가 멸망하더라도 자기 자신의 원인에 의한 소멸이라고 보지 않고 외부에서 오는 힘의 작용에서 원인을 찾았다. 그러므로 그것은 물리학적인 변화였다.

무엇보다도 그때까지는 역사는 써도 쓰지 않아도, 읽어도 읽지 않아도 좋은 것이었다. 그러나 지금은 역사는 반드시 쓰지 않으면 안 되고, 반드시 읽지 않으면 안 되는 것이 되었다. 지금은 무슨 일에 대해서나 『어떻게(how)』 그렇게 되었는가를 묻게 되었고, 『생성(werden)』이 사건 이해에 필요하게 되었다. 사물의 유래와 생성을 검토하는 사상을 역사주의(Historimus)라고 하는데, 발전의 개념이 역사주의를 성립시킨 것이다.

나는 이 항의 첫머리에서 법제사·정치사·경제사·사회사 등의 특수한 역사가 법률·정치·경제·사회 등에 대해 성립됐다고 말했는데, 단지 이러한 것들을 대상으로 한 법칙 정립의 학문에 만족하지 못하고 마침내 그 생성을 묻기에까지 이르게 되어서 한번은 법칙 정립을 부정함에 따라 각 학문의 분과에 역사학파(歷史學派)라는 것이 생겼을 정도였다.

이것은 원동(原動)에 대한 일종의 반동에 지나지 않기 때문에 결국 법칙 정립은 그 자체로서 의미 있는 것으로 존속하고, 달리 생성을 구명하는 특수한 역사를 성립시키는 것으로 끝났지만, 학문에까지 역사주의가 침입한 것은 발전 개념의 결과이다.

발전 개념이 일단 나타나자 인간은 참으로 역사에 눈을 뜨게 되었다. 이것이 역사의식이다. 요컨대 역사와 역사의식은 구별되어야 한다. 지금까지도 역사는 있었다. 그러나 역사의식은 없었다. 역사의식이 나타나자, 역사를 넘어서서 모든 것에 대한 사고방식에 영향을 미쳤다. 이와 함께 역사는 발전사가 되었던 것이다.

발전 개념은 단지 역사를 발전사로 만들었던 것만은 아니었다. 그 때까지는 역사는 정치였다. 정치사가 정치의 교훈과 실용에 필요하다고 생각했기 때문이었다. 그러나 그때도 사회활동의 측면이 정치에 국한되어 있다고 생각하지는 않았다. 정치학이나 정치사 이외에도 윤리학·법률학·경제학·철학이 있고, 종교도 군사(軍事)도 있었다. 그러나 이것은 결코 통일과 관련을 갖지 못했고, 각기 독자성을 갖는 것으로 생각되었다.

그런데 발전 개념이 등장하자 발전의 주체는 개인 또는 사회였다. 이러한 주체가 자기동일성을 유지하면서 그 내용이 변하는 것이라고 보게 되면, 지금까지와 마찬가지로 정치나 법률이나 경제나 종교, 군사가 각기 독자성을 갖는다고 보는 것은 허용될 수 없었다.

이러한 것들은 사회라는 주체의 각기 다른 측면으로서, 이 주체 밑에서 전체적 관련이 유지된다고 생각하게 되었다. 여기서 문화의 각 부분은 통일되고 전체에 통합되게 되었다. 이와 함께 지금까지 정치사였던 역사는 문화사가 되었다. 그리고 정치는 문화의 일부로서 고려되게 되었다.

지금 학생 여러분이 학교의 교실에서 배우는 역사도 문화사이다. 정치사로부터 문화사에로의 변화와 어느 정도 관계되는 것은 국민사(國民史)냐 세계사냐 하는 문제이다.

여기서 이 문제를 논의할 필요는 없다고 생각하지만, 요컨대 서유럽의 세계였던 시대에는 영국·독일·프랑스는 서로 밀접한 교섭을 가지고 있어서 국민사가 세계사였다고 할 수도 있었지만, 오늘날의 세계는 서유럽의 세계가 아니어서 유럽 이외의 국민에게는 국민사가 세계사로 될 수는 없다. 따라서 세계사는 미래의 이념에 그치고, 오늘의 역사는 역시 국민사이다. 그리고 국민사라는 것은 정치사라는 것과 필연적 관계를 갖는 것은 아니며, 국민사이면서 문화사인 것이 오늘날의 역사이다.

각기 단편적으로 생각되던 문화의 여러 부문이 사회라는 주체의 각각의 측면이라고 한다면, 이러한 여러 측면 상호간의 관계와, 여러 측면의 주체에 대한 관계가 문제가 된다.

이러한 측면의 어느 것에 우월성을 부여하는가 하는 것이 사관(史觀)의 분기점으로서, 만일 경제라는 측면에 우월성을 인정한다면 그것이 유물사관(唯物史觀)이고, 반대로 의식 형태, 곧 철학·종교·도덕·예술 등에 우월성을 부여한다면 그것이 관념사관(觀念史觀)이 되는 것이다.

또한 정치는 문화의 일부가 되고, 역사는 정치사는 아니더라도 문화사 중에서 정치에 중요성을 두는 것과 반대의 것이 대립한다. 이러한 문제에 대해서 여기서 논평할 틈은 없지만, 사회는 일체(一體)이고 문화의 각 부문은 동일체의 각 측면이므로, 연구나 설명의 편의를 위해 그 측면을 얼마 동안 전체로부터 분리해서 그것만을 대상으로 논의하는 것은 허용되지만, 그것은 편의를 생각한 일시적 방법이고, 본래는 하나의 측면만을 사상(捨象)해서 논의하는 것은 불가능한 일이어서, 이러한 특수하고 일면적인 논의에 대해서 역사가 문화사로 된 의미가 있으며, 특수하고 일면적인 역사, 곧 경제사·정치사·사회사 등의 특수한 역사는 언제나 일반사인 문화사로 되돌아갈 필요가 있다.

역사는 사회에서 일어나는 일의 기술이라고 해서 모든 일이 역사에 기술되는 것은 아니다. 빈델반트(Windelband, Wilhelm, 1848~1915)가 예를 들고 있는 것처럼, 괴테가 몇 년 몇 월 며칠에 책상 열쇠를 수선시켰다는 것은 문서에 의해 증명되고 있는 일이지만, 그렇다고 해서 괴테의 열쇠 수선이 역사 기술에 채택되어 있지는 않다. 역사는 여러 가지 잡다한 모든 것의 모사(模寫)도 아니고 사진도 아니다. 이 점에서는 자연과학이 이 현상 저 현상을 모두 다루지 않고 현상을 일반화해서 법칙을 정립하는 것과 비슷하다.

자연과학은 실재하는 세계의 모사도 아니고 사진도 아니다. 그것은 추상되고 구성된 세계를 다룬다. 이와 마찬가지로 역사도 과거의 사진은 아니다. 역사도 역시 구성된 과거를 다룬다. 다만 자연과학은 구체적이고 특수한 개체를 추상화하고 일반화해서 구성하지만, 역사는 구체적이고 특수한 개개의 사건을 떠나지 않는다. 다만 모든 사건을 다루지 않고 특별한 사건만을 다룬다는 의미에서는 있는 그대로의 과거가 아니라 구성된 과거이다.

그렇다면 무엇이 과거의 사건을 선택하게 하는가? 이른바 현재의 눈을 가지고 선택하는 것이다. 역사는 과거를 위해서 과거를 정리하는 것은 아니다. 현재의 시점에 서서 과거를 회고한다. 따라서 과거의 사건은 현재의 눈에 의해 걸러진다. 역사는 자주 고쳐 쓰인다고 하는데, 이것은 새로운 사료가 발굴되어서 과거의 기술에 오류가 있었기 때문이라는 의미에서만은 아니다.

현재의 눈으로 바라보는 역사는 현재가 변하면서 그 눈이 바뀜에 따라 다시 쓰이는 것은 당연한 일인 것이다. 그러나 현재는 과거와 접속하는 동시에 이윽고 미래와 접속한다. 현재는 과거와 미래의 접속점에 있으므로, 현재의 눈을 가지고 본다는 것은 과거를 위해 과거를 보는 것이 아닌 한, 미래를 전망한 현재로부터 과거를 보는 것이어야 한다.

따라서 역사는 미래로 약진하려고 하는 현재가 미래에의 전망 밑에서 바라본 과거의 기록이다. 역사는 과거밖에 갖지 못한 노인의 한가한 사업은 아니다. 미래로 도약하려고 하는 젊은 청년의 발랄하고 생동하는 사업이다.

역사에는 선택이 가해진다는 점에서 본다면 역사는 창조이다. 이 점에서는 예술과 비슷하다. 그러나 예술의 창작은 사실을 떠난 상상의 소산이지만, 역사는 창조이면서도 사실의 선택에서만 그렇고, 선택된 것은 어디까지나 사실이다. 이것은 역사소설과 역사를 비교해 보면 알 수 있다.

가령 역사를 일종의 창조라고 본다고 하더라도, 창조된 역사는 현재를 과거로부터 발전되어 온 것으로 보고 미래 또한 현재가 발전한 것으로 나타나므로, 현재는 과거에 제약되고 미래도 현재에 의해 결정된다고 생각할지도 모른다. 이러한 착각이 사람들로 하여금 역사의 필연의 중압(重壓) 밑에서 신음하게 만든다. 그러나 인간은 자연을 극복하기 위해서 과학을 구성하고 자연적 필연의 법칙을 인식했다.

이와 마찬가지로 미래에 도약하려는 인간은 역사를 구성해서 현재와 미래에 대한 과거의 제약을 인식시켰다. 필연의 인식은 자유를 조건으로 해서 가능하고, 필연을 인식한 다음에는 사람들은 필연에서 벗어나서 자유로워진다. 따라서 참으로 『필연』을 인식한 사람은 필연의 위압(威壓)을 느끼지 않는다. 필연을 스스로 인식하지 못한 사람만이 자유를 상실하는 것처럼 착각한다. 자연과학이 인간의 정신적 자유의 소산인 것처럼, 역사 또한 인간의 정신적 자유의 결과이다.

현재의 눈을 가지고 과거를 바라본다는 것은 어떠한 의미인가? 대체로 이에 대답한다면, 현재에서의 중요성을 표준으로 해서 과거를 바라보는 것이다. 여기서 말하는 현재의 중요성이란 현재에 있어서 무엇이 중요한가를 인식하는 것이다. 이 인식은 시대에 따라 다르므로 역사는 자주 고쳐 씌어지고, 사람에 따라서도 달라지므로 다른 역사가 써진다. 중요성의 인식은 결과적으로는 각자의 인생관에 의존한다. 이렇게 해서 역사는 역사가의 인생관에 의해 선택된 과거의 기록이 되는 것이다.

인생관이 어떤가에 따라서 각자의 사관이 생긴다. 모든 역사가가 자신의 인생관을 의식하고 있다고 말하는 것은 아니다. 많은 사람들은 의식하지 못할 것이다. 위대한 역사가란 자신의 인생관을 의식하고 한 가닥의 실처럼 역사를 관철시키고 있는 사람을 말한다.

이 인생관이 역사가로 하여금 좋아하는 주제를 선택하게 하고, 사료(史料)와 사실을 선택하게 하고, 또한 역사상의 인물과 사건을 비판하게 한다. 이러한 점에서 역사는 철인(哲人)의 창작이고, 역사가는 철인이어야 하는 것이다. 우리는 역사에서 과거의 사건을 읽는 것이 아니라 철인의 인생관을 듣는 것이다.

여기서 사람들은 어쩌면 이렇게 물을지도 모른다. 『그렇다면 역사서적과 철학서적은 어디가 다른가?』라고.

랑케는 『인간적 현상을 아는 데에는 두 가지 길이 있다. 곧 개체인식(個體認識)의 길과 추상의 길이다. 후자는 철학의 길이고, 전자는 역사의 길이다.』라고 말했다. 그러나 철학의 길과 역사의 길은 전혀 관계가 없는 길도 아니고, 정반대의 방향으로 가는 길도 아니다.

철학서적에서 철인은 추상적으로, 곧 시간과 공간의 제약을 떠나서 영원의 상(相) 밑에서 인생관을 말한다. 역사서적에서 철인은 그가 살고 있는 현재의 사회라고 하는 시간과 공간으로부터 일종의 제약을 받는다. 또한 그는 과거라는 제약 밑에 있고 실제로 일어난 사건에 제약받는다. 다시 말하면 역사서적의 철인의 인생관은 시간과 공간과 사건의 제약을 받고, 그러한 한에서의 인생관이다. 그러므로 특수적이고 구체적인 인생관이다.

이것은 영원의 상 밑에서의 인생관과는 특수와 보편의 관계에 있을 것이다. 보편적인 인생관은 특수한 인생관을 포용하고 있기는 하지만, 특수한 개체에게는 가까이 가기 어려운 크기와 거리를 느끼게 한다. 이때 역사로서 나타난 인생관은 특수하고 구체적이기는 하지만, 접근하기 쉽고 배우기 쉽다.

첫째로, 현재의 사회를 인식하는 것은 자기를 인식하는 첫걸음이다. 그리고 자기인식(Selbstverständigung)은 자기 성장을 위한 필수 조건이다. 사회를 인식하려면 사회과학 중의 법칙정립학(法則定立學)이 필요하지만, 역사는 사회발전 과정의 일막(一幕)으로서 구체적으로 사회의 현재를 인식시킨다.

또한 역사는 미래에의 도약을 위해 우리들로 하여금 준비를 하게 만든다. 현재가 과거의 집적(集積)임을 아는 것은 우리를 필연관(必然觀)으로 흐르게 할 위험도 있는 동시에 공상과도 같은 이상을 반성하게 해서 우리들의 두 다리를 대지에 굳게 발붙이게 하는 효과가 있다. 이상에 흐르기 쉬운 청년에게 역사를 권하는 한 가지 이유는 여기에 있다.

둘째로, 우리들의 안목은 자칫하면 특수 전문의 편협함에 빠지기 쉬운데, 역사는 문화사로서 모든 문화가 여기에 총합되고 통일되어 있어서 각 문화는 전체의 일부로서 각각의 위치를 부여받는다. 분석에 기울고 부분에 사로잡히기 쉬운 사람은 그리스의 학문으로 돌아갈 필요가 있다고 하는 말과 똑같은 말을 역사에 대해서도 말할 수 있다.

셋째로, 역사는 우리들에게 원근법(遠近法, perspective)을 가르친다. 그 당시에는 큰 사건이라고 생각되었던 것이 마침내 후에 이르러서는 작은 사건이 되거나, 사소한 일로서 간과되던 것이 마침내 경천동지의 대사건으로 부각되기도 하는 것은 역사를 읽는 사람이 흔히 봉착하는 경험이다. 큰 일을 축소하고 작은 일을 확대해서 진실의 중요성을 통찰하는 것은 역사로부터 주어지는 교훈이다 넷째로, 모든 일이 집합하면서 과거는 현재로까지 발전했고, 그 중에 하나라도 발전에 기여하지 않은 것은 없었다. 이것이 우리들로 하여금 우리들의 눈을 특정한 것에 집착시키지 않고 모든 일에 각각의 가치를 부여하게 만든다. 곧 역사는 관용(tolerance)의 덕을 키워 준다.

끝으로, 우리는 역사에서 인생의 지침을 배운다. 여기서 지침이라고 하는 것은, 하나는 역사에 나타난 역사가의 인생관을 말하고, 또 하나는 역사에 등장하는 인물들의 활동과정과 그 성과를 관찰함으로써 얻는 교훈을 의미한다.

사람들은, 그 인생관도 역사가의 특수한 인생관이고 역사 속의 인물의 활동도 단 한 번밖에 나타나지 않는다면 우리와는 관계가 없지 않은가 라고 말할지도 모른다. 그러나 특수하고 구체적이기 때문에 우리들의 특수한 개성과의 비교가 가능하고 유추(類推)가 쉬운 것이다. 『은감불원(殷鑑不遠, 멸망의 선례는 멀리 있지 않고 가까이 있다)』이라는 말은 이 비교와 유추가 가능하고 필요함을 뜻하는 것이 그 장점이다.

이상과 같이 말하면 사람들은 나의 역사관은 역사를 다시 교훈사, 실용사로 역행시키는 것이라고 비난할지도 모른다. 그러나 역사는 발전사이고, 발전사여야 한다. 그러나 발전사에서 무엇을 교훈으로 이끌어 내는가 하는 것은 각자의 자유이고, 이것은 역사를 교훈사로 만드는 일은 아니다.

역사가 발전사이고 과학이라고 해서 우리가 인과관계의 『지식』

만을 얻어야 한다고 말한다면 그야말로 역사는 최고 가치가 무엇인
가를 망각한 한인(閑人)의 한가로운 일이 된다.

art

10. 예술
藝術

> 미적 관조의 태도를 가지고 있을 때는 나무 한 그루, 풀 한
> 포기도 우리의 마음에 호소하고 영혼을 움직이지 않는 것이 없다.
> 이렇게 해서 죽은 자연에 혼이 들어가고 생명이 불어넣어져……

지식(학문)적 활동이란, 이미 존재하는 것을 우리들의 인식의 체계에까지 파악하는 일이다. 이미 존재하는 것을 대상으로 해서 이를 우리들의 의식계(意識界)에 체계화하는 것이므로 새로운 것을 창조하는 일은 아니다. 가령 창조라는 말은 넓은 의미로 사용해서 지식적 활동에 창조가 있다고 하더라도, 이 창조는 의식을 체계화하는 과정에서의 창조이고, 이 창조는 이미 존재하는 것에 의해 제약되어 있다

그런데 여기서 말하는 예술적 활동은 아직은 존재하지 않는 새로운 것을 창조하는 것이다. 그러나 이 창조는 상상의 세계에서의 창조이고 현실세계에서의 창조는 아니다. 이것이 같은 창조이면서도 도덕적 활동의 창조가 현실세계에서의 창조인 것과 다른 점이다.

예술적 활동의 이상은 미(美)이다. 따라서 예술적 활동은 미적(美

的)인 것을 창조하는 일이다. 그런데 이 창조는 두 가지로 구별할 수 있다. 하나는 미적인 대상, 곧 예술을 창조하는 예술가의 창조이고, 또 하나는 예술가에 의해서 창조된 예술, 또는 인간에 의해 창조되지 않은 자연 속에서 미적 가치를 발견하는 관조(觀照)이다. 관조도 또한 창조이다. 왜냐하면 예술 및 자연에 촉발되어서 현실에 존재하지 않는 새로운 미적 형상(形象, Bild)을 창조하기 때문이다.

학생 여러분 중에는 음악대학, 미술대학 등 예술을 교육하는 학교에서 공부하는 사람도 있을 것이고, 장차 예술가가 되려고 하는 사람도 있을 것이다. 또한 학문을 익히는 일에 정진하는 학생 중에도 스스로 화필을 들거나 악기를 다루거나 소설을 쓰는 사람도 있을 것이다.

그러나 이것은 학생 중에서 극히 소수의 예외이고, 다수의 학생은 관조라는 태도를 가지고 예술적 활동을 하고 있다. 그리고 이렇게 말하는 나 자신도 그렇게 하고 있다. 그런데 여기서 말하는 예술적 활동을 예술적(미적) 관조라는 의미로 제한하고, 그것이 어떻게 교양, 곧 인격 성장에 관계하는지를 여기서는 살펴보고 싶은 것이다.

지식적 활동에서는 볼 수 없는 감정이라는 것이 미적 활동에서는 중요한 역할을 한다. 물론 지식적 활동은 감정과 전혀 교섭이 없다고 하는 의미는 아니다. 지식적 활동의 과정이 일단 매듭지어졌을 때는 우리는 성공의 기쁨을 느낀다. 그러나 기쁨의 감정은 지식적 활동의 결과에 따르는 감정으로서, 감정은 지식적 활동의 내용을 형성한다.

감정은 우리들의 자아의 어떤 상태를 의식했을 때에 일어난다.

쾌(快)라는 감정, 또는 불쾌라는 감정은 자아가 자연에 적합한 경우, 또는 적합하지 못한 경우에 일어난다. 감정에는 여러 가지 종류가 있는데, 그 중에는 가치감정(價値感情)이라는 것이 있다. 우리들의 자아에 주어진 가치의 관념에 적합한 경우, 또는 그 반대의 경우에 일어나는 감정이다. 그리고 가치의 관념에도 여러 가지가 있는데, 지금의 우리들에게 필요한 것은 미라는 관념이다. 미라는 가치 관념에 적합했을 때에 일어나는 감정이 미적 가치감정이다.

그러면 미적 가치감정을 일으키는 미적 가치란 무엇인가? 나는 여기서 미학(美學)의 뜻을 그대로 옮길 생각은 없지만, 요컨대 우리들의 전자아(全自我)를, 영혼을, 심정을 진감(震憾)시키는 것이 미적 가치이다. 우리들의 미적 가치감정을 촉발하는 대상을 미적 가치가 있다고 하고, 대상에서 미적 가치를 발견하고 이에 전자아를 몰입시켜서 우리들의 전자아가 진감된 상태를 의식하고 미적 가치감정을 생각할 때마다 만족을 주는 것—이것을 미적 관조라고 하는 것이다

여기서 주의해야 할 것은, 미적 가치 관념도 미적 가치감정도 우리들에게 주어져 있고, 단지 이것을 촉발시키는 것이 있기를 기대하고 있다는 점이다. 그러나 미적 가치감정은 스스로는 약동하지 못하고 외부로부터 촉발하는 것(affizieren)을 기다린다. 외부로부터 우리의 미적 가치감정을 촉발하는 것은 촉발할 수 있는 능력을 가져야 하는데, 이 능력이 미적 가치이다. 그러나 외부로부터의 촉발은 외부의 미적 가치 자체의 힘으로는 불가능하고 미적 가치로 하여금 촉발하게 하는 자아의 활동이 있어야 한다.

이렇게 해서 자아는 외부의 미적 가치를 발견하고, 이 가치로 하여금 촉발하게 하면서 이 촉발에 의해 자기 자신의 미적 가치감정을 만족시킨다. 앞에서 촉발을 유발한 자아는 단지 가능성에 머물렀지만, 촉발에 의해서 가능태(可能態)는 현실태(現實態)로 바뀐다. 여기에서 미묘한 상호관계를 볼 수 있다.

미적 가치는 전자아를 흔들어 놓는 것이므로, 외부로부터의 촉발을 받았을 때의 자아는 전자아가 이에 몰입한다. 물론 지적 활동에서도 자아의 활동은 어느 경우에나 전자아에 의거하지 않을 수 없다. 그러나 미적 활동의 경우에는 단지 전자아가 활동에 참여할 뿐만 아니라 전자아가 밑바탕부터 진감되고 전자아 자체가 가치 있는 것에 몰입한다. 여기에 미적 활동의 특징이 있다.

외계로부터의 촉발이라고 하는 경우의 외계는 우리들이 감각할 수 있는 물상(物象, Gegenstand)을 의미한다. 물상은 대상 전체와 동일한 것은 아니다. 예를 들면 우리들의 심리작용 등은 감각할 수 없는 것이므로 대상이기는 하지만 물상은 아니다.

그러나 눈으로 보고 귀로 듣고 피부로 느낄 수 있는 것은 모두 물상이다. 산이나 강이나 풀이나 나무로부터 인간·개·고양이·새·벌레·그림·건축·조각·음악·문학 등 어느 것이나 모두 물상이다.

이렇게 보면 물상은 감각적인 것이다. 그리고 감각적이기 때문에 우리의 감각을 자극해서 미적 관조를 할 수 있게 한다. 그러나 물상은 우리들의 관조를 촉발하는 계기이기는 하지만, 물상이 단지『물상』으로서 미적 가치가 있는 것은 아니다. 물상이 감각적인 미적 가치를 인정하는 것은 단순한 물상으로서가 아니라 물상 앞에서 우리들의 전자아를, 영혼을 움직이는 것의 상징(symbol)을 인정하기 때문이다.

그리고 우리는 이 상징을 통해서 미의 형상을 구성한다. 물상은 물리적 존재로서 현실계에 속하지만, 물상을 통해서 구성된 형상은 현실계에 속한다. 예술적 활동은 상상의 세계에서 창조한다고 한 것은 이러한 의미이다.

물상으로서 예술과 자연이 생각되지만, 예술은 예술가가 미적 가치의 상징으로서 처음부터 창작한 것이므로 우리들의 미적 관조를 촉발할 가능성이 풍부하다. 그러나 이러한 경우에도 예술은 색칠을 한 한 장의 종이이고, 돌덩어리나 대리석의 한 조각에 지나지 않는다. 그렇더라도 예술은 현상을 구성시키는 계기가 된다. 자연의 경우에는 신이 창작한 예술이기는 해도 인간에 의해 창작된 예술은 아니다. 자연만큼 현실적인 존재는 없을 것이다.

그러나 우리가 미적 관조의 태도를 가지고 있을 때에는 나무 한 그루, 풀 한 포기라도 우리들의 마음에 호소하고 영혼을 움직이지 않는 것이 없다. 이렇게 해서 죽은 자연에 혼이 들어가고 생명이 불어넣어져서 산 것처럼 되는 것이다.

밀레의 말처럼 미적 관조를 하는 사람에게는 『보는 것은 그리는 것이다.』 물상은 형상을 구성시키는 계기로서 필요한 동시에 물상에 따르는 현실성은 흔히 오히려 형상의 구성을 방해하는 경우가 있다.

그러므로 예술은 물상에 따르는 현실성을 불식하기 위해서 여러 가지 방법을 강구한다. 이를테면 조각에서 색채를 싫어하고, 회화에서 색채를 감하고 선으로 그리려고 하는 것이 그것이다.

같은 예술 중에도 현실성으로부터 벗어나는 정도에는 차등이 있어서, 건축은 우리들이 주거나 실무를 목적으로 하는 경우에는 가장 현실의 편의에 지배되고, 그 밖에도 사원(寺院)이나 교회 등의 건축은 각각의 종교적 목적으로부터 어떤 제약을 받지 않을 수 없다.

공예(工藝)와 같은 것도 현실의 실용의 영향을 받기 쉽고, 이에 반해서 조각이나 회화(繪畵)나 문학은 현실의 제약을 받는 일이 적고, 음악의 경우에는 그 제약을 받는 일이 가장 적다. 따라서 음악을 들을 때에 우리는 물상에 사로잡히지 않고 미의 형상을 구성하는 것이 가장 쉽다. 이것이 음악이 우리들의 영혼을 흔들어 놓는 최대의 이유일 것이다.

미적 관조란, 물상을 계기로 해서 자신의 미적 가치 관념을 물상에 투영하는 것이다. 따라서 관조하는 쪽에 관조할 만한 상당한 용의와 조건이 있어야 한다. 우선 첫째로 필요한 것은 그가 모든 의미의 현실로부터 벗어나는 것이다. 그를 둘러싼 현실은 열 겹, 스무 겹이다.

그는 눈앞의 어떤 실패 때문에 회오하고 번뇌하고 있을지도 모른다. 또는 가정이나 친구와의 분쟁 때문에 마음이 굳어지고 풀리지 않을지도 모른다. 금전의 결핍이 그의 내일을 불안하게 하고 있을지도 모른다. 또는 과거나 미래의 시험성적을 걱정하고 있을지도 모른다. 이렇게 해서 물상에 직면하기 이전의 현실이 있을 뿐 아니라 그는 물상에 따르는 현실성으로부터도 벗어날 수 없다고 느낄지도 모른다.

회화나 조각의 여성을 미적 대상이 아니라 현실적 대상으로 보고 마음의 번뇌를 느끼는 일이 없다고 할 수도 없다. 또한 예술가에 대한 호감이나 반감, 동정이나 질투가 없다고 할 수도 없다. 이러한 현실에의 집착은 그가 미적 가치에 몰입하는 것을 방해하는 것이다.

둘째로 물상을 통해서의 미의 형상에 그는 완전히 자기를 몰입시켜야 한다. 이 몰아(沒我)의 경지야말로 예술적 활동의 핵심이다 만일 몰입하지 못하는 것이 남아서 주체인 그와 객체인 형상이 대립의 입장에 놓여 있다면 그는 미적 관조자(觀照者)는 아니다. 실러가 미적 관조를 유희와 비교한 것은 유희의 경우와 마찬가지로 모든 일을 잊고 몰두하는 것이 필요하기 때문이다.

또한 미적 관조에도 당연히 성장이 있다. 현실로부터의 탈각(脫却), 자기 자신을 몰입시키는 것도 수련이 필요하지만, 관조하는 사람은 자신의 미적 가치의 의식을 충분히 준비하지 않으면 안 된다. 그렇지 않으면 아무리 미적 가치가 있는 물상이라도 요컨대 고양이 앞에 놓인 생선 그림과 같다. 그러므로 미적 관조자도 교육을 받아야 한다.

그러나 이 교육은 선생으로부터 배우거나 책을 읽는 것만으로는 원래가 충분하지 않다. 가장 필요한 일은 스스로의 관조를 수없이 되풀이해서 그 동안에 체험을 통해서 감득(感得)할 수밖에 없는 것이다. 그래서 이른바 안목이 넓어져야 하는 것이다. 미적 태도와 노력하고 공부하는 일은 얼핏 보기에 걸맞지 않는 것 같지만, 미적 활동도 부지런한 노력이 필요하다. 그것은 오락이나 망한(忘閑)과 같은 놀이는 아닌 것이다.

이렇게 해서 미적 관조는 두 과정으로 성립한다. 첫째는 현실의 부정이다. 여기서의 현실의 부정은 앞에서 말한 것이지만, 관조에 따르는 현실의 부정이고, 한 걸음 더 나아가면 현실에 사로잡힌 현실의 『자아』의 부정이다. 부정된 현실의 자아와 대립하는 것은 미적 가치에 약동하는 별개의 자아이다. 그러나 이 자아는 단지 잠재상태에 놓여 있고, 아직 현재화(顯在化)되지는 않는다. 잠재상태로부터 현재화되게 하는 것은 외계에서의 물상의 촉발이다.

둘째로는, 물상의 촉발을 받으며 미의 형상에 전자아를 몰입시키는 것이다. 잠재상태로부터 현재화한 자아는 형상과 주객합일(主客合一)하여 둘이면서도 하나인 것처럼 된다. 여기서 현실의 자아는 극복되고 미적 자아는 전자아(全自我)를 지배한다. 그렇게 해서 물상을 통해서의 형상의 세계에 마음껏 자기를 침잠시킨다.

이 세계는 현실의 세계는 아니고 창조된 미의 세계이다. 이 망아(忘我)의 경지는 평정하고 조용하다. 그러나 이것은 지식적 활동의 냉정과는 다르다. 후자의 경우에는 주체와 객체는 분명하게 대립하고, 주체는 객체에 관계하지 않음으로써 평정이 유지된다. 그러나 전자에서는 주체와 객체는 합일하여 일자(一者)가 되어서 평정을 방해할 여지가 없기 때문에 평정한 것이다.

또한 도덕적 활동에도 주객일치가 있다. 그러나 이 경우에는 주체인 자아는 자기의 관념을 현실계에 실현하여 새로운 객체를 창조함으로써 주체와 객체의 합일을 도모하려고 한다. 예술에서 망아의 경지와 어느 정도 비슷한 것은 종교적 활동인 법열(法悅)의 심경일 것이다. 그러나 물론 법열의 경지에서도 주객의 융합일체(融合一體)는 있지만, 여기서의 융합의 주체인 자아는 단지 미적 가치에 관계한 자아만은 아니다.

지식적·도덕적·예술적 활동을 하는 모든 전면적 자아가 일단 부정된 다음에 신, 곧 실재하는 인격과 일체가 된다. 그런데 융합은 대지대비(大智大悲) 앞에 무릎을 꿇은 약소자(弱小者)의 절대귀의(絕對歸依)의 형태로 이루어진다. 그러나 이 정도의 차이가 있다고 하더라도 예술적 망아를 방불케 하는 것은 종교적 법열이다.

그러면 미적 관조는 우리들의 자아에 어떠한 변용(變容, Modifikation)을 주는가? 현실의 자아가 부정되어서 미적 형상에 몰입할 때에 우리들의 전자아가 흔들린다. 이만큼 강력하게 전자아 전체가 움직여지는 일은 지식적 활동에서도, 도덕적 활동에서도 볼 수 없다. 전자아를 몰입시킴으로써 우리들의 자아는 깊어지고, 높아지고, 깨끗해지고, 풍요해진다.

다시 말하면 우리들의 혼은 앙양(昻揚)되고, 자아는 순화(純化)되고, 현실은 초극(超克)된다. 이 순간만큼 현실의 질곡에서 해방되는 때는 없다. 이것을 미적 자유라고 한다. 세상에는 여러 가지 종류의 자유가 있지만, 미적 자유에서 우리는 전인(全人)의 자유를 누린다.

관조에서의 몰입은 끊임없이 계속될(常住不斷) 수는 없다. 그렇지만 비록 한 순간이라도 몰입을 반복하고 체험하고 있는 동안에 우리들의 자아는, 영혼은, 정신은 상주부단으로 앙양되고 순화되고 향상된다. 이것이 바로 교양이고 인격의 성장이다.

그러나 이것만은 아니다. 미적 관조는 현실의 물상에 생명을 주고 심정(心情)을 주어서 마치 살아 있는 것처럼 말하게 한다. 이렇게 해서 우리들의 우주는 종래와는 다른 것이 된다. 우리들이 사는 세계는 넓어지고, 모든 것을 존중하게 되고, 생명 없는 것에도 사랑은 느낀다. 미적 관조는 현실을 부정한 다음에 가능하고, 또한 망아(忘我)에서 현실을 초극(超克)하게 하므로, 종전에는 집착에 사로잡혀서 끈을 끊을 수 없었던 현실은 이제는 단지 덧없는 것으로 변한다.

이렇게 해서 현실세계의 쾌락이나 지위나 명예나 경쟁은 먼지처럼 경시되고 무시된다. 이러한 심경을 더욱 깊게 해서 특수한 맛을 갖게 한 것이 선미(禪味)라고 하는 것이리라. 칸트의 준엄한 도덕적 교육에 반대하며 실러가 미적 교육을 주장한 것은 덕이 아니라 미를 통해서, 의지가 아니라 정서를 통해서 전인(全人)의 성장이 가능하게 되기 때문일 것이다.

그러나 미적 관조의 위험도 무시할 수는 없다. 미적 망아(忘我)와 종교적 법열을 비교해 보더라도 알 수 있는 것처럼 미적 망아에서는 물론 전자아 전체가 주객 합일되지만, 그 전자아는 미적 관조와 관련되는 한에서의 전자아이고, 충전한 의미의 전자아는 아니다. 미적 활동은 역시 자아활동의 일부이고 전부는 아니다.

만일 전자아가 동원된다고 하더라도, 그것은 몰입의 순간뿐이고 상주 부단한 것은 아니다. 망아의 상태가 지난 순간에는 우리들의 지식적 활동의 태만도, 도덕적 고뇌도 처리되지 않고 그대로 남아 있으며, 여전히 자아는 원래의 상태대로인 것이다.

쇼펜하우어가 미적 관조는 일시적 해탈(解脫)이고 종교처럼 영원한 해탈은 아니라고 한 것은 옳은 얘기이다. 그것은 꿈속의, 또는 취중의 해탈이고, 하루아침에 정신이 들고 나면 자아는 구태의연한 것이다.

미적 관조는 우리들을 주객융합(主客融合)의 경지로 이끌고, 이것이 우리로 하여금 현실을 초극하게 하는 것은 사실이지만, 이 초극이 하루아침에 이루어지지 않는 한 우리들은 여전히 현실계에 있으며, 현실과 이상의 대립에 고뇌하지 않으면 안 된다.

그리고 대립을 극복하는 길은 주로 크게는 현실의 자아를 인격으로 바꾸는 것이고, 작게는 현실계에 자기를 실현하기 위한 분투노력에 기대하지 않으면 안 된다. 미적 망아도 현실을 극복하는 하나의 길이기는 하더라도 분투노력을 위해서는 주로 현실과 이상의 대립을 우리들의 눈앞에 언제나 떠오르게 하지 않으면 안 된다.

그런데 미적 관조는 주객합일의 경지로 우리들을 이끌고 가서 자칫 황홀한 도취감이 현실과 이상의 냉엄한 대립을 망각하게 하고, 우리들의 실천적 태도를 이완시킨다.

또한 미적 관조에는 미적 자유가 따른다. 그러나 이 자유는 현실의 질곡을 벗어나서 상상의 세계에 잠기는 자유인데, 사람들은 흔히 이 자유를 상상의 세계에서 현실의 세계로 옮겨와서 현실계에서 현실의 질곡으로부터 벗어나려고 한다. 여기서는 자유가 변해서 방만(放慢)이 되고, 일탈이 되고, 자의(恣意)가 되고, 무궤도가 된다. 이러한 성향은 단지 도덕적 활동과 정반대되는 것만은 아니다. 미적 관조에 있어서 의의를 부여하는 교양의 길을 저지하는 장애가 되기도 한다.

그러나 상상의 세계와 현실의 세계의 혼동은 단지 이것으로 끝나지는 않는다. 여성을 그린 뛰어난 예술작품을 보고 책 속에 등장하는 여성에게 끌리는 호기심을 현실계에서 만족시키려고 하는 사람이 있다면 이것은 예술의 관조와는 거리가 먼 태도이고, 미의 세계와 현실의 세계의 혼동이 아니고 무엇이겠는가.

어린 자제에게 연애소설을 읽히지 말라는 말이 미적 가치를 이해하지 못하는 도학자(道學者)의 입에서 나왔다고 하더라도, 그것이 미의 세계와 현실세계의 혼동을 두려워한 말이라면 반드시 틀렸다고 할 수만은 없는 것이다. 요컨대 미적 관조는 흔히 지나치게 섬세한 감정, 지나치게 민감한 신경, 허약한 성격을 기르기 쉬워서 현실의 풍파를 견뎌내지 못하는 패자로 만들 위험성이 있는 것이다.

이것저것 섭렵하여 천박한 것으로 해석된 교양이라 해도 지식적 활동에서는 반드시 해로운 것은 아니다. 기껏해야 지식을 산만하게 수집해서 소화불량에 걸릴 정도이기 때문이다. 그러나 예술적 활동에서는 대체로는 앞에서 말한 것처럼 해롭다. 그러나 이러한 위험성은 미적 관조에 『필연적』으로 따르는 폐해는 아니다. 특수한 관조자에게 『우연히』 따르는 것이다.

이 폐해로부터 벗어나는 길은 학문의 경우와 마찬가지로 미적 활동을 전자아로부터 유리시키지 않고 자아로 환원시켜서 인격성장을 망각하지 않는 것이다. 이 점만 경계한다면 예술적 활동은 전인(全人)을 기울일 만한 가치가 있는 일이다. 적어도 공리적 가치밖에 모르는 세속인이나, 미적 가치가 무엇인지조차도 분간하지 못하는 도학자가 알지 못하는 광대무변한 미의 세계가 우리들 앞에 펼쳐져 있다는 것은 우리들로 하여금 삶의 보람을 느끼게 하는 일이다.

*

우리들의 학생시대에는 지금처럼 예술에 대한 관심이 보급되어 있지 않았고, 나는 상인의 집에서 태어났으므로 가정에는 예술적 분위기라고는 전혀 없었다. 중학교 2학년 때에 처음으로 소설을 읽었다. 그 후부터 소설을 시점으로 해서 문학과 친해졌다. 그러나 이것은 책을 읽는다는 점에서 학교에서 배우는 책과 비슷했기 때문이었을 것이다.

고등학교·대학을 통해서도 미술이나 음악은 나의 미지의 세계였다. 우선은 잠재적인 퓨리턴적 사고 때문에 예술은 우리들을 타락시킨다고 생각했던 것 같다. 외국에 자주 나가면서 비로소 음악에 흥미를 갖게 되었다. 물론 들을 뿐이고, 그 이해는 힘들었지만, 듣고 싶다는 욕망만은 느끼게 되었다.

그러나 건축, 조각, 회화 등은 나에게는 전혀 흥미 없는 것이었다. 안내문에 의지해서 박물관이나 미술관이나 교회 등을 보고 다녔지만, 단지 명소(名所)로서 관람했다는 의미밖에 없었다. 교양을 말하는 내 입장으로서 이것은 커다란 결함이다.

문학은 시, 희곡, 소설 등 어느 것이나 언어와 문자를 매개로 한다는 점에서 미술과 다르며, 언제나 우리들의 감흥을 불러일으킬 수가 있고 감흥을 계속시킬 수도 있다. 이 점에서는 어느 정도 학문과 비슷한 점이 있다.

다빈치든, 미켈란젤로든, 바그너든, 베토벤이든 어느 예술가나 자신의 전인격을 예술에 침투시키고 있다고 하겠지만, 문학 특히 소설에서는 작가는 문자로 자기 자신을 말할 수 있다. 따라서 미술이나 음악의 경우보다는 작가 자신을 더욱 직접적으로 대할 수 있다. 이러한 점에서 문학은 예술일 뿐만 아니라 또 다른 면에서는 인생관이나 사회관을 말하는 철학이라고 할 수도 있다.

위대한 작가는 문학 속에 전 생명, 전 인격, 전 인생을 관철시킨다. 우리는 그 속에서 미를 느낄 뿐 아니라 가르침을 받는다. 단테, 셰익스피어, 괴테, 실러, 위고, 톨스토이, 도스토예프스키—이 정도만 들어도 읽어야 할 작품은 많다.

그러나 문학에는 즐거움이 있고 안이함이 있다. 노력도 들이지 않고 의지의 작용도 없이 읽을 수가 있으므로, 자칫 하찮은 작가의 하찮은 작품을 섭렵하고도 그것으로 문학을 다 알고 독서를 했다고 생각하며 우쭐할지도 모른다. 그러나 안이한 것은 여행길이나 기차나 자동차 속에서 읽는 것으로 충분하다. 뛰어난 작품을 빠뜨리고 사색을 요하는 서적은 빼버린 채 독서했다고 생각하는 학생은 더욱더 긴장된 독서를 하지 않으면 안 된다.

예술과 비교한다면 자연(인간에 대립되는)에는 우리들의 관조를 촉발하는 적극성이 없으며, 우리들의 관조에 맡겨놓고 조용히 기다릴 뿐이다. 그와 동시에 인간이나 예술에 따르는 현실성으로부터 완전히 이탈되어 있다.

이러한 의미에서 보면 자연은 참으로 좋은 예술이다. 자연에는 산, 물, 들, 나무, 풀, 꽃, 과일, 새, 짐승, 벌레가 있다. 이러한 것들에는 각기 그 자체의 아름다움, 색깔의 아름다움, 소리의 아름다움이 있다. 그뿐만이 아니라 계절마다 다른 풍경을 보여준다.

하루의 변화도 단조롭지는 않다. 아침 해돋이 때면 우선 산정(山頂)을 비친 해가 점점 땅에 빛과 그림자를 어리게 하는 광경이나 일몰의 아름다움은 말할 것도 없고, 조용히 자리 잡은 햇빛을 받아서 만물은 긴 그림자를 지상에 남기면서 뚜렷하고 선명한 선을 그리며 부각된다.

내가 학생시대에 좋아한 것은 구름이었다. 구름의 형상의 복잡함을 가르쳐준 것은 라스키의 《근대 화가론(近代畵家論)》이었는데, 어느 산마루에서 한나절 동안 지치지 않고 구름을 바라보며 지낸 적도 있었다. 『대자연의 품에 안긴다』는 말에는 여러 가지 의미가 있겠지만, 사람들은 자기 자신을 잊기 위해서 즐겨 자연을 찾는다. 이러한 예술을 창작한 조물주의 능력엔 질투가 느껴질 정도이다.

virtues

11. 도덕
道德

> 이익에 사로잡혀 있는 동안에는 심안(心眼)이
> 흐려져 도(道)가 보이지 않게 된다. 이익을 포기할
> 때에는 심안이 곧 열려서 도가 절로 통하게 된다.

도덕적 활동은 지식(학문)적 활동이나 예술적 활동과 함께 자아
활동의 일종이다. 그러나 종래에는 자칫 도덕적 활동이 자아의, 인격
의 모든 활동을 대표하는 것처럼 생각되었다. 이를테면, 통속적으로
『이 책은 좋은 책이다』 라든지, 『이 그림은 좋다』 라든가 하는 선
이라는 도덕적 이상을 염두에 두고 학문과 예술에 대한 가치판단을
하는 경우가 있다.

물론 의욕한다(will)는 것은 도덕적 활동에 한정되지 않고 다른
활동에도 공통되며, 따라서 어떤 활동이든 넓은 의미의 실천에 속하
지 않는 것이란 없다. 그리고 실천에 따르는 극기·노력·근면이라
는 도덕적 성질은 다른 어떤 활동에도 필연적으로 따른다. 또한 학문
이나 예술은 특수한 전문인의 독점적인 일로 생각하기가 쉬운데, 도

덕적 활동만은 모든 사람에게 공통되는 임무이다.

또한 도덕적 활동은 다른 활동과 달라서 직접 다른 사람과 관계되는 일이므로, 관계한다는 면에서 보더라도 누구에게나 중대한 의미를 가진다. 이러한 이유 때문에 지식 및 예술적 활동과도 밀접한 관련이 있어야 할 인격의 문제가 종래에는 도덕적 활동을 다루는 윤리학자・도덕철학자의 전문적 문제가 되었고, 도덕적 활동의 동기라는 관점에서 인격문제를 다루는 것이 상례였다.

그러나 사실은 학문도 예술도 인격을 다루어야 마땅했으며, 활동의 동기라는 것도 학문이나 예술과 관계가 없는 것은 아니다. 이러한 분야에서는 동기가 무엇이든지 간에 업적은 동기로부터 분리된다고 생각했겠지만 결코 그렇지는 않다.

종래에는 인격문제가 윤리학자나 도덕철학자의 문제로 보고 『윤리학』, 『도덕철학』의 이름 밑에 다루던 것이, 한편으로는 학문이나 예술과 인격의 관련을 단절시키는 결과를 초래하는 동시에, 또 한편으로는 인격의 문제와 도덕의 문제를 혼동하게 해서 오히려 양쪽이 모두 잘못을 저지르게 했다.

그러나 그렇다고 해서 도덕적 활동과 인격(全自我)이 특히 밀접한 관련을 갖고 있지 않았다고 하는 의미는 아니다. 지식적, 예술적 활동에도 태만이나 고뇌나 미혹이 있다. 그러나 이미 선인(先人)이 남겨놓은 일정한 성과가 있어서 이것을 바탕으로 앞으로 나아갈 수도 있고, 그 길의 자기법칙이라고 할 궤도가 있어서 스스로 우리들을 적당한 곳으로 이끌어 가는 편의가 있다.

그런데 도덕적 활동은 그야말로 좁은 의미의 실천이나 행위로써 현실의 외계(外界)에 나타나는 것이므로, 외계에 일정한 흔적을 남기게 되어서, 엄격히 말하자면 그 행위의 결과는 다시 원상을 회복한다는 것이 불가능하다. 그러므로 행위의 선택은 신중해야 할 뿐 아니라, 모든 행위는 적극적이어야 하기 때문에 행위의 대립과 갈등은 이 활동에서 특히 현저하므로, 전자아(全自我)의 약동 없이는 극복하기 어려울 정도이다.

또한 도덕적 활동의 목적은 자기 자신이나 다른 사람을 위한 인격 성장에 필요한 조건을 구비하는 것이므로, 이 목적을 달성할 수 있고 없고는 오직 도덕활동 자체의 업적과 관계될 뿐만 아니라 전자아의 운명에 영향을 미치고, 경우에 따라서는 지식 및 예술적 활동도 전적으로 저지당하게 될지 모른다.

도덕적 활동이란, 아직 관념으로서 의식계(意識界)에만 존재하는 관념을 현실의 외계에 있는 존재로 실현시키는 활동이다. 예를 든다면, 어떤 사람을 구조하겠다는 관념이 오직 관념으로서만 존재하는 동안에는 어떤 관념이더라도 아직은 도덕적 활동에 이르지 못한다. 그 구조라는 관념이 구조행위로서 현실세계에 실현될 때에 그것이 도덕적 활동이다.

이러한 점에서 도덕적 활동은 분명히 창조이고, 이 점에서 지식적 활동과 다르고, 창조가 현실세계에서 이루어지고 상상의 세계에서 이루어지지 않는다는 것이 예술적 활동과 다르다는 점은 앞에서 이미 말한 바 있다

여기서 도덕적이라는 말은 당연히 『선』적(善的)이라는 말과 동일시되고, 『악』적(惡的)이라는 말과 대립되는 것처럼 생각하기 쉬우나, 여기서는 선악 어느 것도 아직 결정되지 않은 모든 활동을 의미한다. 현실세계에 실현한다는 것에는 적극적인 일만이 아니라 소극적인 일도 포함된다. 예를 든다면 죽이는 일, 훔치는 일은 적극적인 실현이지만, 죽이지 않는 것, 훔치지 않는 것은 소극적인 실현으로서 어느 것이나 도덕적인 활동이랄 수 있다.

이렇게 되면 소극적 실현은 단지 관념으로서 의식계에 존재하는 경우와 구별하기 어려운 것처럼 생각될지 모르지만, 소극적 결정은 거기에 이르기까지 의지의 결정이 필요하고, 그 결과로 보더라도 어떤 행위를 하지 않으면서 현실세계에 어떤 흔적을 남기게 된다.

도덕적 활동의 규범(規範)이라고 하는 『여러 덕(德, virtues)』 중에는 다른 사람에 대한 것이 있는 동시에 극기라든가 근면이라든가 청렴이라든가 절제라든가 하는 것처럼 자기 자신에 대한 것도 있다. 그러나 이러한 소극적 실현은 소극적이기 때문에 현실계에서 그 나름의 성과를 올리는 것 또한 분명한 사실이다.

*

도덕적 활동만이 현실세계를 변경시키지만, 그렇다고 해서 지식적·예술적 활동이 현실세계의 변경과 전혀 관계가 없는 것은 아니다. 단지 도덕적 활동을 통한 간접적인 행위라는 것뿐이다. 지식적·예술적 활동은 인격구성의 요소로서 도덕적 활동에서 약동하는 자아를 변용(變容)하는 결과를 통해서 도덕적 활동에 어떤 영향을 미

칠 것이고, 현실세계에 간접적으로 작용할 것이다. 또한 지식적 활동
은 도덕적 활동의 결정에 참여하지만, 이것 또한 간접적이다.

사람들은 어쩌면 지식적 활동의 성과인 학술서적이나 예술 활동
에 의한 예술품이 현실세계에서의 실현이라고 할지도 모른다. 그러
나 이러한 물상(物象)은 학문으로서, 예술로서 자아 구성에 참여하
기 때문에 가치가 있는 것이며, 이러한 가치를 제외하고 물상은 단지
물상으로서의 물리적 성질(거기서 생기는 공리적功利的 가치)에서
본다면, 단순한 종이의 집합이고 한 덩어리의 돌이나 흙에 지나지 않
을 것이다.

그리고 현실세계는 물리적 성질만을 고려하는 세계이므로 학문
이나 예술과 현실적 세계는 직접적 관계가 없다고 할 수 있다. 그렇
기 때문에 물리적 성질만을 고려할 정도로 물질이 결핍된 사회에서
는 공예(工藝)에 사용될 금·은이 필요할 경우 공예품으로서의 물상
은 파괴되지 않을 수 없다. 그러나 앞에서 말한 것은 지식적, 예술적
활동의 가치를 낮게 평가하는 것이 아님은 말할 것도 없다.

*

우리들의 행위는 어떤 경로를 밟아서 나타나게 되는가? 지금 내
가 음식을 먹는 행위를 한다고 하자. 그것은 우선 위 속에서 생리적
작용이 일어나서 나에게 배고픔을 느끼게 하는 일로부터 시작된다.
나는 배고픔을 느꼈을 때에 당장 음식을 먹는 행위를 하는 것은 아
니다. 나는 자아의 문을 두드려서 배고프다는 느낌에 어떻게 대응할
것인가를 묻는다. 만일 자아가 음식을 먹으라고 명령하면 나는 이 명

령에 따라 음식을 먹을 것이다.

그러나 자아는 반드시 음식을 먹으라고 명령하지는 않는다. 반대로 음식을 먹지 말라고 명령할지도 모른다. 많은 사람이 배고픔을 느끼면서도 음식이 결핍되어 있을 때에는 자기 자신을 희생하고 먹기를 삼가는 것은 일상생활에서 우리가 경험하는 일이다.

『목이 말라도 도천(盜泉)의 물은 마시지 않는다(渴不飮盜泉水갈불음도천수)』는 말도 있고, 굶주리더라도 신념은 바꾸지 않는다는 사람이 있다. 대부분의 경우에는 자아는 음식을 먹으라고 명령할 것이다. 그러나 이것은 배고프다는 사실이 있기 때문은 아니다. 음식을 먹어도 괜찮기 때문이다. 이렇게 해서 나는 음식을 먹으려고 하는 의지를 갖는다.

이 의지가 외계에 나타났을 때 이를 행위라고 한다. 의지와 행위는 동일한 것으로서 이를 안에서 보았을 경우에는 의지이고, 밖에서 보았을 경우에는 행위이다. 의지는 단순한 욕망은 아니고 결정된 욕망이다. 배고프다는 느낌이 들었을 때에는 당장 음식에 대한 욕망이 생긴다. 그러나 이것이 의지는 아니다. 자아가 그 욕망을 승인한 경우에 의지가 결정되고, 이것이 행위가 되는 것이다. 내가 앞에서 『단지 관념으로서만 의식계에 있는 관념』이라고 한 말은 이 경우에서 본다면 음식을 먹으려고 하는 관념이다.

이상의 경로 중에서 주의할 것은 배고프다는 느낌과 음식을 먹으려고 하는 행위의 중간에 자아가 개입하고 있다는 것이다. 필연론자에게 말하라고 하면, 배고프다는 느낌은 필연적으로 음식을 먹는다는 행위에 직접 이어지고 그 중간에 게재되는 것은 없다고 한다.

만일 그렇다면, 배고프다는 느낌은 위의 생리작용으로부터 오는 것으로서 분명히 하나의 자연적 사건이다. 그것이 직접 행위라는 결과를 일으킨다면, 우리들의 행위는 자연계에서 이루어지는 인과필연(因果必然)의 계열 속에 있으므로 행위는 필연적으로 결정된다는 필연론을 인정하지 않으면 안 된다.

그러나 배고프다는 상태가 반드시 음식을 먹는 것이 되지 않는 경우가 있다는 것은 어떻게 설명할 것인가. 이것이 소수의 경우라고 한다면, 비록 소수라도 예외가 허용되는 경우에는『필연』은 성립되지 않는다. 그뿐 아니라 먹은 음식이 다른 사람의 소유일 경우에는 행위자는 법률상의 처벌을 받고 도덕적으로 비난받는다. 비난이나 처벌은 음식을 먹거나 먹지 않는 결정에 선택의 자유가 있다는 것을 전제하고 있고, 또한 장래에는 동일한 행위를 하지 않을 것을 예상하고 있는 것이다.

만일 우리들의 행위가 필연적으로 결정되어 있다면 비난이나 처벌은 무의미하다. 우리는 산이나 강을 비난하거나 처벌하지 않는다. 필연론은 이에 대해서 설명하지 못한다. 우리들의 설명에서는 음식을 먹는 것은 자아가 이를 허용하기 때문이다. 그리고 자아는 자연적 사건은 아니다. 자연적 사건이 아닌 것이 개입하면 자연적 필연의 인과관계의 계열은 중단되고, 행위는 인간의, 자아의 자유로운 행위가 된다. 이것이 필연론과 대립되는 자유의지론(自由意志論)이다.

그런데 여기서 새로운 물음이 제기될지도 모른다. 곧 만일『의지가 자유롭다면, 우리는 음식을 먹을 수도 있고 먹지 않을 수도 있는가?』라는. 만일 이 물음이 긍정된다면, 우리들의 행위는 어떤 것이나 다 될 수 있기도 하고, 어떤 것도 될 수 없기도 한 애매하고 부정(不定)한 것이 된다. 이것이 자유의지론의 귀결일 것인가? 이것은 자유의지론이 아니라 이와는 대립하는 우연론(偶然論)이다.

우리의 의지는 자아의 명령의 결과이므로 그 사람의 자아가 일정한 한, 의지는 이것이 아니면 안 되기 때문에 이래도 좋고 저래도 좋은 것일 수는 없다. 그러면 의지는 결정되어 있어서 필연론으로 되돌아가게 될 것이라고 말할지도 모르지만, 필연론이란 단지 의지가 결정되어 있다고 하는 것은 아니다. 필연론의 핵심은 결정하는 원인이 자연적 사건이라는 데에 있다. 그렇기 때문에 나는 필연론에 반대한 것이다.

단지 의지가 결정되어 있다고 한다면 우리의 입장도 그렇다. 다만 우리의 입장에서는 결정하는 것이 자연적 사건이 아닌 자아라고 하는 것이다. 그러므로 우리는 필연론으로 되돌아간 것은 아니다. 만일 자아가 필연적으로 어떤 행위를 결정하지 않는다면 우리는 행위할 수도 없고, 행위의 주체를 자아에 귀속시킬 수도 없기 때문에 행위의 주체를 비난할 수도, 처벌할 수도 없다. 왜냐하면 행위와 자아 사이에는 필연적 관련이 없으므로 그 『행위』에서 그 『인간』을 파악할 수 없기 때문이다.

그 인간이 그 행위와 관계가 없는 것은, 마치 다른 사람이 그 행위와 관계가 없는 것과 다름이 없다. 이렇게 해서 우연론의 귀결은 마치 필연론과 마찬가지로 행위에 대해서 비난도, 처벌도 할 수 없게 되고, 도덕적 판단이 성립할 여지가 없게 된다. 우리는 한편으로 자연필연론(自然必然論)에 반대하고, 또 한편으로는 우연론에 반대하지 않으면 안 된다. 그렇지 않으면 앞문으로는 호랑이를 막고 뒷문으로는 이리를 끌어들이게 되는(前門之虎 後門之狼전문지호후문지랑) 셈이다. 우리의 입장에 억지로 이름을 붙인다면, 그것은 자유의지론이면서 또한 정신필연론(精神必然論)이라고 할 수 있다.

나는, 행위는 그 사람의 그 때의 자아에 의해 결정된다고 했다. 여기서 자아에 대한 설명을 약간 덧붙여야 하겠다. 자아가 행위를 결정하는 것은 자아가 자기만족(self-satisfaction)을 위해 결정하는 일이다. 어떻게 하면 자아가 만족할 수 있는가 하는 문제는 저마다 같지는 않다. 빚을 받을 때 어떤 사람은 관대하고 자비로울지 모르지만, 어떤 사람은 빚을 받기 위해서는 자비도 용서도 없다. 전자는 그렇게 함으로써 자아가 만족하고, 후자는 그렇게 하지 않으면 자아가 만족하지 못한다.

그리스도는 십자가 위에서 죽음으로써, 석가는 출가(出家)함으로써 각기 자아가 만족하게 된다. 연쇄살인자는 사람을 죽임으로써 만족하고, 구제자(救濟者)는 사람을 구함으로써 만족한다. 참으로 천태만상인 것이다.

행위가 자아(자기) 만족을 위하는 짓이라고 한다면, 사람들은 당장, 그거야말로 이기주의이고 정녕 비난받을 만한 짓이라고 할지도 모른다. 그러나 결정하는 것, 의지(意志)하는 것, 행위하는 것은 언제나 자기 자신이고 자기 자신 이외의 누구도 아니다. 지멜(Georg Simmel)은 《도덕학 서론(序論)》에서 의지하는(wollen) 것은 언제나 자아이고 개인이라고 말한다. 이것은 부정할 수 없는 심리적 사실이다. 사실이기 때문에 좋아하든 좋아하지 않던 이를 불문하고 인정하지 않으면 안 된다.

그러나 자아가 자기를 만족시키기 위해서라는 것은 이기적이라는 뜻은 아니다. 자기 자신을 위해서라고 할 수는 있지만, 자기 자신의 이익을 위해서라고 할 수는 없다. 그리고 자기 자신을 위해서라는 것과 자기 자신의 이익을 위해서라는 것은 결코 동일하지 않다. 자기 자신을 위해 도모하는 일에는 자기 자신의 이익이 되는 것도 있는 동시에 자기 자신의 이익을 포기하는 것도 있다.

이기적인 것이 나쁜 것은 『자기 자신』 때문이 아니라 『이익』 때문이다. 자기 자신을 위한다는 것은 심리적 사실이고, 자기 자신을 위해 이익을 도모하든가 이익을 버리든가 하는 것은 비판을 허용하는 가치적 문제이다. 양자 사이에는 사실문제(事實問題, questio facti)와 권리문제(權利問題, questio juris)라는 차이가 있다.

사실로서의 각자의 행위는 자기 자신을 위해서 결정되어 있으므로 가치의 문제도 이 사실에 바탕을 두지 않으면 안 된다. 어떤 사람을 나무라고 책망하거나, 또는 어떤 사람을 칭찬하고 존경하는 것은 자아를 대상으로 해서 자아가 어떠해야 하는지를 전제하고 가치비판을 하게 된다.

인생관적으로 개인주의라는 입장이 있다면, 개인주의는 여기에 부동의 근거를 두고 있다. 자기 자신의 이익을 포기하라는 것은 이익을 포기하는 자아가 되라는 것이다.

이웃을 사랑하라는 것은 사랑하는 자아가 되라는 것이고, 조국을 위해 싸우라는 것은 조국을 위해 싸우는 자아가 되라는 것이다. 개인주의가 옳지 않다고 하는 것도 개인주의는 옳지 않다고 하는 자아가 되라는 것이다. 인식의 주체나 의지의 주체는 자아이지 자아 이외의 어떤 것도 아니다. 무엇이든 간에 자아에 호소하고 자아의 성장에 의존할 수밖에 없다. 이 사실을 이해하지 못하는 것이 주의(主義)와 사상의 싸움에서 쓸데없는 혼란을 초래하게 된다.

현실에서 각자의 자아의 결정은 천태만상이다. 왜냐하면 각자가 최고선(最高善)으로 생각하는 것이 다르기 때문이다. 어떤 사람은 인격을 최고선이라고 생각하고, 또 어떤 사람은 물건을 최고선으로 생각한다. 후자 중에는 물건 중에서도 이익을 최고선으로 보는 사람, 지위와 명성을 최고선으로 보는 사람 등 일일이 열거하기가 힘들다. 그러나 최고선이 무엇이든 간에 최고선이 현실에 실현되어 있을 리는 없으므로 자아의 차이는 각각의 최고선의 실현 과정에서의 차이이다.

과정은 목적에 의해 결정되므로 목적이 다름에 따라 각각의 자아가 다르지 않을 수 없다. 이것을 성격이라고 하고 개성이라고 한다. 따라서 행위의 결정에서 각자의 인생관이 전체적인 모습으로 나타나고, 지나간 세월의 노력의 집적(集積)이 사람들의 심판의 법정에 서게 되는 것이다. 자아가 이와 같이 되는 것은 지식적 활동과 예술적 활동과 도덕적 활동의 3자가 서로 총합된 결과이다. 지금의 행위를 결정하는 자아에는 이전의 도덕적 활동도 어느 정도 참여하고 있다.

나는 지식적 활동과 예술적 활동의 두 가지에 대해서는 이미 말한 바 있다. 지금의 문제는 자아를 삼분(三分)하는 도덕적 활동에 대해서이다. 목전의 행위를 어떻게 결정할 것인가 할 때에, 이를 결정하는 주체인 자아에 대해서 이전의 도덕적 활동이 그 구성에 참여하는 것이다.

여기서 우리들의 물음은 두 가지가 된다. 첫째는 자아를 구성하는 도덕적 활동은 무엇이어야 하는가, 둘째는 구성된 자아는 어떻게 도덕적 활동을 결정해야 하는가 하는 것이다.

이 두 가지 물음에 대한 대답도 두 가지이다. 그 첫째는, 선한 도덕적 활동을 함으로써 자아를 구성하라. 둘째는, 자아는 선한 도덕적 활동을 하라는 것이다. 그리고 이 두 가지 대답에는 한 가지 물음이 포함되어 있다. 그것은 선한 도덕적 활동은 무엇인가 하는 점이다. 선은 도덕적 활동의 이상이다. 이 선은 최고선과 구별되어야 할 선이다. 최고선은 무엇인가 하는 것은 인생관의 철학에 의해 결정된다. 나는 『교양』이라는 항목에서 이에 대해 말한 바 있다. 행위의 선이란 무엇인가 하는 것은 종래에 윤리학, 도덕철학의 이름으로 논의된 문제였다. 그리고 이것이 지금의 우리들의 문제이다.

*

행위의 선이란 무엇인가 하는 것을 결정하려면 네 가지 문제가 고려되어야 한다. 첫째는, 무엇을 위해서 행동하는가 하는 것이다. 이것은 행위자의 동기의 문제이다. 둘째는, 누구를 위해서 행위하는가 하는 것이다. 이것은 행위의 목표가 되는 상대의 문제이다. 셋째는, 누구의 무엇을 위해서 행위하는가 하는 것이다. 이것은 행위의 목표가 되는 일의 문제이다. 넷째는, 무엇을 하는가 하는 것으로서, 이것은 행위의 내용의 문제이다.

우리들에게는 최고 가치(최고선)는 인격이다. 우리들에게는 인격이 될 능력, 곧 인격성이 주어져 있지만, 인격이 실현되는 것은 영원의 피안(彼岸)에서이다. 그래서 현실에서는 최고 가치가 인격을 목표로 해서 현실의 자아를 성장시킨다. 우리들에게는 최고선이 자아의 성장이라고 한다면, 행위는 행위자의 자아 성장을 위해서 해야 한다. 왜냐하면 다른 것을 위해 행위를 해야 한다면, 자아 성장은 그 『다른 것』의 수단이 되지 않을 수 없고, 수단이 최고선이라고 할 수는 없기 때문이다. 그래서 우리들의 첫 번째 문제, 곧 행위는 무엇을 위해 해야 하는가 하는 문제는 자아 성장을 위해서라는 대답이 나왔다.

행위는 자아의 만족을 위해서 한다는 것은 부정할 수 없는 심리적 사실이지만, 무엇에 의해 자아를 만족시켜야 하는가 하는 문제는 비판이 허용되는 가치적 문제라고 말한 바 있다. 이익으로써 만족하는 것은 자아 성장의 조건에 지나지 않는 것을 가지고 만족하는 것이다. 행위는 자아의 성장을 위해서 해야 한다는 것은, 바꾸어 말하면 그 행위를 하는 것이 자아의 성장을 만족시킬 수 있도록 그 행위를 하라는 것이다. 여기서 종래의 윤리학자의 이른바 동기의 문제는 해결되었다.

인격이 최고 가치라면, 인격 그 자체가 되는 모든 사람은 현실에서의 최고 가치라고 하지 않을 수 없다. 만일 내가 인격이 될 수 있기 때문에 나 자신을 최고 가치라고 생각하면서 다른 사람은 최고 가치라고 생각하지 않는다면, 나는 『자기 자신』을 최고 가치로 삼고 있는 것이고, 『인격성』을 최고 가치로 생각하고 있는 것은 아니다. 만일 인격성이 최고 가치라면, 자기를 포함해서 모든 사람을 최고 가치라고 하지 않으면 안 된다. 그래서 행위의 목표가 되는 상대는 인간이어야 한다.

만일 인간이 아니고, 산이나 강이나 개나 고양이가 목표가 되는 상대라면, 인간은 그 수단이 되지 않을 수 없다. 그런데 수단이 되는 것은 최고 가치가 아닌 것이다. 인격성을 가졌다는 점에서 모든 사람은 동일하다. 따라서 모든 사람을 평등하게 다루어야 하는 것이다. 왜냐하면 만일 평등하지 않다면, 불평등한 취급을 받는 사람은 다른 사람의 수단이 되고, 이것은 최고 가치일 수가 없기 때문이다.

그러나 인간이 모두 평등하다는 것은 인격이 될 수 있는 가능성으로서 평등하다고 하는 것이고, 현재 인격 성장을 하고 있는 정도가 동일하다는 말은 아니다. 이 정도의 차이에 의해서 우리들의 평가는 달라진다. 인간이 평등하다는 것은 동일한 평가를 받아야 한다는 것이 아니라 평가되어야 할 객체(客體)가 동일성을 갖고 있다고 하는 의미이다. 그러나 평가의 비교는 동일성을 가진 객체에 대해서만 가능하고 전혀 성질이 다른 것에 대한 평가의 비교는 불가능하므로 평가될 객체가 평등함을 전제한다고 말하지 않을 수 없다.

모든 인격이 평등하다는 것은, 한편으로는 자기도 다른 사람과 평등하게 취급될 자격이 있음을 의미하고, 또 한편으로는 자기가 다른 사람 이상으로 취급될 자격이 없음을 의미한다. 만일 내가 다른 사람 이하의 취급을 받는다면, 나는 이에 항의할 권리와 의무를 갖는다. 나의 이름으로서가 아니라 나의 인격성의 이름으로 이 경우 일부러 항의를 하지 않는다면 그것은 겸손이 아니라 비굴이다.

만일 내가 타인 이상으로 취급받기를 요구한다면 다른 사람은 나에게 항의할 권리와 의무를 갖는다. 다른 사람의 이름으로서가 아니라 다른 사람의 인격성의 이름으로 이 항의를 묵살한다면 나는 오만하다. 나는 항의에 굴복하는 겸손함을 가져야 한다.

만일 내가 다른 사람을 위해 희생이 되는 경우가 있다고 하더라도, 그것은 내가 다른 사람 이하로 취급받는 것은 아니다. 왜냐하면 다른 사람을 위해 희생이 되는 것이 나의 인격성이 명령하는 것이라면, 희생이 되는 것은 나의 인격성을 살리는 것이지 죽이는 것은 아니기 때문이다.

그리고 다른 사람에게 나 이상의 권력과 지위를 주었다고 하더라도, 그것이 『반드시』 다른 사람을 나 이상으로 다루는 것은 아니다. 왜냐하면 그 사람에게 권력과 지위를 주는 것이 나 및 다른 사람들의 인격성을 살리는 조건이 되는 경우가 있기 때문이다. 인간이 모두가 평등하다고 해서 무조건 인간인 한 모든 사람을 평등하게 취급하라는 것은 아니다. 평등하게 다루어야 할 인간의 범위는 어떤 것인가 하는 것은 다른 문제이다. 이에 대해서는 뒤에 『동포애』 항목에서 다루려고 한다.

여기서 두 번째 문제에 대한 대답은 되었다. 행위가 목표로 해야 할 상대는 인간이고, 인간은 언제나 평등하게 다루어야 한다는 것이다.

세 번째 문제로서는 행위가 인간의 무엇을 목표로 해야 하는가 하는 것이다. 이미 최고 가치가 인격성에 있다면 인간의 인격성을 목표로 하는 것은 당연하다. 만일 다른 사람의 이익이나 쾌락을 목표로 한다면 그것을 최고 가치로 하게 되는 것이다. 이렇게 해서 세 번째 문제에 대한 대답이 나왔다. 행위는 인간의 인격성을 목표로 해야 한다.

*

마지막으로 남은 것은 무엇을 해야 할 것인가 하는 행위의 내용이다. 이것이 좁은 의미의 행위의 문제이다. 무엇을 위해서 행위를 해야 하는가, 누구를 목표로 해야 하는가, 누구의 무엇을 목표로 해야 하는가에 대해서는 사실은 행위의 문제로서 새롭게 다룰 필요가 없었다. 왜냐하면 인생관의 철학이 모두 이에 답해 주기 때문이다. 다만 이 마지막 문제에 와서 비로소 도덕의 특수한 문제에 들어선 것이다.

어떤 행위를 하든 행위는 요컨대 자아의 성장을 위한 조건에 지나지 않는다. 자아의 성장이 최고선이라면 그 이외의 것은 모두 조건이다. 자아 성장이란 『되는 것』 이고, 행위란 『하는 것』 이다. 『하는 것』 은 『되는 것』 의 조건이다. 조건은 칸트의 용어에 따르면 물건(物件)이고, 또는 이를 수단이라고도 할 수 있다.

내가 음식을 먹는 행위는 나의 육체를 유지하기 위해서이고, 육체는 자아 성장의 조건이기는 하지만, 이 조건을 유지하기 위한 행위도 역시 조건이다. 내가 다른 사람을 위해서 음식을 제공하는 행위를 한 경우에는 그 행위는 다른 사람의 육체를 유지하기 위해서 필요하므로, 그 행위는 다른 사람의 자아 성장을 위한 조건이다. 내가 학교에 나가서 강의를 듣는다거나, 책을 읽는다거나, 대자연의 아름다움을 관조(觀照)하기 위해 여행을 한다든지 하는 것 역시 행위이다.

지식적이라든가 예술적이라든가 하는 것 자체는 행위에 속하지 않지만, 이러한 활동에 관계하는 행위는 있을 수 있다. 이러한 행위도 자아 성장의 조건이다. 다만 이 경우에는 『하는 것』과 『되는 것』 사이에는 직접적인 관련이 있어서 『되는 것』을 위해서 『하는 것』이므로, 이러한 행위가 조건이라고 하는 것은 음식을 먹는 것이 조건이라고 하는 것과는 약간 다른 의미가 있다. 그러나 그 행위가 음식 먹는 행위와 다른 것은 『하는 것』이 『되는 것』을 위한 것이라는 점에 있으므로, 만일 『하는 것』과 관련되어 있지 않다면 이러한 행위는 음식을 먹는 행위와 다를 것이 없다.

이것저것을 섭렵하는 이른바 교양인은 『되는 것』을 위해서 『하는 것』이 아니라 오직 『하는 것』에 지나지 않는다. 이것이 우리가 말하는 교양과 그들이 말하는 교양이 다른 점이다. 그러나 단지 『하는 것』일 뿐, 『되는 것』을 위해서 『하지』 않는 사람이 얼마나 많은가.

내가 다른 사람을 위해서 학문을 가르쳤다고 하자. 이것도 행위로서 다른 사람의 자아 성장을 위한 조건이다. 이것이 음식을 먹는 행위와 같은 것이 되는가, 그렇지 않은가 하는 것은 우선은 다른 사람이 받아들인 것을 『되는 것』을 위해서 쓰는가, 그렇지 않은가 하는 데에 달려있다

내가 다른 사람을 위해서 『되기』 위해서 『하기』를 가르쳤다고 하더라도, 이것은 조건으로서, 그가 과연 『하는 것』에 의해서 『되는 것』을 이룩하는가 하는 것은 우선은 다른 사람에게 달려있는 일로서 내가 어떻게 할 수 없는 일이다. 이것은, 자아의 성장은 당사자 자신만이 할 수 있는 일로서 다른 사람의 대리를 허용하지 않기 때문이다.

어떤 종류의 행위로 하여금 『되는 것』에 이바지하도록 하는 노력을 당사자가 하지 않는다면 『하는 것』은 단지 조건에 지나지 않게 될 것이다. 우리들의 인생관의 철학은 이러한 점을 강조하지만, 이 강조도 역시 독자의 『되려고 하는』 노력이 없다면 단순한 조건으로 끝날 것이다.

그래서 어떤 행위를 해야 하는가 하는 것은 어떤 조건을 마련해야 하는가 하는 것과 통한다. 이에 대한 대답은 철학과 과학에서 할 수 있다. 우리는 「학문」, 「철학」, 「과학」 항목에서 다룬 학문의 의의와 가치를 상기하지 않으면 안 된다. 이를테면, 『되는 것』을 위해서 직접 필요한 조건은 무엇인가. 이에 대한 대답은 인생관의 철학에서 듣고, 또한 이론철학·예술철학·도덕철학에서 들어야 한다.

단순한 조건은 무엇인가 하는 것도 철학과 과학에 물어야 한다. 예를 든다면 여기에 환자가 있다고 하자. 그 환자를 위해 어떤 조건을 마련해 주어야 하는가 하는 데 대해서 과학은 이러이러한 원인으로 이 병이라는 결과가 생겼다고 가르쳐준다. 병을 고치는 것이 필요한지, 그렇지 않은지는 철학에 물어야 한다. 철학은, 건강은 자아 성장에 필요한 조건이므로 병을 고쳐야 한다고 대답한다.

그래서 다시 과학으로 되돌아와서 병이라는 결과를 제거하기 위해서 어떻게 하면 되는지를 묻는다. 과학은 원인 결과의 관계를 가르치므로, 이 결과에 대한 원인을 제거해야 한다고 대답한다. 이 원인을 제거하기 위해서는 약제(藥劑)로는 불충분하므로 수술이 필요하다고 한다고 하자. 여기서 결국 환자를 위해 어떤 조건이 필요한가 하는 물음에는 환자의 수술이라는 대답이 나온다.

행위를 지시하는 데 이바지하는 것이 철학과 과학의 한 가지 의의이다. 그러므로 포앙카레(Poincaré, Henri)는 『도덕은 우리들의 노력의 목적을 가르치고, 과학은 주어진 목적에 도달하는 수단을 가르쳐준다.』고 말한다.

그러나 사람들은, 어떻게 행동해야 할 것인지를 일일이 철학과 과학에 상담하려면 날이 저물고 길은 멀다는 느낌을 틀림없이 갖게 될 것이다. 따라서 철학과 과학을 대신해서 우리들의 행위를 지시해 주는 것이 있다. 그것이 기존의 관습 및 도덕이다. 이야말로 인류 수천 년의 경험이 결정(結晶)된 것이다. 정직하라, 친절하라고 도덕은 가르치고, 훔치지 말라, 살인하지 말라고 법률은 명령한다.

이러한 도덕의 명령 중에서 특히 중요성을 부여해야 할 것이 여러 덕(virtues)이라고 일컬어지는 것들이다. 우리가 정직하라는 명령에 따르고 있을 때에 다른 사람들은 우리들을 신뢰하고 안심하고 자아 성장을 도모할 수 있는 것이다. 또한 우리가 훔치지 않을 때에 다른 사람들은 도둑을 막기 위해 정신적 물질적으로 고심하지 않고 밤에 안심하고 잠을 잘 수 있다. 이렇게 해서 우리들은 다른 사람의 자아 성장을 위해 필요한 조건을 충족시키고 있는 것이다.

우리들은 이런 명령을 어린 시절부터 배우고, 또한 복종하고 있으므로 그 의미를 의식하지 못할는지 모른다. 그러나 이러한 명령에 복종하고 있는 동안에 우리들은 스스로 모르는 사이에 다른 사람에게 최고선의 실현을 위한 조건을 마련해 주고 있는 것이다. 우리가 무엇을 해야 하는가, 무엇을 하지 말아야 하는가에 대해 방황하고 있을 때에 우리들에게 지시를 하는 것은 이러한 사회의 명령이다.

나는 이러한 명령이 인류 수천 년의 경험의 결정이라고 했다. 인간에게는 동포를 위해 이바지하려고 하는 욕구가 무의식적이지만 선천적으로 주어져 있다. 어떻게 행동하는 것이 다른 사람을 위해 이바지하는 것인가 하는 데 대해서는 오랜 동안의 경험을 쌓으면서 일정한 정식(定式)이 되어 나타났다. 이것이 앞에서 말한 명령인 것이다.

그러므로 이러한 명령은 인간의 인격성이 외부로 표현된 것이다. 그렇기 때문에 이러한 명령에 따름으로써 우리는 동포의 인격 성장을 위해서 필요한 조건을 제공할 수가 있게 된다.

따라서 인격성은 보편이고, 명령은 보편이 표현된 특수이다. 우리가 이 명령에 복종하는 경우에 외부로부터 강요된다는 느낌이 들지 않는 것은 이러한 명령이 우리들에게 내재하는 보편을 표현하고 있기 때문이며, 우리들은 우리들 자신의 소리에 따르는 것이 되기 때문이다. 특수로서의 명령은 구체적 행위를 결정할 때에 우리들에게 지시를 할 뿐 아니라, 특수에 표현된 보편으로 우리들을 이끌어 간다. 이러한 명령이 우리들을 도덕적으로 교육한다고 하는 것은 이 때문이다.

특수로서의 명령은 우리들에게 내재하는 보편의 표현이기는 하지만, 일단 외부에 표현된 명령은 오히려 우리들에게 보편을 의식하게 만든다. 대다수의 사람들은 단지 막연하게만 의식하지만, 오직 소수의 사람들이 특수를 통해서 보편에 도달하고, 거기서 인격을 파악한다.

명령은 우리들의 보편의 『표현』이지만, 『보편』의 표현이기 때문에 명령에 따를 경우에는 언제나 보편을 살리지 않을 수 없다. 그렇다고 해서 여기에 일심전력으로 이러한 명령에 복종하기만 하는 사람이 있다면, 그것만으로 그는 선한 행위를 했다고 할 수 있는가? 물론 그는 행위의 내용을 추구했다고 할 수는 있다. 그러나 행위의 내용이 선한 행위의 전부는 아니다. 선한 행위가 되기 위해서는 행위는 자아 성장을 만족시키는 것이 되어야 한다.

둘째로는 행위의 목표는 인간이고 인간으로부터 평등한 취급을 받아야 한다. 셋째로는 행위의 목표는 인간이고 인간으로부터 평등한 것이 되어야 한다. 그리고 끝으로 인간의 자아 성장을 위한 조건을 마련해야 한다. 그런데 도덕이나 법률의 명령은 네 번째의 것에 해당되는 것이기는 하지만, 이에 복종한다고 해서 첫 번째 내지는 세 번째의 것도 충족된다고 할 수는 없다.

우리들은 다행히 첫 번째의 것으로부터 세 번째의 것을 거쳐서 네 번째의 것에 도달했기 때문에 괜찮지만, 네 번째의 것밖에 모르는 사람에 대해서는 그것만으로 선한 행위자라고 할 수는 없다.

여기서 제4의 명령은 제1로부터 제3까지를 유기적으로 관련시켜야 한다. 다시 말하면 이러한 명령은 우리들의 인생관의 체계 안에 포섭되고, 그 중의 일부로서의 지위를 가져야 한다. 세상에서 군자(君子)라고 하는 사람들 중에는 단지 이러한 명령에 일심전력으로 복종하고, 이것으로 모든 일은 끝났다고 생각하는 사람이 있다. 그러나 그는 선한 행위자는 아니다. 그런데 이러한 명령만을 전심전력으로 가르치는 것이 있다. 도덕이라는 과목이 바로 그것이다.

이러한 명령이 단지 우리들의 체계에 포섭되는 것으로 충분한 것은 아니다. 때로는 우리들의 행위에 해당되는 명령이 없는 경우도 있으므로 이러한 경우에는 우리가 명령을 창조해 내야 한다. 가령 명령이 있다고 하더라도 사회 사정의 변화는 이러한 명령을 시대착오의 것으로 만들기도 한다. 이러한 경우에도 우리는 명령을 재검토하지 않으면 안 된다.

새로운 명령의 창조와 낡은 명령의 재검토는 어떻게 하는가? 여기에서 다시 철학과 과학으로 되돌아가서 여기서 가르침을 받게 된다. 만일 이렇게 해서 기존의 명령이 시대착오라고 결정된다면 사람들은 명령을 개혁해야 한다. 이에 대해서는 이후의 『사회』 항목으로 미루기로 한다.

지금까지 많은 것을 이야기했지만, 사람들은 행위의 선에 대해서 결국은 구름을 잡는 듯 덧없다고 느낄지도 모른다. 그것은 구체적인 경우에 해당하는 명령을 일일이 말하지 않았기 때문일 것이다.

그러나 이러한 명령은 절대로 불가능하다. 행위자도, 경우도, 사회 사정도 모두 다른데 모든 경우를 예상해서 명령을 만든다는 것은 수만 권의 사전을 만든다고 하더라도 불가능한 일이다. 이것이 칸트가 형식적으로만 선을 뜻매김(定義)한 이유이다.

실제로는, 행위를 하려고 할 때 우리가 방황하는 경우란 상상되는 것만큼 잦지는 않다. 대체로는 기존의 명령을 따르는 것으로 충분하다. 드물게는 진퇴유곡(進退維谷)의 곤경에 빠지는 경우도 있다. 이러한 경우에 대처할 명확한 명령을 요구하는 것이고, 행위의 내용이 지시되어 있지 않은 것을 탄식한다.

그러나 행위는 우리들의 인격에로의 성장을 위해 한다는 것, 행위의 상대는 평등한 인간이고, 행위의 목표는 인간의 인격에로의 성장이라고 하는 것이 다만 번잡한 잔소리만은 아니다. 이 정도를 명백하게 의식하고 있다면 구체적 행위는 스스로 결정된다.

행위의 동기는 자기 자신의 인격에로의 성장이라는 것, 상대의 인격의 성장을 목표로 한다는 것—이 두 가지를 알고 있으면 대부분의 경우에는 결정된다. 적어도 악한 행위는 회피할 수 있다. 특히 중요한 것은 행위의 동기이다. 사정이 아무리 복잡하더라도 우리가 행위를 결정하지 못하고 방황하는 경우는 자신의 이익을 추구하는가, 이익을 포기하는가 하는 단순한 대립으로 귀착하는 경우가 많다. 인격에로의 성장을 위해서라는 동기는 명백히 자신의 이익을 포기하고 이익을 추구하지 않는 것이다. 이것으로 많은 문제는 해결된다.

지식계급은 자신의 행위를 변명하기 위해서 복잡한 자기궤변을 늘어놓지만, 자신의 이익을 추구하는지, 이를 포기하는지에 의해서 결판이 난다. 이익을 버리는 것이 그대로 선한 행위가 된다는 것이 아니라, 이익에 사로잡혀 있는 동안에는 사람들은 심안(心眼)이 흐려져서 도(道)가 보이지 않게 된다. 이익을 포기할 때에는 심안이 곧 열려서 도가 저절로 통하게 된다.

이 항목에서 말한 것은 너무나 간단하다. 그러나 이것은 『도덕』의 서론이고, 이 책 후반의 대부분은 이 서론에 대한 각론에 해당된다.

religion

12. 종교
宗教

> 신앙을 가지고 그 결과로서 기적을 믿는
> 사람들에게는 기적이 과학적으로 불가능하다고
> 하더라도 아무 영향을 받지 않을 것이다.

나는 지금까지 우선 교양의 참된 의미를 말하고, 교양이란 현실의 자아로 하여금 이상의 자아, 곧 인격으로까지 성장시키는 것이라고 했다. 그리고 자아란 지식적·예술적 및 도덕적 활동으로 분화(分化)하면서도 이를 종합하는 통일체(統一體)라고 말하고, 또한 이러한 세 가지 활동에 대해서 어떻게 서로 관련되고 자아에서 통일되는지를 말했다.

여기서 잠깐 멈추고 생각해 보면 하나의 희망이 떠오른다. 내가 이상의 자아라고 말한 인격, 거기서는 진과 미와 선이 충일하게 조화되어 있는 그 모습을 단지 개념적 이론으로써만 설명하지 말고 지금 현실적으로 실재하는 것으로써 우리들 앞에 방불하게 그려놓을 수는 없을까. 이렇게 생각하거나 바랄 때에 우리는 당연히 종교문제에 도달한다.

그러나 사실 나는 종교문제를 말할 자격이 없다. 왜냐하면 나는 아직도 종교적 체험을 해보지 않았기 때문이다. 내가 자라난 가정은 불교를 종지(宗旨)로 했다. 그러나 많은 일본의 가정에서처럼, 불교는 우리들의 영혼과 결합되는 신앙으로서라기보다 일종의 의식(儀式)으로서 장례식과 축일(祝日)에나 영향을 미치는 데 지나지 않았다. 물론 불교의 전설로서 전해지는 지옥과 극락, 서방정토(西方淨土) 등의 이야기는 어떤 인상을 우리들에게 심어놓은 것이 틀림없다. 그리고 이러한 인상은 우리들이 의식하고 있는 것보다 훨씬 클지도 모른다.

고등학교 시절에 처음으로 기독교를 접했으나, 그것은 나에게는 실제로 새로운 경지였다. 그리고 고등학교로부터 대학에 걸쳐서 우치무라 간조(內村鑑三)* 씨의 설교를 들으러 다녔으나, 얼마 후에는 경솔하게도 종교는 과학과는 모순된다고 해서 과학을 택하고 종교를 버렸다. 버렸다기보다는 오히려 처음부터 갖지 않았다고 하는 편이 적당하리라. 단지 종교라는 것을 알려고 시도한 데 지나지 않았다. 그 이후로 나에게는 종교는 여전히 미지의 경지이다.

* 우치무라 간조(1861~1930) ; 일본의 개신교 사상가이다. 서구적인 기독교가 아닌, 일본인들에게 말씀하시는 하나님의 가르침, 즉 일본적인 기독교를 찾고자 한 사상가로 평가받는다. 우리나라에도 그에게 영향을 받은 제자로, 무교회주의 개신교 운동가인 김교신, 함석헌, 송두용, 최태용 등이 있다.

서양사상에 끼친 기독교의 영향에 대해서는 가끔 읽었지만, 그것은 사상사(思想史)라는 과학이지 원래 종교가 아니다. 지금의 나도 종래의 나와 마찬가지로 종교와는 관계가 없다. 이러한 나에게 종교를 말할 자격이 없다는 것은 분명한 일로서, 여기에 『종교』라는 한 항목을 두는 것조차도 주저가 되지만, 단지 지금까지의 이 책의 서술과 이후의 설명과 관련을 갖는 한에서만 나는 여기서 종교에 대해 언급하려고 한다.

신이란, 이상의 자아를 현실화한 것, 충일하게 실현된 인격성을 객관화한 것이다. 따라서 신은 진·선·미의 모든 활동에 나타나는 모든 능력을 구비하고 있다. 그러므로 이것은 『성(聖)스러운 것(das Heilige)』으로서 우리들의 숭경(崇敬)의 대상이 된다. 신에게는 진·선·미가 실현되어 있고, 따라서 신이란 도덕적인 것만도 아니고, 예술적이거나 지식적인 것만도 아님은 철학사에서 취급한 종교가 어떻게 변천되었는가 하는 것만 보아도 알 수 있다.

종교는 처음에는 이론철학에서 인식과 관계되어서 다루어졌고, 다음에는 도덕철학에서 도덕적 이상의 권화(權化)로서 다루어지고, 또한 종교적 정서라는 입장에서 예술철학의 문제가 되었다. 그러나 종교가 그 어느 것에도 속하지 않게 된 것은, 신이란 이러한 영역과 평면적으로 병립(倂立)되는 것이 아니라 세 영역을 전적으로 포괄해서 이 영역들과 입체적인 관계를 갖는 것이기 때문이다. 그래서 요즘은 진·선·미와 대립되면서도 이러한 모든 것을 나타내는 성(聖)으로서의 종교철학이라는 특수부문에서 다루어지게 되었다.

신에게 인격성(이성)이 실현되어 있다는 것은, 반대로 말하면 신은 인간을 창조하고 인간에게 이성을 일컬어서 『신적 원리(神的原理, divine principle)』의 자기 재현(再現)이라고 한다. 이성이 신에게 실현되어 있다는 것을 생각한다면 신의 존재를 부정하는 무신론이 성립할 수 없음은 당연하다.

만물은 인과관계의 계열 속에 있고, 모든 것은 결과를 갖는 동시에 원인을 갖는데, 신은 만물의 창조자로서 무원인(無原因)이라고 하는 것은 배리(背理)가 아닌가 라고 무신론자는 말한다.

그러나 원인 결과라든가, 과학이라고 하는 것은 이성이 산출한 것이다. 이성이 산출한 과학의 방법을 이성, 곧 신에게 적용하는 것은 허용되지 않는다. 신이 없다고 하는 명제(命題)도 신에 의존해서 비로소 가능하다면, 무신론은 신에 대한 반역인 동시에 배리이다. 또한 과학의 입장에서 기적을 부정하는 것도 허용되지 않는다. 물론 그리스도가 십자가에서 죽고 사흘 만에 부활했다는 것도 과학적으로는 있을 수 없는 일이리라. 그러므로 종교가가 과학자와 정면으로 대결해서 기적을 과학적으로 논증하려고 하는 것은 부질없는 일이거니와 가능하지도 않다.

기적에 매혹되어서 신앙을 갖게 된 사람은, 기적이 과학적으로 불가능하게 될 경우 기적도 없어질 것이고, 따라서 신앙도 덧없이 사라질 것이다. 그러나 우선 신앙을 갖고 그 결과로서 기적을 믿는 사람들에게는 기적이 과학적으로 불가능하다고 하더라도 아무 영향도 받지 않을 것이다. 선을 믿는 사람에게는 과학과는 다른 별개의 신앙의 세계가 있다.

과학에 의해서 신앙의 세계를 간섭하는 것은 허용되지 않는다. 왜냐하면 과학은 신에 의해 만들어진 것인데, 신이 만든 과학을 가지고 신의 문제를 말하는 것은 불가능하기 때문이다. 신이 일으키는 기적은 있을 수 있다. 이것을 부정하는 것은 과학의 월권이다.

이상과 같이 신의 존재를 부정하고 기적을 미신이라고 하는 것은 이론적으로 타파할 수가 있지만, 그렇다고 해서 그것만으로 신이 실재한다고 믿을 수는 없다. 반대설을 부정했다고 해서 이와 대립되는 것이 긍정되지는 않기 때문이다.

신불(神佛)을 구하는 마음에는 두 가지 유형이 있는 것 같다. 첫째는 자신의 무력함과 약소함을 가슴 깊이 통감하고 강대한 신의 힘에 의지해서 도움을 구하려고 하는 마음이다. 자신의 천분(天分)의 빈약함에 실망하는 경우도 있고, 지식이나 예술에서 자신의 성과가 무(無)와 같은 것을 탄식하는 경우도 있고, 죄업(罪業)으로 가득 찬 자신을 아무리 극복하려고 해도 극복할 수 없는 죄의 깊이에 자기도 모르게 수저를 던지는 경우도 있을 것이다. 또는 무상(無常)을 깨닫고 영원무한을 구하기도 하리라.

그 어느 경우이든, 절대(絶對) 앞에서 자신의 약소함과 무력함을 느꼈을 때에 사람들은 흔히 신을 부른다. 둘째로는 고독, 고립의 적막 속에서 자신을 감싸주는 사랑의 손길을 구하는 것이다. 이것은 주위와 어울리지 못하는 성격 때문이기도 하고, 어버이나 스승이나 친구나 연인과 헤어지고 자신을 지탱해 나갈 의지를 상실했을 때의 견디지 못하는 마음 때문이기도 하다.

혹은 앞에서 말한 두 가지에 다음의 것을 하나 더 덧붙일 수도 있을 것이다. 그것은 사색할 능력이 있는 사람이 종극(終極)이나 통일을 구하는 것이다. 종극이나 통일을 구한다 함은 아마 가장 추상적인 것을 실재하는 구체적 존재에서 구하려고 하는 방법이다.

철학은 이를 인격에서 구하려고 한다. 그러나 인격도 우리들 안에 있고 현실의 자아도 우리들 안에 있다고 볼 때 부정해야 할 현실과 지향해야 할 이상이 같은 자아 속에 있는 것이 이론적으로는 받아들여진다고 하더라도, 내부적인 자아 속의 대립을 견딜 수 없어서 대자(對自)의 하나를 밖에서 구하려고 하는 것이다.

신불을 구하는 마음이 어떠한 것이든, 신불의 실재를 믿는 사람에게는 신불과 인간의 관계는 둘로 나누어진다. 그 하나는 초월적 관계이다. 그 관계에서는 전지전능하고 절대 무한의 강력자로서 신은 인간 앞에 우뚝 서 있고, 약소하고 무력한 인간은 그 앞에서 무릎을 꿇고 경배한다. 인간은 자신의 무력함과 약소함을 통감하고 자기를 무(無)로까지 부정한 후에는 신의 힘에 의지해서 다시 자기를 긍정하고 힘과 생명으로 되돌아온다.

십자가에서 쓰러진 다음에 부활한 그리스도, 출가둔세(出家遁世)한 후에 개오(開悟)한 석가는 단지 그리스도, 석가의 체험으로 그쳐서는 안 된다. 누구든 자신의 생애에서 몇 번인가 체험하지 않으면 안 된다. 그리스도와 석가가 육체로서는 죽고 영혼으로서는 산 것처럼, 인간은 살기 위해서 죽어야 한다. 현실을 벗어나서 이상에 살아야 한다. 부정이 부정되어 긍정이 나타나는 경지인 것이다.

그러나 신은 위권(威權)을 휘두르는 폭군처럼 인간의 밖에 있는 것은 아니다. 그래서 제2의 관계는 내재적(內在的) 관계이다. 『말씀은 네 곁에, 네 입 안에, 네 안에 있다』고 하는 것처럼, 신은 인간의 안에 있고, 인간과 함께 살고, 사람과 함께 걷는다. 인간이 절대적으로 귀의(歸依)하는 동시에 신은 대자대비의 사랑으로써 인간을 감싸준다. 그러나 이 사랑은 인간의 사랑이 아니기 때문에 절대적이고 제약이 없으며, 관대하고 아집이 없다.

무릇 사랑이라고 생각될 수 있는 모든 사랑이 신으로부터 나온다. 종교생활을 하는 사람의 경지가 이렇다면, 이상주의를 사는 사람의 경지와 너무나 흡사한 데가 있지 않은가. 이상주의를 사는 사람도 현실의 자아를 이상의 자아와 대비하고 스스로의 무력함과 약소함을 느낀다. 그리고 현실의 자아를 부정하고 이상의 자아에 살려고 한다.

이 초극(超克)은 고통스럽고 괴롭고 참담한 싸움이다. 그러면서도 그는 끝까지 인생의 싸움을 싸우려고 한다. 그는 이 싸움에 관련되는 동지에게 전우로서의 공명과 공감을 느낀다. 그리고 그를 사랑하면서 자기도 사랑받게 되기를 동경한다. 이러한 사랑을 어버이에게, 스승에게, 친구에게, 연인에게 구하고, 아집과 이기에서 벗어나서 사랑하게 되며 끝까지 사랑하려고 한다. 이것이 이상주의에 따라 사는 사람의 모습이라면 신을 구해서 종교적으로 사는 사람의 모습은 그에게는 결코 낯선 것이 아니다.

그러나 종교적으로 살고자 하는 사람에게는 있고, 이상주의에 따라 살고자 하는 사람에게는 없는 것이 있지는 않은가? 빈델반트는 종교생활의 기조(基調)의 특징으로서 초(超) 세계적, 초경험적, 초감각적이라는 세 가지를 들고 있는데, 이 특징은 바로 이상주의의 특징이기도 하다.

이것은 공리주의나 유물론이나 현실주의에 대해서는 선명한 특징이 되겠지만, 이상주의로부터 종교를 특출하게 하는 것은 아니다. 이것은 이상주의가 종교생활로부터 섭취할 것을 섭취했고, 같은 지반에서 자란 나무이기 때문일 것이다.

그러나 이상주의자는 현실의 자아를 질타하고 편달해서 이상의 자아를 향해 곧바로 정진하지만, 자기 자신을 달리게 하는 힘은 자기 자신으로부터 나오며 자기 자신으로 돌아간다. 그는 자신의 성장을 사람들 앞에서 과시하거나 뻐길 만큼 바보도 아니고 또한 천박하지도 않다.

그러나 자신의 내심의 참된 밑바탕에는 공을 자신에게 돌리는 자부심(self-conceit)이 있다. 성(聖) 바오로가 말한 것처럼, 그리스는 위대한 철학이나 예술을 남겼지만, 그리스 사람은 그것을 사람들의 공으로 돌리고, 사람들로부터 비롯된 것이라고 했다.

유태민족은 종교적인 민족으로서 신의 구원을 받는 것을 자기들의 특권이라고 자만하는 생각으로부터 벗어나지 못했다. 공을 사람으로부터 비롯된 것으로 보고 사람에게 돌리는가, 신의 것으로 보고 신으로부터 비롯되었다고 해서 신에게 돌리는가 하는 것이 우리들의 마음을 갈라놓는 최대의 분기점일 것이다.

이상주의자는 『이익』을 버릴 줄은 알지만, 『자기 자신』을 버리는 것을 아직 알지 못한다. 신의 사랑을 인간의 사랑과 비교하는 것은 모독이지만, 신의 사랑을 받는 신자가 인간이면서도 온 정성을 기울여서 동포를 사랑할 때에는 그 사랑에는 자기 자신이 없고 아집이 없다.

이상주의 철학은 그 내용을 조금이라도 바꿀 필요는 없다. 그러나 이 철학을 신봉하고 이 철학에 따라 사는 『인간 자신』의 마음은 보다 위대한 자 앞에 경건하게 무릎 꿇고 신으로부터 나와서 신으로 돌아갈 때까지 자기 자신을 허물어 버려야 하지 않겠는가.

그렇다고 해서 사람이 당장 신을 믿게 되는 것은 아니다. 다만 운명이 나의 가슴에 뭔가를 번뜩여 주었을 때에야 비로소 가슴을 열고 신 앞에 무릎을 꿇을 마음의 자세가 필요한 것이다. 그러나 그때에도 뽑아버릴 수 없는 자부심에서 생기는 번뇌가 자칫하면 그 길을 방해하리란 것을 두려워하지 않으면 안 되리라.

제 2 부

대학문화와 생활

reading

13. 독서
讀書

> 나이가 들어도 책을 읽지 않으면 밥을 먹지
> 않은 것 같아 살아갈 수가 없다고 할 정도의
> 사람은 학창시절 책의 고마움을 뼈저리게 깨달은 사람이다.

『되는 것』을 위해서 많은 『하는 것』이 필요하지만, 특히 『안다』고 하는 『하는 것』이 필요하다. 「학문」의 항에서 쓴 것처럼, 학문은 과학이든 철학이든 학문 자체를 대상으로 할 뿐 아니라, 예술이나 도덕이나 종교도 대상으로 할 수 있다. 이와 마찬가지로 『되는 것』에 대해서뿐만 아니라 『되는 것』의 여러 부문의 예술이나 도덕에 대해서도, 또한 종교에 대해서도 『아는 것』이 가능하다. 『아는 것』은 하나의 『하는 것』이므로, 그것이 당연히 『되는 것』이 되지는 않지만, 『하는 것』은 『되는 것』의 중요한 계기이다.

아는 것에는 두 가지 방법이 있다. 하나는 읽는 것이고, 또 하나는 듣는 것이다. 읽는 것은 책이지만, 책에는 문자로 쓰인 것만이 아니라 화집(畵集)이나 사진집도 포함되므로 이것은 읽는 것이 아니라 보는 것이다. 그러나 대부분의 책은 보는 것이 아니라 읽는 것이다.

읽는 것과 듣는 것에는 각기 장단점이 있다. 그것은 문자와 언어의 장단점이다. 듣기 위해서는 말하는 사람이 현재 살아 있을 필요가 있지만, 그 사람과 직접 접촉할 수 있다. 물론 라디오나 레코드의 경우에는 다르다. 따라서 자기를 움직이는 적극성이 있다. 들을 뿐만 아니라 눈으로 볼 수 있고, 또한 감관을 통해서 그 사람의 마음과 접촉할 수 있다. 그러므로 감동을 받는 경우, 감동의 크기나 강하기는 읽는 경우보다는 듣는 경우가 더 현저하다.

그러나 책을 읽는 경우에는 현대의 사람만이 아니라 먼 고대의 사람에게까지 거슬러 올라갈 수가 있으며, 현대에 살아 있는 사람의 경우라도 자기 나라의 먼 지방의 사람이나 외국 사람까지도 대상으로 할 수가 있다.

그리고 듣는 경우만큼의 적극성이 없는 대신에 책의 선택도 자기의 자유이고, 언제 읽기 시작하든, 언제 읽기를 그만두든 어떤 구속도 없다. 읽으면서도 감흥에 끌려 한 곳에 언제까지나 머물러 있어도 좋고, 또 마음에 들지 않는 경우에는 급히 읽을 수도 있다. 요컨대 읽는 것은 읽는 사람 자신이 작용할 부분이 많고, 개성과 자유를 향유할 여지가 많다.

책은 우리말로 된 책이 좋은가, 외국어 책을 읽는 것이 좋은가 라고 묻는다면, 나는 가능한 한 외국어 책을 읽으라고 권하고 싶다. 요즈음의 번역은 상당히 뛰어난 것이 나오고 있으므로 경우에 따라서는 번역으로 읽을 수밖에 없는 것도 있지만, 역시 원저를 읽지 않으면 책의 참된 맛은 알지 못한다.

모처럼 내적 세계를 풍부하게 가지면서 각 나라의 책을 제대로 맛보지 못하는 것은 얼마나 아쉬운 일인가 하는 생각이 든다. 그래서 외국어의 문제가 되는데, 학자가 되려는 사람은 영어, 독일어, 불어 등 3개 국어는 당연히 읽어야 하지만, 그렇지는 못하더라도 적어도 한 개의 외국어는 자유롭게 읽을 수 있어야 할 것이다. 2개 국어를 할 수 있다면 손색이 없다. 나는 불어에 대해서 큰소리칠 자격이 없지만, 영어의 필요는 지금부터도 감소되리라고 생각되지는 않으며, 정치, 경제, 외교 등의 실용(實用)에서 본다면, 영어권에 미국이 가담된 오늘날은 영어의 중요성은 다른 것과 비교할 수 없다고 생각된다.

학문의 경우에는 독일어의 중요성은 훨씬 증가한다. 영국에는 독일처럼 체계적으로 쓰이지 않았기 때문에 산만한 느낌을 주기는 하지만, 창의(創意)라는 면에서 보면 상당히 뛰어난 것이 있다. 그래서 나는 적어도 영어는 꼭 넣고, 그 밖에 독일어나 불어를 첨가하고 싶다. 만일 독어와 불어 가운데 어느 것을 택해야 할까 하면 나는 독일어를 채택하고 싶다.

외국어에 대해서는 읽는 것 이외에도 말하는 것과 쓰는 것이 있는데, 말하는 것은 특별한 사람을 제외하고는 염두에 두지 않아도 좋다고 생각한다. 이것은 필요가 생겼을 때에 속성으로 하면 되고, 평생을 공부한다고 하더라도 노력과 효과의 균형이 잡히지 않는다고 생각한다.

외국어를 말하는 것은 특별한 재능으로서, 반드시 읽는 것이나 쓰는 것과 관계가 있다고 생각되지는 않는다. 말을 잘하는 사람은 두뇌가 치밀하지 못한 경우가 많다. 말이 서투르다고 해서 비관할 필요는 없다. 쓰는 것과 읽는 것은 관계가 깊다. 그러므로 읽을 줄 알면 쓸 줄 안다.

그리고 정말로 읽는 것에 숙달되려면 쓰는 것이 필요하므로, 국문외국어역(國文外國語譯)이 되지 않으면 외국어의 참된 의미를 모른다고 생각한다. 이렇게 하는 것이, 또는 외국어 책을 번역하는 것이 그 말을 익히는 데에는 대단히 도움이 되므로, 나는 지금까지 번역서를 낸 일은 한 번도 없지만, 학교를 졸업하고 젊었을 때에 대단히 좋은 책으로서 비교적 분량이 적은 책을 번역했더라면 하는 아쉬움을 느낀다.

그러나 일반 학생은 단지 읽으면 충분하다. 그리고 빨리 읽게 되려면 많이 읽는 것 이외에는 다른 방법이 없다. 그러기 위해서는 내용을 일일이 생각하지 않아도 되는 것으로서, 여러 가지 종류의 말이 나오는 책이 좋다. 나는 역사가 바로 이것에 해당된다고 생각한다. 역사는 문화사이므로 여기에는 정치도 경제도, 문학도, 사상도 나오고 사항도 재미있으며, 철학처럼 일일이 깊이 생각하지 않아도 된다.

역사는 그 자체로서 필요할 뿐 아니라, 사회과학을 공부하는 사람은 실험을 할 수 없으므로 역사의 자료에 의존할 수밖에 없다. 그렇다면 역사서적을 많이 읽는 것은 일거양득이 아닌가. 흔히 사람들은 소설을 읽으라고 하지만, 소설에 나오는 말은 일상적으로 사용하는 말로서 대단히 편중되어 있어서 나는 이에 찬성하지 않는다.

역사 다음으로는 외국어 신문을 읽는 것이다. 이것은 역사와 같은 성질을 가진 것으로서, 나는 외국에 있을 때에는 즐겨 신문을 읽었다. 귀국 후에는 읽고 싶다고 생각하면서도 아직도 실행하지 못하고 있다.

고전인가, 신간인가 하는 경우에는 말할 것도 없이 고전을 읽어야만 한다. 시간과 공간을 초월해서 인간인 한 누구나의 가슴에 와 닿는 보편성을 가진 것이 고전이다. 고전을 읽고 있으면, 심산(深山)의 대삼림(大森林)이라도 걷고 있는 듯한 마음이 든다. 이것은 현대서적이 도저히 가질 수 없는 맛이다. 그렇기 때문에 오랜 세월의 생존경쟁을 이기고 명맥을 유지했을 것이다.

그러나 고전은 보편성을 갖는 만큼 자기라는 특수와의 연계를 맺는 것이 어려울 경우가 있다. 고전을 읽으려고 노력하는 사람이 읽기가 어려워서 오히려 고전으로부터 멀어지는 것은 이 때문이다. 따라서 저자의 전기나 좋은 해설서를 읽어서 준비를 갖추는 것이 안전하다. 고전을 한 권도 숙독하지 않은 사람은 삭막하다. 사람들이 자기를 키워 주었다고 할 수 있는 고전을 한 권씩 가졌으면 한다.

고전은 너무나 깊고 너무나 높기 때문에 우리는 역시 현대인의 책을 읽으려고 한다. 같은 시대를 살면서 같은 문제를 다루는 사람의 책에 접하고 싶은 것이다. 이것도 필요하고 유익한 것이다.

나는 오래 전부터 고전이든 현대서적이든 읽을 가치가 있다고 생각하는 사람의 책은 망라해서 읽는 버릇이 있었다. 이러한 경우에는 저자를 알고 있기 때문에 그 사람의 저서가 나오면 곧 사서 읽을 수 있지만, 일반적으로는 현대서적을 신문광고만 보고 읽는 것은—특히 사는 것은—위험하다. 가능하다면 직접 보고 검토해야 한다. 편벽한 지방이어서 이렇게 할 수 없을 때에는 신간 소개라도 읽고 안심하고 난 다음에 사는 것이 좋다. 하기는 믿을 만한 신간 소개가 별로 없다는 것이 유감이기는 하지만.

책은 사지 않으면 안 된다. 친구에게서 빌리거나 도서관에서 빌리거나 하는 것은 성급하게 독서하는 버릇을 갖게 한다. 책의 종류에도 달려 있지만, 책을 빌려서 보는 것으로 그치려고 하는 것은 찬성할 만한 일이 아니라고 생각한다. 다른 것은 빌려도 좋지만 책만은 자기의 것을 좌우에 두고 언제든지 꺼내 볼 수 있어야 한다. 그리고 감상을 적어 놓거나 산 날짜를 적어 놓는 것이 좋다고 생각한다.

나는 날짜 이외에는 장소도 적어 놓고 있는데, 나의 책에는 뉴욕, 보스톤, 시카고, 런던, 옥스퍼드, 글래스고, 베를린, 빈, 하이델베르크, 파리, 취리히 등의 지명이 보여서 감회가 새롭고, 날짜를 보면 그 무렵의 나의 경향이 생각난다. 다 읽은 때에는 날짜와 장소를 기입하는데, 여러 번 되풀이해서 읽은 책에는 날짜가 나란히 있어서 그때그때의 감상이 달랐던 것이 재미있다.

책을 사는 경우에는 문고본으로 충분하다. 돈에 조금 여유가 생기면 문자가 큰 하드커버의 훌륭한 책이 탐이 난다. 그러나 나는 호사가들이 하는 것처럼 초판본을 모은다거나, 몇 판이고 판을 갖추어 놓는 흥미는 없다. 물론 유명한 책은 여러 가지 총서(叢書)로 출판되어서 각기 유명한 사람이 서문이나 해설을 쓰고 있으므로, 서문이나 해설을 읽기 위해서 한 가지 책을 여러 권 사는 경우가 있기는 하다.

책은 당장 읽지 않더라도 언젠가는 읽고 싶다는 생각이 들면 돈이 없어지기 전에 사두는 것이 좋다. 급히 책을 읽고 싶어졌을 때에 사러 나갈 틈도 없고 귀찮다고 생각될 때에는 사놓았던 책을 곧 펼쳐들 수 있는 것이다.

현대서적은 개개의 단행본 이외에도 총서로 출판되는 것이 있다. 대체로 책을 쓸 때에는 큰 것은 쓰기가 쉬우나 작은 것으로 압축하면 오히려 쓰기가 어렵다. 한 문장을 보더라도, 머리가 멍청할 때에도 산만한 문장은 쓸 수 있지만, 간결하고 요점이 분명한 문장은 오히려 머리가 맑고 그 내용 소화를 잘하고 있지 못하면 쓰지 못한다. 따라서 작은 책으로 읽는 것이 오히려 어려운 것으로서, 작은 책쯤이야 하고 읽고 안 것처럼 생각하는 것은 사실은 아무것도 모르는 경우가 많다.

독서법에 대해서는 옛날부터 많은 사람이 쓰고 있지만, 요컨대 각자가 스스로 읽는 중에 자기에게 적합한 독서법을 찾아내야 하는 것으로서, 다른 사람의 독서법을 그대로 받아들여서는 안 된다. 다른 사람의 독서법은 단지 자신의 독서법을 만들기 위한 하나의 계기에 지나지 않는다.

나의 독서법에 대해 묻는다면, 정독(精讀)과 속독(速讀)을 나누어서 고전이나 가치 있는 현대서적을 정독한다. 대체로는 책상에 앉아서 올바른 자세로 읽는다. 그리고 읽으면서 생각하고 생각하면서 읽는다. 그래서 상당히 시간이 걸린다. 전에는 책을 빨리 읽어치우는 자만을 부리곤 했지만 요즘은 점점 더 천천히 읽게 된다. 대체로는 노트북을 옆에 두고 책의 한 패러그래프의 요령을 한 줄이나 두 줄 정도로 줄여서 적어 놓는다.

흔히 책을 읽다가 마지막쯤에 이르면, 책장을 뒤적이면서 빨리 끝나지 않는가 하고 재촉하는 듯한 사람이 있는데, 책이란 마지막이 중요하므로, 다 읽고 나면 다시 한 번 감명을 받은 곳을 되풀이해서 읽어보거나, 원고용지에 써놓은 요령을 읽어보고 조용히 다시 생각해 보는 것이 좋다. 그렇게 해서 비로소 읽은 것이 자기의 것이 된다.

한번 읽으면 끝이라고 생각하는 것은 좋지 않다. 명저는 생애를 통해 몇 번이고 되풀이해서 읽어야 한다. 그때그때마다 중점을 두는 곳이 달라지거나 감명도 새로워진다. 명저는 자기의 스승인 것이다. 스승의 입에서 나오는 말씀을 듣는 마음가짐으로 경건하게 귀 기울여야 한다. 그리고 스승은 한 번 만나면 두 번 다시 안 만나도 되는 것은 아니다.

광범한 지식을 갖기 위해 읽는 책은 속독을 한다. 대체로는 안락의자에 기대거나, 지하철이나 버스 속에서, 또는 자리에 누워서 읽는다. 그런데 속독할 생각으로 잡은 책이 때로는 정좌를 하고 읽게 하는 것이 있다. 이때처럼 기쁠 때는 없다. 감명을 받은 곳에 줄을 긋거나 기입을 하거나 하는 것은 누구나 하는 일이지만, 이 경우에는 빨간 펜이나 형광펜을 사용하는 것이 좋다.

다 읽고 나면 감상을 독서록(讀書錄)에 기입해 두면 다음에 다시 읽을 때에 참고가 되고, 자기의 사고방식이나 독서 방식의 변화를 더

듣어 볼 수 있다. 독서록은 독서인의 성장기록이다.

책은 처음 50쪽 정도는 웬만해서는 잘 읽혀지지가 않는다. 그 동안에 책을 놓아버리면 그 책은 영영 읽지 않게 된다. 그래서 인내심을 갖고 읽어 내려가야 한다. 그러나 난해한 책이 있다. 여기에도 두 가지 종류가 있는데, 자신의 예비지식이 부족해서 모르는 것이 있다. 나는 물리학이나 수학책을 읽으면 별로 아는 것이 없으리라고 생각한다.

그런데 그렇지 않고 문장이 어려워서 무엇을 말하고 있는지 분명하게 요령을 잡을 수 없는 책이 있다. 조금 건방진 말일지는 모르지만, 나는 이 경우에는 저자가 나쁘다고 생각한다. 세상에는 흔히 자기도 잘 모르는 것을 쓰는 사람이 있는데, 본인이 모르는 것을 독자가 알 리가 없다.

대체로 말한다면, 머리가 나쁜 사람이 쓰는 것은 알기 어렵다. 본인이 잘 알고 있는 것으로서 머리가 맑을 때에 쓴 것은 누구나 알 수 있다. 난해한 책이나 강연을 접하고 모르는 것은 자기 탓이라고 생각하고 모르는 만큼 깊이가 있는 것이라고 기묘한 평가를 하는 사람이 있는데, 그 겸손은 부럽지만, 그 어리석음은 비할 데가 없다. 난해한 것을 쓰거나 말하거나 하는 사람은 빨리 사상계에서 도태되어야 한다.

젊을 때에 독서하는 취미를 갖지 않으면 사람들은 일생 동안 독서할 마음을 갖지 못한다. 그리고 학생시절이 지난 다음에도 책을 계속 읽는가 또는 읽지 않는가 하는 것에 따라 그 사람의 일생이 정해진다. 나이가 들어도 책을 읽지 않으면 밥을 먹지 않은 것과 마찬가지로 살아갈 수가 없다고 할 정도의 사람은 학창시절에 책의 고마움을 뼈저리게 깨달은 사람이다.

젊을 때는 성큼성큼 자랄 때이므로, 무엇을 읽든지 모두 성장의 양식이 되지만, 점점 자기 나름의 판단이 굳어지면 수백 쪽의 책을 읽더라도 감탄하는 곳이 몇 군데밖에 없게 되므로 차츰 독서로부터 멀어지게 된다. 그러므로 학창시절이 가장 독서를 많이 하는 때이므로 생애 최고의 수준이 그 시절에 있다고 할 수도 있다. 그 시절을 덤벙덤벙 지내버린 사람은 생애의 끝에서 보람을 찾지 못할 것이다.

마지막으로 되풀이해서 말하면, 독서한다고 하는 『하는 것』은 『되는 것』을 위해서이다. 막연하게 독서를 해서 이것저것 지식을 수집한다고 하더라도, 그 사람은 훌륭해지지도 않고 현명해지지도 않는다. 참으로 책을 읽는 사람은 『자기의 문제』를 탐구하지 않으면 안 된다.

여기서 말하는 자기의 문제란 문제의 내용이 자기에게만 특유하고 다른 사람과 공유할 수 없는 문제라는 의미는 아니다. 한 사람이 참으로 자기의 문제로 삼고 있는 것은 또한 모든 사람의 문제이기도 한 것이다. 내가 말하고자 하는 것은, 자기가 읽는 것인지 다른 사람이 읽는 것인지 분간할 수 없는 독서 방식은 안 된다는 것이다. 그런데 이러한 독서 방식을 가진 사람이 결코 적지 않다.

다음에 자기가 무엇을 문제로 삼아야 하는지를 안 사람은 자기의 문제에 대한 『자기의 해답』을 찾아야 한다. 이를 위해서 스승의 문을 두드리며 가르침을 청하는 기분으로 책을 펴드는 것이다. 여기서도 다른 사람의 입장에서 해답을 해서는 안 된다. 자기 자신이 받아들일 수 없는 해답을 듣고 만족해서는 안 된다. 이렇게 선인(先人)의 책을 대하면, 책은 살아 있는 것처럼 우리에게 말해 준다. 행간에서 생명이 약동할 것이 틀림없다.

진지한 마음으로 책을 읽는 사람에게는 이 세계는 얼마나 광대한 것인가. 우주의 보고(寶庫)는 문을 열고 우리들이 마음대로 드나들면서 마음대로 가져가게 하는 것이다. 이 보고에 들어가서 이것저것 맛보면서 가슴 설레는 사람에게는 이 세상은 더할 나위 없이 즐거운 곳이다.

thinking & expression

14. 사색과 표현
思索　表現

　　　　　　　　　　단지 생각하고 있기만 한다면 자칫 초점이
　　　　　　　여기저기로 옮겨져서 생각이 헛돌게 된다. 그런데
　　　　　쓰게 되면 초점이 결정되므로 주의가 거기에 집중된다.

　읽는 것도, 듣는 것도 생각하는 것이 덧붙여지지 않으면 단지 막
연한 인상이 산만하게 들어갈 뿐이다. 생각하는 것은, 우선 읽거나
들은 것을 그 자체로서 계통을 세우고 조직화하는 것이다. 마치 인식
성립의 경우에 감관(感官)을 자극한 감각을 잡다하게 모으는 것만으
로는 인식이 성립되지 않아서 이를 총합하고 통일하는 오성(悟性)의
작용이 필요한 것처럼, 읽거나 들은 것만으로는 단지 감각이 모인 것
에 지나지 않는다. 이를 총합하고 통일하는 것이 있어야 한다.
　다음에는 그것을 『자기 자신』에게 흡수하고 섭취하는 것이다.
비록 총합되고 통일되었다고 하더라도, 아직은 그것은 자기 자신과
유리된 것일 수 있다. 이것을 자기 자신에게 직접 연결시키는 것은
생각하는 것에 의존해서 비로소 가능하다.

흔히 나이 든 사람들이 아무리 많은 책을 읽어도, 또는 학문을 해도 소용이 없고, 경험을 쌓지 않으면 자기의 것이 되지 않는다는 의미에서는 참말이다. 또한 학문 속에 있는 것은 보편적인 진리여서, 모든 특수를 포섭하고 있는 동시에 그대로 특수에 적용될 수 있는 것은 아니므로, 진리는 특수화되어서 비로소 체득되는 것이고, 그 특수화가 경험에 의거한다는 의미라면 이것도 분명히 옳은 말이다.

그러나 학문과 경험을 대립시켜 전자를 배제하고 후자를 채택하는 것이라면 그것은 잘못이다. 학문은 모든 경험을 기초로 해서 이를 추상화(抽象化)한 것으로서, 경험과 학문은 대립의 입장에 서는 것은 아니다. 또한 아무리 경험을 쌓았다고 하더라도 경험한 것을 생각하지 않는다면 경험은 아무 소용이 없다.

학문을 위해서는 생각하는 것이 필요한 것처럼 경험에 대해서도 생각하는 것은 필수조건이다. 만일 경험이 그 사람을 성장시켰다면, 사실은 그 사람은 경험한 것을 생각해 왔기 때문이다.

생각하기 위해서는 우선 주위와의 접촉으로부터 이탈해야 한다. 오래 전에 고등학교 기숙사에 있었을 때, 밤늦게 운동장에 나가면 여기저기서 조용히 걷고 있는 학생들을 보았고, 밤늦게 교실에 들어가도 때때로 어둠 속에 혼자 앉아 있는 학생들을 볼 수 있었다. 그들은 주위로부터 이탈해서 독거(獨居)하려고 한 것이다.

서양에서 흔히 낮에 교회에 가보면 텅 빈 회당 안에 혼자 앉아서 뭔가 생각하고 있는 사람을 만나게 된다. 서양에서는 교회는 시끄러운 주위로부터 이탈하기 위한 아주 좋은 도피 장소가 되고 있다.

우리나라에서는 지방 청년을 공부시키기 위해 가정을 떠나 도시에 유학 보내는데, 어쩔 수 없는 필요 때문이기는 하지만, 가정이라는 주위에서 이탈시키는 효과가 있다. 사람은 사람들을 접할 뿐만 아니라 사람들과 단절되어 자기 자신과 대면하는 때를 가져야 한다.

그러나 고독은 생각하는 것의 조건이기는 하지만 생각하는 것 자체는 아니다. 그런데 초점을 정해 놓고 거기에 모든 사색을 계속 집중시키는 것은 대단히 어려운 일이다. 우리들 자신의 경험을 뒤돌아보더라도 일을 충분히 생각하지 못한 경우가 있다. 생각하고 있다고 여기면서도 사실은 다른 것을 생각하고 있어서, 오늘은 지금부터 무엇을 할 것인가, 내일은 어디에 갈 것인가 등 쓸데없는 방향으로 자신의 주위를 흩어 놓고 있음을 발견하게 된다.

주의의 대상을 외계(外界)에 가지면 주의는 상당히 집중할 수 있지만, 내계(內界)에 대상을 가진 경우에는 생각하는 것은 결코 쉬운 일은 아니다. 그러므로 주의를 흐트러뜨리지 않을 정도의 어떤 일을 하고 있으면 오히려 주의를 집중시키게 되는 경우가 있다. 애연가가 무슨 일을 골똘히 생각할 때 담배를 피우는 것도 그 때문일 수도 있을 것이다. 스피노자는 유리알을 가는 동안에 사색을 했다고 하거니와, 유리알 갈기처럼 기계적인 일을 하는 것이 오히려 주의를 집중시키게 만든 것이다.

생각하는 것이 어렵고 더디기 때문에 사람들은 이를 견디지 못하고 자칫 실천에 매력을 느낀다. 그러므로 실천을 초려(焦慮)하는 사람들 중에는 생각하는 것을 견뎌내는 능력의 결핍을 엿볼 수 있게 하는 사람이 있다. 그러나 생각하는 것은 절대로 필요하다. 그래서 생각하는 것의 어려움으로부터 벗어나기 위해 어떤 일을 하면서 생각하고, 생각하면서 어떤 일을 하는 방법을 선택한다. 읽으면서 생각하고, 생각하면서 읽는 것은 이 때문이다. 그런데 이러한 경우에는 생각하는 것이 읽는 것에 제약받기 쉽다. 따라서 다른 방법을 생각해 보면 거기에는 두 가지 방법이 있다. 그것이 읽는 것과 쓰는 것이다.

쓰기 위해서는 이미 생각한 것이 있어야 할 터이지만, 종이를 앞에 놓고 펜을 들면 쉽게 써지지가 않는다. 이때에는 그 동안 생각했던 것이 얼마나 몽롱했던가를 깨닫게 된다. 실제로 쓰는 것만큼 우리의 주의를 집중시키게 하는 일은 없다.

이와 비교하면 읽는 것은 쉬운 일이다. 쓰는 경우에는, 과장해서 말하면 뼈를 깎고 살점을 저미는 듯한 느낌을 받는다. 그렇기 때문에 쓰는 것에 의해서 자신의 생각이 정밀하고 정확해진다.

시험장 등에서 문제를 받아들고 생각하고 있는 동안에 자기가 미처 깨닫지 못했던 것이 차례로 떠오르는 경우가 있다. 쓰기 시작했을 때와 다 쓰고 난 다음을 비교해 보면, 자기가 자기 이상으로 된 것처럼 생각되는 경우가 있는 것은, 쓰는 동안에 무의식중에 잠재해 있던 것이 의식계(意識界)에 현재화(顯在化)한 것으로서, 이것 자체는 쓰는 것에서 생기는 일이 아니라 생각하는 것에서 생기는 일이지만, 단지 생각하고 있기만 한다면 자칫 초점이 여기저기로 옮겨져서 생각이 헛돌게 된다. 그런데 쓰게 되면 초점이 결정되므로 주의가 거기에 집중된다.

동시에 쓰는 것과 말하는 것의 위험도 여기에 잠복해 있는 것으로서, 일단 쓰거나 말하거나 해서 일정한 형태를 채택하게 되면 그것으로 일이 끝난 느낌이 들어서 그 다음의 진행을 저해하게 되기 쉽다.

한 걸음 더 나아가서 자기가 표현한 것에 사로잡혀서 나 자신이 속박을 받아 꼼짝도 못할 때가 있다. 그러나 자기의 성장을 위해서 쓰거나 말하거나 하는 것이므로, 언제나 자기가 표현한 형태를 파악하고, 언제나 과거의 자기를 초극할 각오가 있어야 한다. 그 때문에 쓰는 일에 의의가 있는 것이다. 쓰면서 주의가 한 점에 응집한 다음에는 사물을 보는 눈이 달라진다. 책을 읽든지, 이야기를 듣든지 자기의 문제와 밀접한 관련을 갖게 되므로 모든 일에 주의 깊게 된다. 읽을 때에 자기 문제에 대한 해답을 구한다는 것은 이러한 다음에 일어나는 것이다.

그러나 여기에도 위험이 있다. 그것은 자기가 우연히 쓴 일과 관심을 가진 일에 국한되어서 그 뒤로는 흥미나 시야가 거기에 사로잡혀서 좁아진다는 것이다. 그러나 우리는 청년시대에는 생각하는 대로 한껏 크고 넓고 풍부하게 자라지 않으면 안된다. 외연적(外延的, extensive)인 것과 집약적(集約的, intensive)인 것은 병존하고 병행해서 상호 보완하지 않으면 안 된다.

여기서 쓴다고 하는 것은 자기의 신변에 일어난 일, 책에서 읽은 것, 다른 사람에게서 들은 이야기 등 모든 것을 테마로 해서 원고용지나 필기장에 쓰는 것을 말하지만, 대학생활에서는 특히 학문상의 문제에 대해서 쓰는 일이 생긴다. 그것이 연구라든가 리포트라든가 하는 것인데, 학생생활 중에는 한 번은 이러한 일을 시도해 보아야 한다.

옛날의 직인(職人)은 장인(匠人) 밑에서 3년이나 5년 동안 수업하고, 그 다음에 여기저기를 순력(巡歷)했는데, 학생생활도 이와 비슷한 것으로서 한 제목을 결정하고 일정한 계획을 짜고, 이에 필요한 책이나 자료를 수집하고, 연구를 진행하는 동안에 계획을 변경할 필요가 생길지도 모른다. 그리고 일정한 기간 안에 그것을 정리한다. 한 마디로 말하면 과학적 방법이 실시되는 것이다. 그 동안에 일의 요령을 체득하는 것으로서, 이것은 학문의 수업인 동시에 인생의 수업이다.

쓰는 것 중에는 매일 일기를 쓰는 것도 포함된다. 일기에는 약간의 여백밖에 없는 일기장보다는 자유일기처럼 마음대로 얼마든지 쓸 수 있는 것이 좋다. 일기란 규칙적으로 쓰는 것이 바람직하지만, 자칫하면 바쁠 때에는 집어던져 두고 1개월, 2개월 동안을 백지로 남겨 놓는 경우가 있다. 그러나 매일 잠자리에 들기 전에 몇 분 동안이라도 책상 앞에 앉아 있을 수 없을 만큼 바쁜 생활은 건전한 생활이라고는 할 수 없다.

하루하루의 일기에 쓰기에는 너무나 중요한 문제는 따로 그것만을 주제로 해서 쓰는 것이 좋지만, 나는 매년 섣달 그믐날에는 1년 동안을 회고하는 동시에 이듬해의 예상을 짜고 있다. 쓰는 것이 생각하는 일이고, 생각하는 것이 반성이라는 것은 일기 등에 대해서 특히 할 수 있는 말이다.

쓰는 것과 관련해서 곧 연상되는 것은 문장에 관한 것이다. 우리들의 소년시대에는 아직 한문의 영향이 있어서 백발삼천장(白髮三千丈) 식의 과장된 표현이 사용되었지만, 한문의 폐단은 사람들의 실감이 아닌 것, 또는 실감 이상의 것을 표현하는 데 있다. 우리는 자기 자신 이상을 말하지 말고 정직하고 순수하게 쓰는 것이 중요하다.

문장 연습에도 두 종류가 있어서, 이른바 명문을 쓰는 것은 두 번째의 일이다. 누구에게나 최소한으로 필요한 것은 자신의 뜻을 정확히 표현하는 글을 쓰는 것이 아닐까 생각한다. 자기가 생각하고 말하고 싶은 것을 그대로 쓰는 것은 그리 쉬운 일은 아니지만, 이것은 최소한도의 필요조건일 것이다.

무엇을 말하고 있는지 알 수 없는 글, 쓸데없이 길고 장황해서 지루함을 견디기 어려운 글, 동시에 너무나 간단해서 윤기가 없는 글은 어느 것이나 필요조건을 결여하고 있는 것이다. 그 이상의 명문을 쓰는 것은 각자의 천분(天分)에 속하는 일로서, 각자에게 의무로서 요구하는 것은 무리라고 생각한다. 그러나 명문에도 여러 가지가 있어서 표현의 기교는 능숙하지 않더라도 인물, 정열, 사상의 솔직함이 나타나 있어서 기교가 없는 중에도 오히려 사람들을 감동시키는 것도 있는 것이다. 여기까지 이르면 문장은 요컨대 그 『사람』이다.

*

말하는 것은 소수의 사람을 상대로 하는 경우와 다수의 청중을 상대로 하는 경우가 있다. 강의·강연·연설 등은 후자의 경우이고,

한 사람의 친구와 이야기하는 경우라든가, 연구회나 독서회 등의 경우는 전자에 속한다. 한 사람이나 여러 사람을 상대로 하는 경우에도 주로 자기가 말하는 사람이 되고 상대가 듣는 사람이 되는 경우와, 쌍방이 이야기하는 사람인 동시에 듣는 사람이 되는 경우가 있다.

후자의 경우가 이른바 대화(dialogue)이다. 이야기하는 내용에는 뉴스도 있고 자기의 사상을 표현하는 경우도 있다. 어느 경우에든 혀를 움직여서 상대의 청각에 호소하는 점이 쓰는 것과 다르고, 듣는 것과 표리(表裏)의 관계가 되는 것이다.

말하는 것은 쓰는 것과 마찬가지로 우리들로 하여금 생각하는 것에 초점을 두고 주의를 집중하게 하고 생각하는 것을 정확하게 만든다. 말하기 위해서는 일단 말하려고 하는 것을 정리해야 하기 때문이다. 예를 들면 다른 사람에게 어떤 일을 상담할 때, 상대방의 의견이 도움이 되는 것은 제쳐놓더라도, 상담하기 위해 생각하는 것만으로도 훌륭하게 정리가 되어서 상담을 하지 않아도 되는 경우가 있다. 상대방이 들으면서 두세 가지 질문이라도 하고 이에 대해 대답하고 있는 동안에 스스로 자신의 대답을 얻는 경우도 있다.

그리스 사람은 쓰는 것과 읽는 것을 싫어하고 말하는 것과 듣는 것을 좋아해서 법률조차도 문장으로는 쓰지 않고 노래로 만들어서 부르게 했다고 하는데, 이것은 읽는 것보다는 듣는 것이 인상 깊게 남기 때문이었으리라고 생각한다.

말하면서 듣는 대화의 경우에는 자기의 생각과 다른 사람의 생각이 대조된다. 쌍방을 비교한 결과로써 자기를 버리고 다른 사람을 택했을 경우는 자기를 부정하고 타인을 긍정한 것이 되고, 자기의 수정과 진보가 이루어진다. 다른 사람을 버리고 자기를 택한 경우는 타인을 부정하고 자기를 긍정한 것으로서, 자기는 부정을 거친 긍정으로서 강화되고 확실해진다.

단순한 대조가 아니고 대립인 경우도 있다. 자기의 생각에 다른 사람이 반박을 시도하는 경우가 그것인데, 이 경우에는 반박을 재반박한다면, 다른 사람을 부정하고 자기를 긍정하는 것은 대조의 경우와 같고, 반박을 재반박하지 못했을 때에는 자기의 모순을 깨닫는 것이 되고, 스스로 재출발을 하지 않으면 안 된다. 모순은 의식된 부분의 모순도 있을 수 있지만, 흔히는 무의식의 세계에 잠재해 있는 부분과 의식되고 있는 현재(顯在)의—두드러지게 나타나 있는—부분과는 모순이다.

우리가 스스로 의심하지 않고 전제하고 있는 것(take it for granted)은 많지만, 이것이 비로소 의식의 백일하(白日下)에 드러나는 것은 흔히는 대화의 결과이다. 이것이 철학하는 것이라면 대화하는 것이 철학적 방법이라고 할 수 있다. 기원 전 5세기의 아테네에서 소크라테스가 실행한 것은 대화의 방법이고, 이것이 플라톤의 《대화편》에 의해 묘사되어 있다.

소크라테스는 소피스트가 말하는 의식의 세계에 질문을 던져서 무의식적으로 전제하고 있는 것을 찾아내고, 의식하고 있는 것과 무의식적으로 전제하고 있는 것의 자기모순을 지적하는 방법을 사용했다. 테오리아(theoria)와 다른 필로소피아(philosophia)는 이 방법에 의거하지 않고서는 다른 방법이 없다고 생각한 것이다. 이것이 참된 교육의 방법인 것이다. 옥스퍼드나 케임브리지에서 대화의 방법을 따른 것이 개인교수(tutorial system)의 방법이다.

말하는 것도 여러 가지 종류가 있어서 연설·강의·강연·좌담·토론 등은 각기 다른 맛이 있는 것이고, 또한 각기 다른 능력을 요구한다. 연설은 잘하는 사람이 강의는 서투르기도 하고, 강의는 잘하는 사람이 강연은 잘 못하기도 한다. 특히 좌담은 화제를 풍부히 갖고 있어야 하고 기발한 표현으로 좌석을 이끌어 나갈 필요가 있다.

토론의 경우에는 단시간 내에 응수하는 것이므로 상대방이 말하는 것을 신속하게 파악하고, 자기가 말하고자 하는 것을 신속하게, 그리고 강력하면서도 간결하게 표현해야 하며, 더 나아가서 겁을 내지 않는 대담성과 흥분하지 않는 침착성이 있어야 한다.

토론에서는 머리의 신속한 회전과 일단 정리된 자기의 생각이 절대적 요건이다. 이것이 연설·강의·강연 등처럼 한쪽만이 활동하고 다른 쪽은 듣기만 하는 소극성을 가진 경우와 대단히 다른 점이다.

토론은 대화의 일종으로서 많은 효과를 갖지만, 머리 회전이 빠르다는 것은 반드시 머리가 좋다고 하는 것의 전부는 아니다. 질서정연한 체계를 가지려고 하는 머리는 반드시 빠르지는 않고 오히려 느리다. 자기의 생각을 신속하게 정리하는 것은 중요한 일이기는 하지만, 신속하게 정리할 수 있는 것 정도로 그치는 경우도 있다.

특히 상대방을 비방하고 야유하고 빈정거리는 것은 저급한 청중을 기쁘게 만들고, 저급한 자기 쾌감을 만족시킬지는 모르지만, 그렇다고 해서 자기가 조금이라도 현명해지거나 위대해지는 것은 아니고 오히려 자기를 타락시키는 것이다.

쓰는 훈련에는 초등학교 이후로 작문이라는 과목이 있는데, 말하는 훈련은 고려되지 않고 있는 것은 이상하다고 생각한다. 그뿐만 아니라 변론(辯論) 연습에는 반감을 갖는 사람조차도 있다. 많은 사람 앞에서 자기를 말하는 후안무치(厚顔無恥), 자칫하면 빠지기 쉬운 과장된 화법이나 몸짓 등에 혐오감을 느끼는 것이겠지만, 이것은 어느 일에나 따르는 여폐(餘弊)의 하나로서 당사자가 주의함으로써 방지할 수 있고, 이러한 폐단을 가진 사람은 변론을 하지 않더라도 그 사람 자신에게 이러한 폐단이 있는 것이므로, 오히려 변론이라도 해서 다른 사람의 비판이나 주의를 듣는 것이 그 폐단을 고치는 데에 하나의 도움이 될 것이다.

미국 사람의 몸짓이 싫다고 해서 국민성을 좋아하거나 싫어하는 것은 괜찮겠지만, 변론 그 자체에 반감을 갖는 것은 좋지 않다. 자기를 사람들 앞에서 말하는 일을 삼가라는 것은 예부터의 가르침이지만, 정치가는 국민을 지도하기 위해 연설을 해야 하고, 의원은 의회에서 정책을 말해야 하고, 총선거에서는 정당도 의원도 정견을 발표할 필요가 있다.

새로운 사회제도가 수입되었으면서도, 호오(好惡)의 감정만은 옛 것을 그대로 가지고 있는 것은 우리나라 도처에서 볼 수 있는 일로서, 이것은 도처에서 제도가 살아 있지 못하다는 것이 되는데, 변론에 대한 것도 그 한 가지 예일 것이다. 민주주의 정치는 몰래 만나서

의논하거나 어두운 곳에서 암거래하는 것과는 대립되는 정치다. 공공연하게 밝은 곳에서 하는 정치는 공공연하게 말하고 공공연하게 듣는 정치인 것이다.

쓰는 경우에 잘 쓰는 사람과 못 쓰는 사람이 있는 것처럼, 말하는 경우에도 마찬가지다. 무엇보다도 무엇을 말할 것인지 생각을 정리하는 것이 중요하고, 다음에는 말하고 싶은 것을 너무 간결하지도 않고, 너무 장황하지도 않게 능숙하게 표현하는 것이 바람직하다. 흔히 모임의 인사나 축사 등에서 무엇을 말하는지 모를 정도로 지리멸렬하거나, 본인도 갈피를 잡지 못해서 마무리를 짓지 못하는 곤경에 빠지는 일이 있는데, 이것만큼 다른 사람을 난처하게 만드는 일은 없으므로 조심하기를 바란다.

쓰는 것과는 달라서 말하는 것은 직접 다른 사람과 대면하고 있으므로 마음을 편안하게 갖고 대담할 필요가 있다. 나는 중학교 3학년 때에 처음으로 학교 학생 전체 앞에서 연설을 하게 되었는데, 그때에는 사람의 얼굴이 보이지 않고 내가 무엇을 말하고 있는지 알지 못했다.

다음의 고등학교 1학년 때에는 이미 사람들의 얼굴이 잘 보였다. 그런데 내가 말한 것을 속기한 것을 보았더니 보기에 민망할 만큼 반복이 있고 장황하기도 했다. 말하는 것은 쓰는 것과는 달라서 말하자마자 사라져 버리므로 어느 정도의 반복이나 친절은 필요하지만, 그렇더라도 너무 심한 것은 말하기 전에 원고를 작성하지 않기 때문이다.

고등학교 때에 어떤 분의 연설을 들었는데, 연설 그대로가 문장이 될 정도로 군말도 무리도 없었다. 나는 지금도 가능한 한 원고를 작성하고 그것을 곧 잡지 등에 게재하리라고 생각하지만, 아직껏 실행한 일이 없고, 요령을 항목만 한 장의 종이에 쓰는 정도밖에 하지 못한다. 원고를 쓰는 것이 귀찮기는 하지만, 적어도 젊은 때에는 원고를 작성해서 능숙한 변론을 연습할 필요가 있다.

문장에는 문학적인 예술미가 있는 것처럼 변론에는 음악적인 예술미가 있다. 그것은 음성미(音聲美)와 억양의 아름다움이다. 어떤 유명한 문호(文豪)는 목소리가 나빠서 사람들이 까마귀와 같다고 평하고, 까마귀는 더러운 것을 먹어서 목소리가 나쁜 것이라고 평한 일이 있는데, 목소리는 건강을 표현할 뿐만 아니라 심정도 표현하는 것 같다.

목소리는 수련할 수가 있는 것이므로 아름답지는 않더라도 크게 울리는 목소리, 그리고 언제까지나 이어지는 목소리였으면 좋겠다. 확성기라는 것은 목소리의 아름다움을 없애는 것으로서 마음에 들지 않는다.

컵의 물을 마시는 버릇은 갖지 않는 것이 좋다. 물을 마시면 오히려 목소리가 이어지지 않는다. 목소리만은 70이 되든, 80이 되든 쉬고 낮고 탁한 목소리가 아니라 맑은 은방울을 울리는 듯한 아름다운 목소리를 계속 간직하고 싶다. 그러나 목소리도 변론도 문장과 마찬가지로 결국은 그 『사람』인 것이다.

lecture · examination

15. 강의 · 시험
講義　試驗

　　　　수업이 끝나면 1시간 정도 강의실이나 도서관이나 집에서
　　　그날의 강의 노트를 빨리 복습한다. 인상이 아직 선명한 동안에
　　　　　한번 훑어보고 선을 긋거나 요령을 써 넣는다……

　듣는 것과 읽는 것을 앞에서 비교했지만, 듣는 것의 장점은 읽는 것과는 달라서 단지 문자를 보는 시각만이 움직이는 것이 아니라, 말하는 사람의 얼굴을 보고, 모습을 보고, 음성을 듣는 등 많은 감관(感官)이 작용한다. 마치 오페라나 연극이 음악도 회화(繪畵)도 무용도 들어가고, 음악에도 기악과 성악 양쪽이 들어가는 것과 같아서 감관이 복잡하게 작용하고, 또한 말하는 사람의 심정과 부딪칠 수 있다.
　말하는 사람도 특정한 사람과 만나는 경우에는 다소라도 듣는 사람들의 경향이나 요구에 적응하는 형식을 채택할 수가 있다. 또는 얼굴이나 모습을 보지 못하더라도 언어가 이미 문자와는 다른 묘미를 갖고 있는지도 모른다. 그렇더라도 언어만이라면 레코드나 라디오에서 들을 수 있지만, 그것은 정말로 듣는 맛을 갖지 못하는 것을 보면

보는 것의 필요성을 알게 될 것이다.

듣는 일 중에서 학생 여러분과 가장 가까운 것은 매일 강의실에서 듣는 강의이다. 나는 「학교」 항목에서 오늘의 학교의 강의를 상당히 혹독하게 비판했다. 그리고 학교에 의존하지 말고 자기 자신에 의한 교육을 해야 한다고 하면서 자기교육(自己教育)의 내용과 방법을 말했지만, 이를 일단은 알고 있다고 보고 다시 학교를 되돌아보면 거기에는 그 나름의 좋은 점이 있다.

우선 강의의 좋은 점은 듣는 일의 좋은 점으로서, 들으면서 적은 노트는 인상이 깊지만, 결석을 해서 친구에게서 빌린 노트를 베끼는 경우에는 인상이 약한 것은 누구나 느끼는 일이다. 케임브리지 대학의 헨리 시즈윅(Henry Sidgwick)은 강의의 가치를 부정하는 강의(lecture against lecture)를 한 것으로 유명한데, 강의에 반대하는 경우에도 강의 형식을 빌리지 않을 수 없었고, 학생들로 하여금 듣게 하지 않을 수 없었다는 것은 강의의 가치를 말해 주고 있다.

다음에 강의의 내용이나 방식은 비록 완전하지는 않더라도 어쨌든 일단은 생각하고 체계를 세운 것이고, 게다가 호오(好惡)를 불문하고 학생들로 하여금 듣게 하는 것이 강의의 좋은 점으로서, 독학생이 시야가 좁고 독단이 많은 것은 강의의 좋은 점을 갖지 못했기 때문이다. 이러한 점에서 강의의 좋은 점은 규칙이라는 타율(他律)이 갖는 좋은 점이다.

흔히 학교에 왕복하는 시간이 아깝다고 해서 집에서 책을 읽거나 친구의 노트를 빌리는 것이 좋다고 하는 학생이 있지만, 그 버릇은 자칫하면 집에서 빈둥빈둥 놀면서 왕복하는 시간 이상의 낭비를 하는 것으로서 타율의 좋은 점을 모르는 것이다. 그러나 타율의 좋은 점을 자각하면 그것은 이미 타율이 아니라 자율이다.

강의는 그 과목 전체를 일반적으로 다루어야 하고―또한 그렇게 하는 것이 필요하다―듣는 사람은 학생 일반이므로, 모든 일반이라고 하는 것이 갖는 부족함이 있다. 그래서 이것을 보충하는 것이 연습이라든지, 실습이라든지, 또는 특정한 선생을 중심으로 하는 연구회나 독서회이다. 여기서는 테마가 특정하므로 더욱 깊이 파고들 수가 있고, 인원수가 한정되어 있으므로 학생의 개성이나 성격을 알아서 특수성에 적응할 수 있다.

이것을 선생과 학생과의 인격적 접촉 등으로 말하고 『인격도야』가 되는 것처럼 생각하는 것은 『인격도야』가 무엇인지를 모르는 사람이지만, 비록 모든 것은 선생 그 사람에게 달려 있다고는 하더라도, 강의의 경우보다는 학생의 이해가 빠른 방식으로 말할 수 있다는 것이 장점이다.

연습(Seminar)이라는 제도는 독일 대학에서 성행되고, 영국 대학에도 클래스(class)라고 부르는 것으로서 이와 비슷한 것이 있지만, 영국의 대학, 특히 옥스퍼드와 케임브리지에서 실행되는 특유의 제도는 개인교수법(tutorial system)이다. 각 칼리지에 튜터의 책임을 맡은 사람이 수십 명이 있으며, 교수는 이것을 하지 않지만, 펠로우(fellow), 리더(reader), 티처(teacher)라는 직명(職名)으로 불리는 사람들이 이 일을 맡는다.

한 사람의 학생을 한 사람의 튜터가 한 시간씩 교육시키며, 물론 이와 함께 강의도 병행해서 들려준다. 칼리지 기숙사의 튜터 실(室)에서 학생과 선생이 마주앉아서 교사가 말하고 묻고 대답하고, 학생이 듣고 대답하고 묻는 것이므로, 소크라테스의 대화를 현대화한 형식이다. 여기서는 제군(諸君)이라고 하지 않고 군(君)이라고 한다. 이것이 참된 교육 방법이다.

영국인의 교양이 대체로 이 제도에 의존하고 있다는 것은 많은 사람들의 전기가 한결같이 말해 주고 있다. 그러나 이 제도는 두 대학처럼 재산이 없으면—두 대학은 사립이지만, 영국 부호의 서열에서 10번째 이내에 든다—많은 튜터를 두지 못한다. 많은 튜터가 있더라도, 한 사람의 튜터는 월요일 아침부터 토요일 정오까지 수십 명의 학생을 상대로 하므로 대단한 시간이 들게 되고, 이것이 독일의 젊은 학자에 비해서 영국의 신진 학자에게 노작(勞作)이 부족한 이유라고 말한다.

튜터는 한 사람 한 사람의 학생을 맡아서 그 학생의 개성에 적합한 교육을 하지 않으면 안 되고, 학생의 질문에 대답해야 하므로, 강의 노트만 만들어서 말하는 것과는 달라서 무슨 질문을 하든 대답을 해야 한다. 그리고 질의응답을 하게 되면 점점 더 깊은 근본적 문제를 다루지 않을 수 없으므로 여기서 인생관의 문제와 접촉하게 된다. 이 정도의 용의가 없으면 튜터로 근무하기가 힘들지만, 이것이 참된 교육인 것이다.

티처도 상당한 요건을 갖추어야 하지만, 그도 튜터에게 배운 학생이므로 그만한 요건은 갖추고 있다고 보아도 좋을 것이다. 나는 우리나라 학생들의 공부를 위한 노력은 영미의 학생 이상이라고 생각하고 지식의 분량도 그 이상이라고 생각하지만, 영국 학생은 지식의 분량은 적지만, 지식이 자기 자신의 『것』이 되어 있다. 이것은 튜터리얼 시스템의 선물인 것이다.

*

강의에 일반성을 문제의 방향에서 보충하는 것이 강연이다. 강연회는 학교 안에서도 밖에서도 열린다. 또한 1회뿐인 것도 있고 몇 번 연속되는 것도 있다. 그러나 오늘날의 강연에 대해 다소의 주문을 할 수 있을 것이다. 자연과학의 강연에는 한정된 청중을 상대로 하기 때문이겠지만, 학문적 수준이 높은 것이 있는 반면 철학이나 사회과학에서는 시사적인 문제에 사로잡혀서 수준이 낮은 것도 있다. 강연의 항목과 참고 문헌이 인쇄되어 있으면 더욱 효과적이고, 밤에 열린다면 학생도 졸업생도 들을 수 있다.

강연이 좋다는 것은 듣는 것에 속하는 좋은 일이지만, 강연회란 강연만으로는 부족하므로, 강연자 이외에도 유명한 사람을 사회자로 삼아서 개회사와 폐회사를 하게 하면 좋을 것이다. 그것도 상투적인 것이 아니고 강연자와 강연에 대해 언급하는 것이면 청중은 두 주장을 비교하고 대조할 수 있다.

강연 후에는 청중에게 질문을 허용하는 것이 좋다. 이것은 강연장에서든 별실에서든 상관이 없지만, 이때에 사회자가 질의응답의 정리를 한다. 이것은 강연자를 위해서도, 또한 청중 상호간에도 도움이 된다. 강연은 강연자와 사회자와 청중이 삼위일체가 되어야 한다.

*

다시 학교의 강의로 되돌아가면 강의는 시험과 결부되어 있다. 이것이 학생을 괴롭히는지도 모른다. 그 중에는 단순하게 시험은 고통스럽다고 하는 어처구니없는 비명도 있고, 시험이 있으면 학문의 참맛을 모른다고 하는 약간 감탄스러운 비명도 있고, 또한 시험 준비에 매달리면 참된 교양을 쌓을 틈이 없다고 하는 고상한 비명도 있다. 시험에 대해서 어떤 태도를 취해야 하는가 하는 것은 현실적으로 학생의 문제이고, 또 문제를 삼을 만한 가치가 있다.

시험에 대한 태도로는 아마 세 가지를 생각할 수 있을 것이다. 첫째는 시험이 가장 큰 일이라고 생각하고 아침부터 밤까지 1년 내내 시험만을 염두에 두고, 그 때문에 강의도 듣고 참고서도 읽는다. 그 대신 시험에 필요하지 않으면 수의(隨意) 과목도 듣지 않고 책도 읽지 않으며, 더구나 교양 따위를 생각하면 오히려 시험에 도움이 되지 않는다고 떨고 있는 부류이다.

이렇게 하면 물론 성적은 좋아질 것이고, 졸업 후의 취직도 생각한 대로 되고 순진한 부모나 형을 기쁘게 만들 수는 있다. 이 부류의 학생이 일의전념(一意專念)하는 마음가짐은 기특하다고 해도 좋지만, 그렇더라도 그 어리석음은 헤아리기조차 어려운 것이다.

취직을 최고 가치라고 생각하고 시험을 일생을 위한 큰일이라고 하는 심리는 원래가 최고 가치가 무엇인지를 생각해 보지도 않고 깨달은 적도 없는 태도로서, 물건(物件)을 가치전도해서 거기에 매달려 있는 것이므로, 그들은 본래 공리적(功利的)인 성격이라고 할 수 있다. 우연히 시험이라는 목적이 눈앞에 있는 한에는 공부를 하고 있으므로 마치 학문을 즐기는 듯한 외형(外形)을 나타내지만, 사실은 비슷하지도 않은 것이다. 그 장점은 모방과 암기로서, 이것은 인간의 두뇌의 정도에서 말한다면 열등한 품질에 속하는 것이다.

성적이 좋은 이러한 학생, 곧 이른바 수재 중에는 무미건조해서 맵지도 시지도 않고, 재미도 없고 유머가 없는 사람도 있다. 이러한 사람들 중에서 교사를 채용하기 때문에 학문과 교육이 진흥되지 않는 것이다. 그들은 학교를 나와서 시험을 치지 않아도 되면 책도 읽지 않고 학문도 폐리(幣履)처럼 버린다. 공리적인 성격이므로 경우에 따라서는 사기를 할지도 모르고, 뇌물을 받을지도 모르고, 사람을 모함할지도 모른다. 이른바 시국을 전망하는 창조적인 머리는 없고, 직책을 걸고라도 관철하는 신념은 약에 쓰려고 해도 없다.

둘째는 이와는 정반대로 시험을 철저히 무시하고 안중에 두지 않는 태도이다. 여기에는 두 갈래가 있어서, 하나는 태만하여 시험과 정면으로 대결하지 못하고 도피하는 형이다. 수재가 시험과 호각(互角)으로 겨루고 있는 것과 비교한다면 이들은 시험 이하의 패자이다. 이들은 학생이면서 학생이 아닌 자, 세상의 독이고 땅의 쓰레기이다.

또 하나의 다른 학생은 인간의 성장이 지고(至高)의 가치임을 알고 있고, 또는 적어도 학문적 진리의 가치를 알고 있다. 그러므로 최고의 것에 접근하려고 노심초사하며 이를 위한 시간도 모자라는데 시험 준비를 하는 바보스러움을 견디지 못하는 것이다. 그러므로 시험에 악착같은 동료 학생들과 떨어져서 초연히 시험을 눈 아래로 내려다보고 있는 것이다.

그들의 성적은 나쁠지 모르지만, 그들은 인생에서 가치 있는 것을 파악하고 있다. 그들의 가치는 지금은 나타나지 않더라도 먼 미래에 나타날 것이고, 그들은 차안(此岸)의 패자로 끝날지는 몰라도 피안(彼岸)의 승자가 될 수는 있다.

우리들은 뛰어난 사람의 전기를 읽으면 가끔 이러한 예와 마주치게 되고, 우리들의 주위에 지금 그 실례가 없지 않을 것이다. 우리들은 그들을 속세의 표준으로 평가하지 말고 최고 가치를 표준으로 해서 그들을 평가하고 동정해야 한다. 그러나 그들의 태도가 최상의 태도는 아니다. 그들은 시험에 사로잡히지 않으려고 시험을 부정하고 있는 점에서 오히려 시험의 소승(小乘)에 사로잡혀 있는 것이다

앞에서 수재를 가혹하게 비판한 나는 지금은 수재의 장점을 채택하지 않을 수 없다. 수재의 목표는 완전히 빗나가 있다. 그러나 시험을 목표로 해서 일의전념하고 있는 것은 극기, 절제 등의 『제덕(諸德, virtues)』을 발휘하고 있고 또한 육성하고 있다. 시험답안에서 창조적인 것은 찾아볼 수 없지만, 잘못이 없고 용의주도하고 타율에 복종하는 온순함 등이 나타나 있다.

물론 그들의 목표는 빗나가 있다. 그러나 목표를 다른 사람이 부여하기만 하면—곧 다른 사람에게 부림을 받을 경우에는—목표가 빗나가 있는 것은 해롭지도 않고 또한 부족하지도 않다. 그리고 수재가 갖는 성질은 부림을 받는 경우에는 절대적으로 필요한 것으로서,

그러한 성질 없이는 다른 사람 밑에서 일하지 못한다. 목표가 올바른 것은 『사람』으로서는 올바르지만, 그것만으로는 『사용인(使用人)』으로서는 부족하기도 하고 해롭기도 하다.

그들이 빛을 발휘하는 것은 다른 사람을 부리는 경우이고, 다른 사람의 부림을 받는 경우는 아니다. 그리고 인간은 단숨에 사람을 부리게 되지는 못하고—또한 이것은 좋은 일도 아니다—일정한 기간, 이를테면 20년, 30년은 부림을 받아야 한다. 그러므로 제2부류의 학생은 학문이나 예술에 종사하면 괜찮지만, 일반적으로는 사람을 부릴 줄은 알지만 부림을 받을 줄은 모른다.

수재란 부려먹기 위해서 육성하는 인간이다. 그들은 부림을 받는 동안에는 문제가 없지만 사람을 부리게 되면 어쩔 줄을 모른다. 학생은 일단 그 지위가 주어졌을 때에는 자기의 목표를 향해서 실행할 수 있는 인간이 되어야 하는 동시에, 다른 한편으로는 다른 사람의 부림을 받을 줄도 알아야 한다. 영재(英才)를 지향하면서도 지기(知己) 없음을 탄식하고 세상의 불우함을 원망하는 것은 현명한 사람이 할 일이 아니다

수재의 성질—극기, 노력, 절제, 규칙적인 면, 잘못이 없는 것, 용의주도함, 명령에 따르는 충실함 등—은 세상을 위해, 사람들을 위해 이바지하는 데에—직업인으로서—필요할 뿐만 아니라 자아의 성장, 곧 교양을 위해서도 필요한 조건이다. 제2부류의 학생 중에는 흔히 방일(放逸), 방자, 무궤도로 흘러서 중도에 덧없이 허물어져 버리는 사람이 있는 것은 이러한 조건이 결여되어 있기 때문이다.

그래서 제3의 태도를 생각하게 된다. 최고 가치를 상실하지 않으면서도 시험을 덮어놓고 깔보지도 않으며, 시험 이상의 경지에 있으면서도 시험도 적당하게 선처하는 것이다. 이것이 제1과 제2의 종합이고 지양(止揚)이다.

　　그러면 그렇게 편리한 방법이 있는가, 라고 물을지도 모른다. 이것은 각자가 자기에게 적합한 방법을 고안해내야 하지만, 나의 안을 제시한다면 다음과 같다. 우선 한 학년을 둘로 나누어서(학년시험의 경우로 해서) 하나는 4월의 시업기(始業期)로부터 대체로 12월 중순경까지로 하고, 또 하나는 그때부터 3월의 시험기(試驗期)까지로 한다.

　　첫째 기간에는 매일 오전 8시부터 오후 3시까지 6시간 3과목의 수업이 있다고 하고, 3시에 수업이 끝나면 약 1시간 내지 1시간 반을 강의실이나 도서관이나 집에서 그 날의 강의 노트를 빨리 복습한다. 이것은 암기까지 할 필요는 없으므로 인상이 아직 선명한 동안에 한 번 훑어보고 선을 긋거나 요령을 써넣는다. 이것을 역으로 하면 예습이 되는데, 교재가 정해져 있다면 예습을 하는 것이 가장 효과적이다.

　　그리고 그 다음에는, 곧 4시나 4시 반 이후에는 시험 준비를 염두에 두지 말고 교양서적을 읽거나 학문을 공부한다. 이것이 12월 중순까지 계속되므로 1년 동안에 여가는 상당히 많게 된다. 더구나 2개월 동안의 여름방학도 있다.

　　그리고 12월 중순부터는 다른 모든 일을 젖혀두고 시험 준비에 몰두한다. 시험 준비라는 눈앞의 목표를 두고 일정한 계획을 세우고, 이 계획에 의해서 극기, 노력, 근면, 절제를 실행하고, 잘못이 생기는 것을 두려워하고 용의주도하도록 애쓴다. 그리고 한 과목으로부터 다른 과목으로 하나씩 시험을 극복한다.

정녕 산 또 산을 넘어서(mountains over mountains) 대자연을 극복하는 것과 같다. 이렇게 생각하면 시험은 학생생활에서의 인생의 사업이다. 여기서 패하면 이윽고 인생의 패자가 되어야 하는 것이다.

daily life

16. 일상생활
日常生活

학생의 여행은 걸어서 걸어서 가는 여행,
산 또 산을 넘는 여행이 어울린다. 인생은
무거운 짐을 지고 고갯길을 오르는 것과 같다……

매일의 생활은 언뜻 보기에는 평범한 것 같지만 생각해 보면 매우 흥미 있는 것이다. 하루하루를 즐겁고 밝게 보내는 것은 쉬운 듯하면서도 사실은 매우 어려운 일이지만 꼭 필요하다고 생각한다. 무엇보다도 중요한 것은 일정한 계획을 세우고 규칙적으로 생활하는 것이다.

계획을 세우면 속박을 받아서 답답하다는 사람도 있지만, 자기의 계획에 따라 움직이지 않는 사람은 다른 사람의 계획에 따라 움직이고 있는 것이다. 계획에 따라 움직이는 것은 어느 경우에나 마찬가지다. 뜻대로 하면서도 스스로 틀을 벗어나지 않는다는 것은 과거의 어느 때에 계획 밑에서 규칙적으로 지낸 결과에 틀림없다. 이것이 습관이 되고 자연이 된 것이다.

계획적으로 생활하기 때문에 낭비가 없어져서 여가가 생기고, 그래서 오히려 자유스러운 생활을 할 수 있는 것이다. 매일의 생활을 함부로 보내는 것과 주의(主義)도 방침도 없는 기회주의 사이에는 일말의 연관이 있다고 할 수 있다. 그러나 계획에 따라 사는 사람은 계획을 만든 과거에 사로잡히기 쉽다. 계획은 어느 순간에도 가져야 하는 것이지만, 언제나 깨뜨려버리고 새로운 계획으로 다시 만들어야 한다.

매일의 생활계획도 각자가 스스로 만들어야 하지만, 내가 지금 다시 한 번 학생생활을 보낸다면 다음과 같은 계획으로 매일을 지내고 싶다. 이것은 학교 기숙사에 있다는 것을 가상한 계획이다. 아침에는 가능한 한 일찍 일어난다. 오전 6시나 6시 반에 일어난다. 세면을 하고 2, 30분 동안 맑은 공기를 마시면서 교정을 산책한다. 아침식사를 하고 나서 신문을 대충 훑어본다. 이때에 천천히 읽는 것은 좋지 않다고 생각한다.

수업이 시작되기까지 약 1시간 동안 책을 읽을 틈이 생긴다. 정오에 학교 강의가 끝나면 점심식사를 하고 신문을 조금 자세히 읽는다. 3시에 강의가 아주 끝난 다음에 1시간이나 1시간 반 동안 전 항목(「강의·시험」)에서 쓴 복습을 한다. 그리고 6시까지 운동을 하며 흠뻑 땀을 흘린다. 돌아와서는 샤워를 하고 저녁식사를 한다. 식후에는 친구와 함께 한가하게 산책을 나가서 쇼핑도 한다. 이것은 30분 정도이다. 그리고 7시부터 11시까지 열심히 독서를 하고, 11시에는 잠자리에 들어서 업어 가도 모를 정도로 깊은 잠에 빠진다.

여러 가지 만남이나 모임이 있으면 그때그때 계획을 변경하는 것은 당연하다. 토요일 오후나 밤은 영화, 연극, 음악회, 전람회 등 예술의 관조(觀照)에 쓰고, 일요일은 아침부터 저녁까지 혼자서 또는 친구들과 함께 도시락을 싸가지고 피크닉을 나간다. 만일 비라도 오는 날이면 방에 있으면서 회심(會心)의 소설이라도 읽고, 밤에는 선생, 선배, 친구들을 방문하여 한가하게 이야기를 나눈다. 이것이 하루의 그리고 일주일 동안의 계획이다.

신문을 읽으면 상당한 지식을 얻게 된다. 외교·정치·경제·문화·사회의 기사를 대체로 훑어보고 세계와 우리나라의 상황을 알아두는 것은 국민의 의무이기도 하고, 깊이 생각하게 하는 문제도 있다.

그러나 이 일에 많은 시간을 할애하는 것은 노인의 망한(忘閑)이고 젊은이가 할 일은 아니다. 특히 이른 아침에 신문을 구석구석 읽는 것은 좋다고 할 수 없다. 하루의 일은 아침에 정해지는 것이다. 평론잡지는 같은 방을 쓰는 사람과 돈을 합쳐서 두세 권 사면 되고, 특별히 읽고 싶은 사람의 글이라도 실려 있지 않는 한 혼자서 돈을 내고 사는 것은 어리석다.

오후의 운동은 절대로 필요하다. 배드민턴이든, 호신술이든, 야구든, 테니스든, 축구든 뭐라도 좋다. 만일 산책을 한다면 한가하게 돌아다니는 산책로는 안 되고, 급히 걸어서 땀을 흠뻑 흘려야 한다. 하루에 한 번 전신을 땀으로 적시는 것이 건강을 위해 좋을 뿐 아니라 기분상으로도 필요하다.

나는 중학생 시절에 달리기 선수였던 적이 있었고, 고등학교에서는 유도를 조금 교습 받았으나 발을 다쳐서 그만두었고, 대학 입학이후 최근에 이르기까지는 여행을 가서 걷는 것 이외에는 거의 운동다운 운동을 하지 못했다. 외국에 머물고 있었을 때, 60을 넘은 노인이 테니스를 하는 것을 보고 조금은 부럽게 생각되어서 테니스를 한정도이다.

학창을 떠나면 운동이 뜻대로 되지 않으므로 신체의 단련은 우선학생시절이 아니면 바라기 어렵다. 만일 병이라도 걸리면 자기뿐만이 아니라 가정생활을 파괴하며, 단지 건강이 좋을 뿐만 아니라 활기찬 정력 또한 인생을 보내는 데에는 결정적 요건이다. 며칠을 철야를하더라도 끄떡도 하지 않을 정도로 신체를 강철화(鋼鐵化)하는 것은아무래도 학생시절의 임무이다.

밤에 잠자리에 들자마자 깊은 잠에 빠지는 것은 낮에 적당한 운동을 해서 피로하기 때문이다. 어두운 잠자리에서 언제까지나 잠들지 못할 때에는 사람들은 자칫 건전하지 못한 망상의 지배를 받기쉽다. 밤에는 곧 잠이 들고 아침에는 자리를 박차고 일어나는 것은마음의 순결을 유지하기 위해서도 중요한 일이다.

전에 어떤 기숙사에 티푸스가 유행해서 소동이 일어났을 때, 흥분한 학생들의 논의를 들은 다음 학장은 냉정하게, 병은 자기 또는조상의 죄악의 결정(結晶)라고 갈파했다고 하는데, 그 학장의 이 말은 상당히 함축성 있는 것이라고 생각한다.

불규칙, 무절제가 병에 걸리는 가장 큰 원인인 것 같다. 젊은 때에 폭식을 해서 생애를 통해 소화불량으로 고생하는 예는 흔히 볼 수 있다. 특히 소화기 고장은 기분에 영향을 많이 미치며, 자기도 주위도 우울하게 만든다.

나는 오래 전부터 되는 대로 생활하는 버릇이 있어서 고등학교 시절에는 밥을 두 그릇이나 먹은 일이 있었다. 때때로 설사로 고생을 했으나, 42의 액년(厄年)을 독일에서 보냈고, 그때는 만사가 다 좋았으나 이듬해에 본국에서 중한 소화기병에 걸려서 꼭 1년 동안을 고생했다. 그 후로 갑자기 나아서 지금은 소화기는 아주 좋다. 아무래도 액년이라는 것은 생리적으로 근거가 있는 것으로서 신체 조직이 변하는 해를 말하는 것 같다.

나는 지금은 나았지만, 이것은 아주 드문 예이므로 폭음 폭식은 삼가는 것이 좋다고 생각한다. 사람들이 흔히 알지 못하는 것이 안경 때문에 생기는 신경쇠약이다. 안경의 도수와 눈이 맞지 않으면 신경을 몹시 피로하게 만들므로 안과의사에게서 정확한 도수를 측정할 필요가 있다.

학생시절에 많은 것은 호흡기 질환인데, 이 병은 오랜 동안 남아 있으므로 반드시 근치해 두어야 한다. 병의 징후가 보이면 가능한 한 빨리 의사에게 진찰을 받는 것이 가장 좋다. 병이 걸리면 차츰 마음이 약해지고, 모든 일이 귀찮아져서 점점 더 병을 중하게 만드는데, 이것은 중대한 잘못으로서 신속하고 기민하게 의사에게 갈 필요가 있다. 이것은 본인 이외에도 주위의 친구들이 눈치를 채고 본인에게 재촉해야 할 일이다.

나는 지금도 되는 대로 살고 있지만, 그 대신에 조금이라도 몸의 상태가 좋지 않다고 생각될 때에는 최악의 결과를 예상하고 병을 고치기 위해서 어떤 일이라도 포기하기로 하고 있다. 인간은 자칫하면 좋은 쪽으로 낙관적으로 생각하기 쉬운데, 이것은 소극적이고 약한 심리로서 오히려 좋지 않은 쪽으로 전망하는 것이 올바르지 않을까 생각한다.

　요컨대 매일 매일을 상쾌하고 맑은 마음으로 보낸다는 것은, 건강도 좋고 생활에 무리나 부자연이 없으며 마음에 가책이나 아픔이 없을 때에 가능한 일로서, 심신의 상태가 갖추어지는 것을 조건으로 하므로 쉬운 일이 아닌 동시에 그렇게 할 수 있는 사람은 훌륭하다고 생각한다.

　사람들은 때때로 왠지 마음이 어둡고 울적하고 즐겁지 않으며, 무슨 일을 하는 것도 아니고 안하는 것도 아닌, 공부를 해야겠다고 생각하면서도 할 마음이 내키지 않고, 그렇다고 포기하기도 아쉬워서 그렇게 하지 못하는 묘한 심리에 빠질 때가 있다. 이것이 이른바 슬럼프에 빠진 때이다. 이런 때가 1주일도 열흘도 계속되는 때가 있다. 이러한 때에 학교수업이 있거나 시험이 있으면, 오히려 그쪽으로 마음을 써서 기분전환이 되는 경우가 있다. 이것이 타율의 좋은 경우이다.

　그러나 그것이 도저히 감당하기 어려운 경우에는 깨끗하게 모든 일을 포기하고 마음이 맞는 친구를 찾아가서 마음을 털어놓고 이야기하거나, 또는 여행을 떠나는 것이 좋다고 생각한다. 그렇지만 그렇게 깨끗이 포기하면 이미 기분전환이 되는 상태인데, 이와 같이 하지 못하는 것이 이 심리의 특징이다.

어쨌든 본인이 깨끗하게 단념하는 노력을 할 필요가 있으며, 그렇지 않으면 이것도 주위의 사람들이 알아차리고 전환을 재촉해야 할 것이다.

이 정도는 아니더라도, 감격하여 고양된 마음이 사라지고 기분이 처지고 느슨한 때가 있다. 이러한 경우에는 마음을 고무하는 책을 읽거나 좋아하는 음악이라도 들어서 긴장된 마음을 회복해야 한다.

술도 담배도 가까이하지 않는 것이 좋다. 술을 마시지 않으면 교제를 하지 못하고 친구들로부터 따돌림을 받는다고 해서 이를 구실로 술을 가까이하기 쉬운데, 그것은 쓸데없는 일이라고 생각한다. 돈도 들고 건강에도 해롭고 정신이 몽롱해서 억제력이 결여되었을 때에 가지 않아도 좋을 곳에 가게 되는 것이다.

흔히 술이 취해 감격하면서 어깨를 두드리거나 손을 잡거나 하면서 함께 하자고 맹서를 하는 사람이 있는데, 제 정신으로 맹서한 친구조차도 경박한 경우가 많은 세상에 취중의 맹서 따위가 무슨 소용이 있겠는가. 술을 마시지 않으면 교제를 할 수 없다고 말하지만, 술을 하지 않는 사람으로 정해져 버리면 그것으로 사람들은 체념하는데, 본인이 마실 듯이 우물쭈물하고 있기 때문에 사람들이 유혹하는 것이다.

나는 지금도 한 방울의 술도 마시지 않는다. 별로 노력하는 것도 아니고 단지 술을 마시기 싫어서 안 마실 뿐이지만, 공무원으로 있을 때에도 마시지 않고 지냈다. 술을 마시지 않는 사람은 답답하고 깐깐하며 아무래도 일에 세심하게 집착한다고 말하는데, 이 점에 대해서는 요즈음은 나도 조금은 알 듯도 하지만, 그것은 중년이 되어서 생각해도 좋은 일로서, 청년은 꼼꼼하고 세심해도 괜찮다고 생각한다.

담배도 돈이 들고 건강에도 좋지 않다. 나는 36, 7세까지는 담배를 피우지 않고 지냈으나, 단 것을 먹지 못하는 병에 걸린 다음에 갑자기 담배를 피우게 되었다. 지금의 내가 담배를 피우든 피우지 않든, 학생시대에는 돈을 연기로 날려 버리지는 말아야 한다고 생각한다.

바둑이나 장기, 카드 등을 즐기는 학생이 있지만, 바빠야 할 학생시절에 유유하게 지낼 수 있는 신분은 부러운 동시에 경박해 보인다.

학생은 질박강건(質朴剛建), 근검질소(勤儉質素)했으면 좋겠다. 복장 등에 신경을 쓰고 멋을 내는 것은 문제 밖이지만, 도시 특히 서울의 유복한 가정에서 자라난 학생이 일상용품에 고가품을 사용하는 취미를 가졌다든지, 어디의 튀김요리가 맛있고 어디의 비프스테이크가 좋다고 식도락을 하는 경우가 있는데, 어처구니없는 일이라고 생각한다.

서양의 스토아주의(stoicism)가 근검질소를 가르친 것은 외적인 것, 육체적인 것에 마음이 끌리면 보다 가치 있는 것에 대한 지향이 둔해진다는 것을 경계하기 위한 것이었겠지만, 아주 당연한 말이라고 생각된다. 젊은 때의 생활수준은 졸업 후에도 끌어내리기 힘든 것으로서 계속 사치를 하게 되는 것이다.

그러나 인간은 언제 죽을지도 모르고 언제 재산을 상실할지도 모른다. 자기를 위해서도, 가족을 위해서도, 장래를 고려해서 불시(不時)의 필요를 위해 절약하고 저축해야 한다. 이러한 용의가 없는 사람은 지위나 돈에 매달려서 절조(節操)를 굽히거나 진퇴(進退)에서 잘못을 범하게 된다.

질소하게 지낸다고 해서 예의에 어긋나는 것은 좋지 않다. 사람을 방문할 때, 서양요리를 먹을 때의 에티켓 등은 가정이나 선생이 기회를 만들어서 가르치는 것이 좋다고 생각한다. 학생은 돈이 없는 때가 많다고 생각되지만, 돈이 없을 때에 다른 사람에게 돈을 빌리거나 빌려주는 일은 피하는 것이 좋다.

돈을 빌리고 갚지 않는 습관은 좋지 않고, 비록 갚는다고 하더라도 터놓고 지내는 친구가 아닌 한 사람들에게 돈 때문에 신세를 지는 것은 비굴하다고 생각하는 것이 건전하다. 돈을 빌려주는 경우는 괜찮더라도, 돈을 빌린 사람이 자칫 마음에 부담을 느껴서 돈을 빌려준 사람이 무심히 한 말을 왜곡해서 해석하거나 해서, 돈을 꾸어주고 빌리고 하는 것이 오히려 친구의 관계를 어색하게 만든다. 아무리 친하더라도 돈을 빌려주거나 빌리는 일만은 하지 않는다는 것을 불문율로 지키는 것이 좋다.

봄, 여름, 겨울에 걸친 긴 방학에는 가능하면 귀향하는 것이 좋고, 여름방학에는 귀향해서 마지막 1개월쯤은 바닷가나 산 속에서 혼자, 또는 가까운 친구와 지내는 것이 좋다. 그 때는 수백 쪽의 두꺼운 책과 씨름을 하는 것이다. 평소의 토막 난 시간으로는 단숨에 읽을 수 없기 때문이다.

그 다음에는 주위와 떨어져서 고독한 속에서 자기 자신과 대면한다. 그래서 영기(英氣)를 기르고, 다시 종래의 생활로 되돌아온다. 집단과 고독의 양쪽을 교착(交錯)해서 보내는 멋이 건전할 것이다.

방학에든, 평소에든 돈의 여유가 있으면 여행을 하는 것은 바람직하다. 대자연의 아름다움을 관조하기 위해서도, 건강을 위해서도 여행만큼 즐거운 것은 없다. 온천장에서 책을 읽는 것보다는 학생의 여행은 걸어서 걸어서 가는 여행, 산 또 산을 넘는 여행이 어울린다. 인생은 무거운 짐을 지고 고갯길을 오르는 것과 같다고도 하고, 맥도날드(James Ramsay Mcdonald)는 인생은 경사가 완만한 고갯길을 오르는 것과 같아서 어느 틈엔지 정상에 도달한다고 말하지만, 어느 말이나 옳다고 생각한다.

산길을 오를 때에 겪는 일이 인생이라는 여행과 비슷하다. 숨을 몰아쉬게 하는 가파른 고개가 있는가 하면, 평탄한 길이 이어지고, 이윽고 다시 준험한 절벽이 나타나고, 이 절벽을 오르면 다시 낭떠러지 같은 내리막길이 있다. 한 고개를 바라보고 저것이 정상이라고 생각하면 이윽고 다른 고개가 저쪽에 보인다. 정녕 산 또 산(Alps beyond Alps)인 것이다.

마침내 석양이 지나갈 무렵, 산 정상 가까운 곳의 산장에 도착해서 목욕을 하거나 저녁밥을 들 때, 하루의 고생과 즐거움이 도연(陶然)하게 생각난다. 인생의 만종(晩鐘)을 듣는 노년의 심경은 바로 저 여심(旅心)이 아닐까 생각한다.

self-discipline

17. 수양
修養

> 청년답다는 것은 높은 것에의 동경,
> 가치 있는 것에의 감격, 심원한 것에의 매혹,
> 영혼을 진동하는 것에의 눈물을 갖는 일이다.

나는 지금까지 일상생활의 외형을 말해 왔지만, 여기서는 다시 심정(心情)의 태도나 방향으로 되돌아가기로 한다. 여기서 수양이라고 한 것은 반드시 적절한 용어는 아니다. 이 말의 정확한 내용은 모르지만, 이를 넓게 해석한다면 우리가 말하는 교양을 의미하고, 좁게 해석한다면 도덕적 활동의 훈련을 의미하는 것 같다. 나는 여기서 후자의 의미로 사용한다.

우리의 도덕적 활동이 의거해야 할 준칙(準則)을 『덕(德, virtue, Tugend)』이라 하고, 나는 이에 대해서 혹은 「교양」 항목에서, 혹은 「도덕」 항목에서 언급했다. 수양은 반드시 『덕』의 훈련만을 말하지는 않으며 『덕』보다도 더 넓은 범위를 가질 것이다. 왜냐하면 예로부터 『덕』이라고 한 것은 예부터의 인생관 또는 도덕관념에 바탕을 두고 만들어진 준칙이므로 이와는 다른 인생관, 또는 도덕관념에 입각하는 것은 다른 『덕』이 필요할지도 모르고, 또는 종래의 『덕』을 시정할지도 모르기 때문이다

수양이 『덕』과 같은 범위에 속한다 해도 이 항목은 『덕』에 대해 언급할 것이고, 특히 『덕』이 사회공동생활과 관련되는 측면에 대해서는 뒤에 「사회」 항목에서 비교적 자세하게 말할 기회가 있으리라고 생각한다. 여기서는 학생생활에서 가장 흔히 일어나는 두세 가지 문제에 대해서 도덕적 비판을 하려고 생각한다.

흔히 청년이 제기하는 문제는 자신의 천부적 자질에 대한 회의와 그 결핍에 대한 실망이다. 그러나 이 경우에 우선 묻고 싶은 것은, 천부적 자질이 결핍되어 있다면 어떤 천부적 자질이 모자라는가 하는 점이다. 학문이나 예술을 천직으로 할 만한 천부적 자질이 모자란다면, 사람은 누구나 학자가 되고 예술가가 되어야 할 의무가 있지는 않다. 그는 천부적 자질을 문제로 할 때에 각자의 개성이나 성격을 망각하고 있는 것이 아닌가.

어떤 천부적 자질이 모자라든 도덕의 문제에 있어서는 천부적 자질은 없다. 왜냐하면 여기서는 재능이 문제가 아니라 의욕이 문제이기 때문이다. 의욕하는 능력에 있어서, 도덕의 문제를 자각하기 이전의 자연 그대로의 인간은 도덕적 의욕이 모자랄지도 모르지만, 의욕의 능력이 모자란다고 할 때에는 이미 도덕의 문제는 그의 자각에까지 도달해 있는 것이다.

그렇다면 남은 것은 의욕에의 노력일 뿐이고, 의욕에의 능력은

문제가 되지 않는다. 만일 천부적 자질의 결핍을 탄식하는 심리가 미래에 공업(功業)을 세우지 못할 것이기 때문이라면, 그는 공업을 최고 가치로 하고 있는 것이다. 만일 명성을 올리지 못할 것이기 때문이라면, 그는 명성을 최고 가치로 하고 있는 것이다.

만일 그가 동급생 중에서 다른 사람에게 뒤떨어지기 때문이라면, 그는 동급생 중에서 우월한 것을 최고 가치로 하고 있다. 그러므로 『주어진』 천부적 자질이 무엇인가는 우리들의 희우(喜憂)를 좌우할 문제는 아니다. 주어진 지반 위에서 어느 만큼의 노력을 했는가 하는 것만이 우리들의 문제가 되어야 한다.

그뿐만 아니라 인간에게 주어진 천부적 자질의 차이는 적어도 고등교육을 받고 있는 사람들의 경우에는 사람들이 흔히 생각하는 것처럼 크지는 않다. 만일 차이가 있다고 하더라도, 그것은 노력에 의해 보충할 수 있는 정도의 것이다.

존 스튜어트 밀(John Stuart Mill)의 전기(傳記) 저자 휴 엘리어트는, 밀은 결코 천부적 자질이 풍요한 사람은 아니었고, 그가 얼마나 각고 근면해서 창작했는가는 그의 이마의 주름이 이를 말해 주고 있으며, 이에 반해서 스펜서(Herbert Spencer)는 천재라고 할 수 있는 자질을 가지고 있어서 그는 구상하자마자 단숨에 창작을 했다고 말한다.

비록 스펜서가 천부적 자질을 타고났다고 하더라도, 또는 밀에게는 이것이 결여되어 있었다고 하더라도, 밀이 이룩한 학문적 업적이 스펜서에게 뒤떨어진다고는 누구도 단언하지 못할 것이다. 밀은 확실히 노력과 근면에 의해 스펜서에 필적하고 그를 능가했던 것이다.

천부적 자질의 결핍을 탄식하는 심리 중에는 죄를 천부적 자질의 결핍에 돌리고 절망의 형태를 취함으로써 자신의 노력 부족을 변호하려고 하는 교활함이 숨어 있지 않다고 말할 수는 없다. 적어도 천부적 자질의 결핍을 탄식하는 사람 중에는, 자신의 수준이 낮다는 인식에서 일단 겸허한 듯한 외형을 취하면서도 사실은 자기의 재능이 보다 높아야 한다는 것을 예상하고 있는 오만도 있다. 이 오만을 만족시킬 만한 정도의 재능이 없다고 보기 때문에, 오만에서 오는 비굴감을 없애기 위해서 책임을 천부적 자질에 돌리려고 하는 것이다. 이것은 오만의 변태적 표현이다.

*

사람들이 모인 집단에서는 고집이 센 사람을 싫어하게 되고 온유한 사람을 좋아하게 된다. 고집이 세다는 것은 자기의 주장이 옳다고 하고 쉽게 양보하지 않는 것을 말한다. 온유하다는 것은 자기를 주장하지 않거나, 또는 쉽게 자기의 주장을 철회하고 주위에 적응하는 것이다. 고집이 센 사람은 자신의 지금까지의 성과에 대해 긍지를 갖는다. 과거의 노력을 알고 있기 때문에 과거의 자기 자신에게 집착을 느끼는 것이다.

그는 과거와 현재를 지속시켜서 일관성을 유지하려고 한다. 그러므로 쉽게 자신의 주장을 철회하지 않으려고 한다. 왜냐하면 자기의 주장을 철회하는 것은 현재의 자기와 과거의 자기를 단절하는 것이고, 과거의 자기를 부정하는 것이기 때문이다. 그에게는 강한 성격이 있다.

생각건대 그는 혹은 내면에, 혹은 외면에 강한 싸움을 촉발(觸發)하는 대립자를 가지고 있었을 것이다. 이 대립자를 극복하는 싸움을 하고 있는 동안에 강한 성격이 형성된 것이다.

온유한 사람은 자기를 주장할 정도의 자기를 갖지 못하고, 또는 일단 주장한 자기를 계속 주장할 만큼 자기에 대해서 자신을 갖지 못한다. 그는 언제나 즐거이 과거와 단절된다. 왜냐하면 집착할 만한 과거를 갖지 못했기 때문이다. 그는 주위의 반대를 두려워한다. 왜냐하면 반대를 물리칠 만한 자기가 아님을 알고 있기 때문이다. 그는 쉽게 주위에 양보한다. 주위 사람들에게 우월감을 갖게 해서 주위의 환심을 사고 싶기 때문이다. 이것 없이 혼자 자립하기에는 자기가 너무 약하다는 사실을 알고 있는 것이다.

신의 입장에서, 또는 인격의 입장에서 본다면, 고집이 센 사람과 온유한 사람 중에서 어느 쪽을 좋아할 것인지는 당장 명백해진다. 그러나 사람의 눈에 비칠 때에는 반드시 그렇지는 않다. 고집 센 사람을 싫어하고 온유한 사람을 좋아한다. 왜냐하면 고집이 센 사람이 나타나면 그의 주장이 우리들의 주장에 위협을 느끼게 하기 때문이다. 그의 강함이 우리들의 약함을 느끼지 않을 수 없도록 만드는 것이다. 그의 존재가 우리들에게 압박감을 환기하는 것이다.

온유한 사람에 대해서는 동정한다. 왜냐하면 그의 약함은 우리들의 약함을 나누어 가지기 때문이다. 그에게는 사랑을 느낀다. 그러나 이 사랑에는 열등한 자에 대한 연민의 정이 숨겨져 있고, 자기의 우월감을 만끽한 쾌감이 담겨져 있다. 적어도 그에게는 불평이나 반감을 느끼지 않는다. 불평이나 반감을 느끼기에는 그의 존재는 너무나 희박하고, 마치 있어도 없는 것과 같기 때문이다.

고집이 센 사람과 온유한 사람은 세상에서 받는 대우를 기뻐해야 할지 슬퍼해야 할지 갑자기 판단이 서지 않을 것이다. 그만큼 인간의 호오(好惡)와 신의 평가 사이에는 깊은 심연이 있다.

그 정도로 인간의 호오는 전적으로 잘못된 것일까? 반드시 그렇지는 않을 것이다. 고집이 센 사람은 자신의 과거에 집착한다. 그러나 자신의 과거는 그것으로서 충전(充全)하다는 자신감을 어떻게 가질 수 있을 것인가. 그는 단절할 수 없다고 하는 자기의 과거를 다시한 번 반성했을 것인가?

그는 자신의 과거에 집착을 갖지만, 자신의 미래에 대해 기대를 갖고 있을 것인가? 보다 좋은 자기를 선택하지 못하고 단지 과거의 자기에게 사로잡혀 있는 것은 아닌가? 보다 좋은 자기 앞에서 과거를 뉘우칠 정직함이 결여되어 있지는 않은가? 그 강한 성격이 과거에 자기 자신을 속박하지 않고 미래를 향해 직진하는 데에는 나타나지 않는 것이 아닐까?

그의 과거를 형성한 노력은 크다고 하겠지만, 미래의 성장에 대한 희망이 그에게는 닫혀져 있을 위험성이 있다. 온유한 사람이 자기를 주장하지 않는 것은 자기를 충전한 것과 비교해서 열등하다고 느끼기 때문이 아닐까? 그가 자기를 철회하는 것은 보다 좋은 것에 민감하기 때문은 아닌가?

그에게는 과거는 없으나 미래에 대한 기대는 있다. 고집이 센 사람을 싫어하고 온유한 사람을 좋아하는 인간의 평가가 만일 이상과 같은 점에 있다면 인간의 호오는 반드시 신의 평가와 성질상 다른 것은 아니다.

고집이 센 것이 좋은가, 온유한 것이 좋은가 하는 것은 그 자체로서는 결정할 수 없다. 다만 그 사람의 그 고집이나 온유함이 무엇에 바탕을 두고 거기에 무엇이 따를 것인가에 의해서만 결정된다. 이러한 것을 그 자체로서 결정하려고 하는 것은 이미 인간에게 고집이 있기 때문인 것이다.

세상에서 에고티스트(egotist)라고 불리는 사람들이 있다. 에고티스트는 에고이스트(egoist)가 아니다. 후자는 자신의 『이익』을 바라지만, 전자는 반드시 자신의 이익을 바라는 것은 아니다. 그는 자신의 이익을 버리고 다른 사람의 행복을 도모할는지도 모른다. 그러므로 그가 구하는 것은 『이익』은 아니다. 다만 다른 사람을 위해 행복을 도모하는 방법에 대해 그는 『자신의 방법』이 옳다고 믿어 의심치 않는 것이다.

그 방법의 옳고 그름이 타인과의 사이에서 쟁점이 되었을 때에는 그는 어디까지나 자기의 방법을 고집할 것이다. 이것이 고집이 세다고 하는 것이지만, 고집이 에고티스트의 전부는 아니다. 이를테면, 집단 속에서 자기가 그 중심이 되지 않으면 견디지 못하는 것은 에고티즘이기는 하지만 고집은 아니다.

이 경우에 중심이 되는 것은 반드시 우월적 중심이 되는 것은 아니다. 매우 열등한 광대 역할을 떠맡기도 하는 것이다. 또는 별로 친하지도 않은 다른 사람과의 대화에서 처음부터 끝까지 화제를 독점하고 자기나 자기의 남편이나 아내나 자식에 대해서 말하는 사람이 있다. 이것도 에고티즘이다.

이 경우에도 반드시 자기 또는 자기와 친척관계가 있는 사람을 자랑하는 것은 아니다. 오히려 자기를 비판하고 자기와 친척관계에 있는 사람을 혹평할 경우도 있다. 그러므로 에고티즘의 특징은 이익에 있는 것도 아니고, 우월에 있는 것도 아니고, 또한 과시에 있는 것도 아니고, 요컨대 에고(ego)에, 자아에 있다.

에고이즘, 곧 이기주의에 대해서는 우리는 몇 번인가 비판했다. 에고이즘은 이익을 최고 가치로 하는 것이기 때문이다. 그러면 에고티즘은 시인해도 좋은 것인가? 만일 부인해야 한다면 어디에 잘못이 있는 것일까? 우리의 활동은 자아의 활동이고 자아 이외의 활동은 아니다. 그리고 이것은 부인할 수 없는 심리적 사실이라고 말하고 있다. 만일 에고티즘을 부인한다면, 부정할 수 없는 심리적 사실을 부인하는 것이 아닌가? 이것은 그럴 듯한 문제 제기이다

그러나 우리가 비록 에고티즘을 부인한다고 하더라도, 활동의 근거가 『자아』에 있다고 하는 심리적 사실에 입각한다고 하더라도, 『어떠한 자아』여야 하는가 하는 것은 사실의 문제가 아니라 권리의 문제이므로 이것을 문제로 삼을 수는 있다. 그러면 에고티즘이 언제나 내세우는 『에고』란 무엇인가? 어떠한 『자아』인가?

에고티스트의 에고는 현실의 자아이다. 그가 현실의 자아를 이상

의 자아에 대비시키고 있다면 그에게는 겸손이 나타난다. 그러나 그는 이상의 자아에 의해 현실의 자아를 긍정하고 있는 것이 아니므로 현실의 자아에서 메울 수 없는 공허를 느낀다. 이 공허를 메우기 위해서 그는 이상의 자아와 대비하지 않고 현실의 자아에 대한 다른 사람 앞에서 자기를 특출(distinguish)하게 함으로써, 어쨌든 스스로의 존재를 자각해서 즐기려고 한다.

그 중의 어떤 사람은 다른 사람 앞에서 자기의 우월을 구한다. 그러나 자기의 실력에 자신을 갖지 못하는 사람은, 비록 열등한 광대가 되더라도 다른 사람과 다른 존재가 되지 못하면 참지 못한다. 어느 쪽이나 자기를 특출하게 보이게 하기 때문이다.

다른 사람 앞에서 자기를 비판하고 자기와 친척관계에 있는 사람을 혹평하는 것은 스스로 자기비판을 하는 것도 아니고 비판에 대한 다른 사람의 긍정을 구하는 것도 아니다. 비판을 하면서 다른 사람의 반대를 바라고 있는 것이다. 또는 비판을 하지 않은 부분을 자기가 긍정하고, 이 긍정을 암암리에 다른 사람이 승인하기를 바라고 있는 것이다. 요컨대 긍정을 자기의 이상에서 구하는 것이 아니라 다른 사람에게서 구하고, 가현(假現, appearance)의 자기에게 사로잡혀서 현실(reality)의 자기를 버리고 있는 것이다.

명예심, 공명심, 명성욕도 역시 가현의 자기에게 사로잡힌 한 가지 예이다. 자기가 만족하는 대상을 이상의 자아에, 또는 자아 성장에 두지 않고 세간의 평가에서 구하는 것이다. 만일 자기의 성장과 세간의 평가가 일치한다면 세간의 평가를 구하는 것과 자기의 성장을 바라는 것은 똑같은 일이다.

그러나 인간의 진실한 가치와 세간의 평가가 다르다는 것은 사실이다. 선인(善人)이 가끔 불우해지고 악인이 오히려 잘 사는 것은 지금도 우리가 목격하고 있는 일이다. 양자가 엇갈리는 경우에는 명예심, 공명심, 명성욕은 세간의 평판을 택하고 자기 성장을 포기한다.

그는 거울에 비치는 자기 모습이 아름답기를 바라지 않고 비치는 거울의 그림자가 아름답기를 바란다. 자기가 성장을 멈추더라도 세간의 평가가 높기를 바란다. 자기 성장을 멈출 뿐만 아니라 자기를 타락시키는 것이 세간의 평판을 얻는 길이라면 그는 즐거이 자기를 타락시킨다.

이렇게 해서 가치의 전도가 이루어지는 것이다. 명예심·공명심·명성욕의 위험은 여기에 있다. 명예심과 명예를 존중하는 마음의 차이는 전자가 세간의 평가를 첫째로 꼽는 데 반해서 후자는 세간의 평가를 무시하지는 않지만, 자기의 진실한 가치를 망각하지 않는 것이다.

세상에서 덕망 있는 사람이 반드시 진실한 가치를 가진 사람은 아니다. 그는 온유하고 겸손하다. 그는 명성을 구하지 않고 공을 다른 사람에게 양보한다. 그러나 온유는 다른 사람의 불쾌감을 도발하는 것을 피하기 위해서인지도 모르고, 겸손은 다른 사람의 쾌감을 촉발하기 때문인지도 모르고, 명성을 구하지 않고 공을 다른 사람에게 돌리는 것은, 노골적으로 명성을 구하는 것이 오히려 명성을 잃게 한다는 것을 알고 있고, 공을 다른 사람에게 양보하면 다시 다른 사람이 공을 자기에게 돌린다는 것을 알고 있기 때문인지도 모른다.

우리들의 주위에서 덕망 있는 사람으로 통하는 사람들 중에는 오히려 방심을 해서는 안 되는 못된 사람도 있다. 이른바 덕망가(德望家)의 덕망을 가진 강점은, 그가 아무 일도 하지 않는 부작위(不作爲)에 있다. 부작위는 주위에 파문을 던지지 않기 때문이다. 그를 테스트하기 위해서는 그가 과연 큰일을 맞이해서는 작위하는가, 여전히 부작위에 머무는가를 보면 된다. 부작위로써 사람을 평가하는 것은 흔히 사람을 잘못 평가하기 쉽다. 인간의 진실한 가치는 그가 해야만 하는 일을 하는 데에 있다.

*

우리들에게 질투의 감정이 있다는 것은 부정할 수 없는 사실이다. 만일 질투심을 갖지 않은 사람이 있다면, 그는 탁월하게 훌륭한 사람이거나, 또는 질투조차도 하지 못할 만큼 열등한 사람이다. 그러므로 질투에는 『좋은 점』이 있는 동시에 『좋지 않은 점』도 있다. 질투는 세 가지 요소로 성립한다.

첫째는 질투하는 사람은 인간의 있어야 할 모습에 대해 한 형상을 그리고 있다는 것이다. 둘째는 이 형상에 비추어서 생각할 때에 상대가 자기보다도 뛰어나다는 것, 또는 상대가 자기보다 열등하다는 것을 인식하고 있다는 것이다. 셋째는 상대를 헐뜯음으로써 그의 신용을 떨어뜨려서 그와 자기가 동위(同位)가 되든가, 또는 자기가 상대를 능가할 수 있다고 생각하는 것이다.

질투에는 단지 제1과 제2의 요소만이 있고, 다음은 마음속으로 끙

끙거릴 뿐, 제3의 요소까지는 이르지 않는 것도 있다. 이것은 질투하는 사람이 지나치게 자기의 보잘것없음을 수치스러워하기 때문에 어떤 술수도 쓰지 못하는 것이다. 또한 제3의 요소도 제삼자에 작용해서 상대방의 신용을 떨어뜨리게까지는 하지 못하고, 자기의 마음속에서 상대방의 약점을 만들어내서 자기를 위안하는 경우도 있다.

질투의 『좋은 점』은 제1과 제2의 요소에 있다. 그는 있어야 할 인간의 형상을 잊지 않는다. 만일 그가 있어야 할 인간에 대해 전혀 생각한 적이 없다면 질투는 일어나지 않는다. 그는 상대방과 자기의 우열을 정직하게 인식하고 있다. 만일 자기가 상대방보다 뛰어나다고 확신한다면 경멸하는 마음은 생길지 몰라도 질투하는 마음은 생기지 않는다.

따라서 제1과 제2의 요소는 인간이기 때문에 가질 수 있는 것이고, 인간 이외의 것은 가질 수 없다. 그러나 그는 자기의 지위를 올리기 위해서 자기의 가치를 높이려고 하지 않고 상대의 지위를 떨어뜨리려고 한다. 상대의 지위가 떨어지기만 한다면 자기의 지위가 오른다고 착각한다. 이것이 질투의 『좋지 않은 점』이다.

이것은 착각일 뿐만 아니라 그의 눈은 상대와의 비교에 사로잡혀 자기의 이상과 자기의 현실과의 대립을 잊고 있다. 이 점은 제3의 요소가 없고 제1, 제2의 요소만이 있는 경우에도 타당하다. 그가 노력해야 할 일은 상대와 비교해서 상하를 가리는 일로부터 벗어나서 자기의 진실한 가치에 착안하는 것이다. 그는 있어야 할 인간의 모습에 대해 이미 동경을 갖고 있으며 형상을 그리고 있다. 이를 초점으로 해서 상대와의 비교를 초극한다면 그의 앞길에는 희망이 있다.

질투에는 단지 자기와 상대가 나타나는 것이 아니라 대체로는 제삼자가 있어서 그의 평가에 촉발되어 상대와 자기와의 비교가 문제가 되는 것이다. 예를 든다면 선생의 평가라든가, 세간의 평판이라든가, 연인과의 사랑이라든가 하는 것을 계기로 해서 이에 대한 경쟁이 시작되는 것이다. 따라서 질투는 단지 상대와의 비교에 사로잡혀 있을 뿐 아니라 제삼자의 평가에도 사로잡혀 있다. 질투하는 사람은 이중의 외적 질곡에 속박되어 있는 것이다.

질투는 그 자체로서 솔직하게 나타나는 것이 아니라 분장을 바꾸어서 은밀한 속에서 소리 없이 모습을 보이기도 한다. 사람에 대한 호오(好惡)나 다른 사람의 소문에 대한 관심이나 비아냥, 야유, 딴죽걸기, 뒤통수치기 등은 어느 것이나 질투가 숨겨져 있다. 그리고 이것은 다른 사람에게 유익하지도 않고 자기에게도 유익하지 않으며, 어느 쪽에도 적극적인 것을 산출하지 못하고, 다만 다른 사람을 헐뜯고 차던짐으로써 자기가 자기를 헐뜯고 차던지는 것이 되고 만다.

사람들은 흔히 다른 사람의 비평에 신경을 쓴다. 이것이 사람의 『좋은 점』인 동시에 『좋지 않은 점』이다. 다른 사람의 비평에 신경을 쓰는 것은 자기의 약점을 스스로 의식하고 스스로 이를 문제삼고 있기 때문이다. 다른 사람의 비평을 자기도 긍정하고 이에 공명, 공감을 느끼고 있기 때문이다.

그러나 다른 사람의 비평에는 신경을 쓰면서도 자기 자신의 의식에는 신경을 쓰지 않는 것은 다른 사람의 비평에 사로잡혀 있기 때문이다. 이러한 심리가 발전하면 다른 사람의 비평을 좋게 하기 위해서 허위도 감행할지 모른다. 여기서 명성욕이나 공명심이나 명예심과 비슷한 것이 비롯된다.

다른 사람의 비평이란 아무에게나 하는 것이 아니다. 어떤 존재 가치가 있고, 그 존재를 무시할 수 없는 인물에 대해서만 비평을 하게 된다. 따라서 비평이란 비평받는 사람의 가치를 인정하고 이를 전제하면서 대체로는 그의 약점을 찌른다. 비평받는 사람은 자기의 가치에 대해 어떤 자부심을 갖는다. 그러나 그가 자기를 전적으로 긍정하고 있다면 비평에는 신경을 쓰지 않는다.

그는 자신조차도 부정하는 자기의 부분이 자기에게 있다는 사실에 스스로 부담감을 느끼고 있는 것이다. 자기 스스로 부정하고 있는 것을 다른 사람이 간파하기 때문에 큰일 났다고 하지 않을 수 없고, 그러면서도 자신의 존재 가치를 자인(自認)하고 있으므로 갑자기 다른 사람의 비평에 그대로 승복하지도 못한다. 한편으로는 비평을 긍정하면서, 다른 한편으로는 이를 부정하고 싶은 것이다. 이러한 착잡한 심리를 신경을 쓴다고 하는 것이다.

이를 객관적으로 본다면, 비평받는 사람과 비평하는 사람 사이에는 대부분의 경우 엇갈림이 없다. 비평하는 사람도 상대방의 가치를 긍정하고 있으며, 단지 약점을 찌르고 있을 뿐인 것이다. 비평받는 사람도 자기의 약점을 승인하면서 다만 자기의 가치도 긍정해 달라고 하는 것이다.

비평하는 사람이 상대방의 가치를 인정하면서도 이를 명백하게 말하지 않고 암묵리에 전제하고 있는 것은 약점을 보기에 급급하기 때문이고, 또는 질투심이 작용하고 있기 때문이다. 비평받는 사람은 자기의 가치를 긍정 받고 싶은데, 긍정이 없는 것은 자기의 가치가 부인되고 있다고 생각하기 때문이다.

비평에 신경을 쓰는 것도 인간이기 때문에 있을 수 있는 일이고, 인간 이외의 것에는 있을 수 없다. 만일 그가 신이라면 비평을 받지도 않을 것이고 신경을 쓰지도 않을 것이다. 여기에 인간이 신도 아니고 동물도 아닌 중간성(中間性)이 있고, 여기에 인간의 사랑스러움이 있는 것이다.

그러면 다른 사람의 비평에 대해 우리는 어떻게 하면 되는가? 다른 사람의 비평에 사로잡히지 말고 이상의 자아를 목표로 해서 일로직진(一路直進)하면 된다. 이것은 다른 사람의 비평을 무시하는 것인가 하면 결코 그렇지 않으며, 즐거이 다른 사람의 비평에 귀 기울이는 것이다. 그리고 자기를 반성하는 계기로 삼는 것이다. 참으로 자기를 반성하는 습관이 있는 사람은 다른 사람의 비평이 없을 때에 우리가 얼마나 잠들어 있으며 안이한 기분으로 지내는가를 알고 있다.

그러면 다른 사람의 비평에 얽매이지 않는다는 것은 무엇을 말하는가? 그것은 다른 사람의 비평을 자기의 전체적 성장의 계기로 삼기는 하지만, 다른 사람이 찌르는 약점에 사로잡히지는 않는다는 뜻이다. 인간의 지금의 상태는 과거로부터의 필연의 결과이다. 필연이라고 해서 어떻게도 할 수 없다는 말은 아니다. 다만 지금의 상태를 문제로 삼는 한에서는 자아는 과거의 필연의 산물이다. 따라서 이 약점, 그의 약점도 사실은 자아의 전체의 일부로서 하나를 제거하면 다른 것은 그대로 있을 수 없을 정도로 자아 전체가 유기적 관련을 이루게 된다.

이 약점은 어떤 장점의 이면일지도 모른다. 이 약점을 없애는 것은 그의 장점을 없애는 것이 되지 않는다고 말할 수는 없다. 다른 사람의 비평에 사로잡혀서 지적받는 점만을 고치려고 하는 사람은 자칫하면 교각살우(矯角殺牛)의 부류에 속하게 된다. 부자연스럽고 일그러지고 비뚤어진 자아로 될 위험성도 있다. 그러므로 다른 사람의 비평은 그 지적한 점에 작용시키지 말고 자아 전체를 자연스럽게 성장시키는 계기로서, 자극으로서 이를 환원시켜야 한다. 이것이 비평에 귀 기울이면서도 이에 사로잡히지 않는 태도이다.

*

청년시대에 문제가 되는 것은 성욕이다. 이것은 누구나 말하기를 꺼리면서도 본인에게는 무시할 수 없는 문제이다. 첫째로 일어나는 의문은 성욕은 악인가 하는 점이다. 성욕은 그 자체로서는 악이 아니다. 성욕만이 아니라 모든 것은 그 자체로서는 선도 아니고 악도 아니다. 그 자체에 대해서 말할 수 있는 것은 오직 인격뿐으로서 이것만이 그 자체로서 선이다. 그 밖의 것은 인격에 대한 관계에서만 선인가, 악인가를 말할 수 있을 뿐이다. 그러므로 성욕도 그 자체로서는 악이 아니고, 인격과의 관계—직접적이든 간접적이든—에서만 선도 되고 악도 된다.

현재 부부관계에서의 성욕은 시인되고 있다. 그러면 어떤 경우에 성욕의 만족이 시인되고 부인되는가? 지금 나는 여기서 이 물음에 대해 전면적으로 대답하려고 하지는 않는다. 왜냐하면 우리들의 문제는 학생시절의 성욕이기 때문이다. 문제를 이렇게 한정한다면 학생의 성욕은 학생이 결혼생활을 하는 경우에는 시인되고 다른 경우에는 부인된다.

학생시절에 결혼하는 것이 좋은가 나쁜가 하면, 나는 특별한 경우를 제외하고는 반대이지만, 이에 대해서는 「연애」의 항목에서 언급하기로 한다. 따라서 학생의 성욕은 어떠한 경우에도 부인되며, 그 이유가 무엇인가 하는 것만이 남는다.

첫째로 생각될 수 있는 성욕은 직업여성과의 접촉과 관계되는 것인데, 이 경우는 상대의 인격성을 금전으로 좌우하고 인격 성장을 저지하는 것으로서, 이러한 일을 하는 자아도 자신의 인격성을 더럽히는 결과가 된다. 또는 상대가 이미 직업여성이고, 특히 이 경우에만 인격성이 무시되는 것이 아니라고 한다면, 이러한 의견이 있기 때문에 직업여성의 존재가 계속되는 것으로서, 상대의 인격성의 무시가 허용될 수 없다는 입장이 보편적으로 실행된다면 그 존재는 소멸될 것이다.

직업여성과의 성욕행위는 행위 자체가 부인될 뿐 아니라 그 원인과 결과에서 악은 더욱 배가된다. 직업여성과의 접촉은 처음에 성욕에 있다기보다는 대체로 따로 고민하는 일이 있어서 울적한 마음을 풀려고 하는 행위이다. 끝까지 규명해야 할 문제를 성욕에 의해 눈을 감고 도피하려고 하는 것이다.

또한 그는 마음의 가책을 느끼고 있기 때문에 일단 금지를 어긴 다음에는 한편으로는 마음의 가책을 회피하기 위해서, 또 한편으로는 스스로 자격이 없다고 겸손해져서 인격 성장에 등을 돌리게 된다. 이렇게 해서 이중으로 그의 인격성은 타락한다.

다음은 서로 사랑하는 남녀의 경우인데, 이 경우에는 사랑, 곧 인격성의 결합을 전제하고 있으므로, 일단은 인격성의 무시가 없는 것처럼 보인다. 그러나 문제는 그 사랑의 품질에 있다. 일어날 수 있는 결과에 대해 충분한 고려를 했는가, 그렇지 않은가? 조용하고 침착한 상태에 놓일—결혼생활에 놓일—때까지 기다리지 못하는 이유는 무엇인가?

일반적으로 이러한 경우에는 양심의 주저가 있을 수 있다. 이 주저와 성욕이 대립한 때에 양심을 버리고 성욕을 선택한 경우에는 후자를 더욱 가치 있는 것으로 여기고 있는 것이 아닐까? 이렇게 되면 사랑 때문이라고 하지만, 사실은 그 사랑은 진실한 사랑—깊고 숭고한—은 아니다. 따라서 사랑 없는 경우의 성욕과 마찬가지다.

청년은 여러 가지 신비한 세계를 갖는다. 성욕도 신비 중의 하나이다. 이 신비의 막을 열고 현실화하려고 할 때에 그는 신비의 세계로부터 현실세계로 타락하고, 이렇게 해서 얻는 것은 덧없는 감각이다. 아득한 신비의 세계에 머물러 있을 때에 그의 앞에는 도덕과 학문과 예술과 종교의 세계가 열리고, 그는 그곳으로 고양(高揚)되고 깊어진다. 청년이 성욕에 직면하면서 그는 어떤 결단을 해야 하는가 하는 인생의 중요한 분기점에 서게 되는 것이다.

그러나 성욕이 우리 앞에 놓인 현실이라고 한다면, 우리는 이에 어떻게 대처해야 하는가? 성욕과 정면으로 맞서서 필사적으로 대결하는 것은 좋은 방책이 아니다. 금욕 자체를 위해서만 싸우고 있을 때, 사람은 강한 성격을 갖게 되는 동시에 편향(偏向)되고 왜곡된 인간이 되기 쉽다. 오히려 사람들은 성욕의 가치를 낮게 하여 보다 높은 경지로 자기를 끌어 올려야 한다. 이렇게 해서 재주도 부리지 않고 힘도 들이지 않고 성욕은 주의의 대상에서 벗어날 것이다.

또한 외설적인 소설, 그림, 장소를 가까이하지 않는 것이다. 적을 불러들여서 싸우는 것보다는, 적을 멀리해서 싸울 필요가 없게 하는 것이 전략적으로도 현명할 것이다. 그러나 성욕에 대한 지식을 갖는 것은 필요하기도 하고 유익하기도 하지만, 냉정한 학문적 태도, 그리고 이에 덧붙여서 품위 있는 도덕적 가르침을 주는 것이 절대적으로 필요하다.

*

여러 가지 말을 했지만, 요컨대 청년은 청년다우면 된다. 이것이 청년의 권리이고 의무이다. 청년답다는 것은 높은 것에의 동경, 가치 있는 것에의 감격, 심원한 것에의 매혹, 영혼을 진동하는 것에의 눈물을 갖는 일이다. 속세를 살아나가는 기교는 속세에 닳고 닳은 사람들에게 맡겨 놓으면 된다. 이윽고 청년들에게는 속세의 고로(苦勞)가 이를 가르쳐줄 것이다.

청년이 청년다울 때 그는 들 가운데의 한 그루 나무처럼 곧고 단순한 것이다. 이것이 청년이라는 연령과 환경과 어울려서 조화의 아름다움을 발휘한다. 그렇지 않은 사람은 부자연과 왜곡의 추함을 면할 수 없다.

parental love

18. 어버이와 자식의 사랑
父母　子息

> 아집의 이면에 감추어진 어버이의
> 사랑에 눈물을 흘릴 줄 모르는 자녀는
> 자녀답지 못할 뿐 아니라 인간답지 못하다.

　인격성을 갖기 때문에 인간에 대한 존경이 일어나고, 내 자신이나 사람들이 인격 성장을 하고 있기 때문에 동정과 공감이 우러나고 이것이 사랑이 된다. 이 사랑을 동포애 또는 일반애(一般愛)라고 부르고, 이에 대해서 특정한 한 사람, 또는 두 사람에게 특히 깊은 사랑을 느끼는 것을 특수애(特殊愛)라고 한다. 사랑하는 사람들은 서로 보완작용을 하지만, 특수애에서는 보완은 특히 현저하다.
　사랑이 없는 경우에는 노력하거나 꾀를 부리지 않고서는 할 수 없는 일도 사랑이 있는 경우에는 스스로 기쁨을 가지고 한다. 그러나 한편으로는 사람은 사랑하는 것 때문에 흔히 특수한 문제를 발생시킨다. 이것이 이른바 『사랑하기 때문에』라는 문제이다. 특수애의 예로서 어버이와 자녀의 사랑·사제애(師弟愛)·우정·연애의 네 가지를 생각할 수 있다. 그리고 이 네 가지 특수애는 각기 비슷한 점이 있는 동시에 또한 각기 특수성이 있다. 나는 앞으로 네 항목에서 이에 대해 약술하려고 한다.

특수애로서 우선 떠오르는 것은 어버이와 자녀 사이의 사랑이다. 앞으로 말하게 될 세 가지 특수애를 갖지 않더라도, 이 사랑을 갖지 않은 사람은 없다. 지금의 학생 여러분을 20세 전후까지 양육해 준 분은 어버이이고, 지금 학생생활을 할 수 있는 것도 주로 어버이의 지원으로 가능한 것이다.

특수애로서의 어버이와 자녀의 사랑의 특징은 쌍방의 의지에 의해 자유로이 선택해서 이루어진 관계가 아니라, 출생이라는 사실에 의해 이미 어버이와 자녀라는 관계가 맺어져 있다는 것이다. 이 점에서 이 관계는 가장 근본적인 것으로서, 다른 특수애는 말할 것도 없고 모든 다른 관계는 이 근본적 관계를 전제로 해서 출발한다.

출생이라는 사실에 의해 맺어지므로 이 관계는 대등한 관계가 아니라 상하의 관계이다. 이것이 사제애와 비슷하면서 우정 및 연애와는 다른 점이다. 또한 이 관계는 자녀에 대한 어버이의 교육적 측면을 갖지만—앞에서 「교육」의 항목에서 말한 것처럼 가정은 중요한 교육의 주체이다—자녀의 물질적 조건을 제공하는 것이 특징이다.

어린 시절부터 오늘날까지 어버이가 제공하는 물질적 조건이 없었다면 자녀는 생존의 계속이 불가능했을 뿐만 아니라 교육의 계속도 불가능했을 것이다. 이것이 산과 바다에 비유되는 어버이의 은혜인 것이다.

어버이와 자녀의 관계는 피와 살로 이어지는 관계이다. 태어남과 동시에 헤어지게 된 어버이와 자녀는 생활을 함께 한 것도 아니고, 또한 의견이 일치한 것도 아니면서도 어버이는 자녀를 찾고 자녀는 어버이를 찾는다. 이것은 피가 피를 부르고, 살이 살을 부르는 이치이다.

어버이에게는 자녀는 자기의 분신일 뿐만 아니라 자녀는 오랜 동안 생리적으로 살 능력도 없고, 그 자신의 판단도 없으며 의지도 없다. 따라서 절대적으로 어버이에게 의존한다. 그렇기 때문에 어버이는 자기 없이는 자녀가 존재할 수 없음을 자각하게 되고 책임을 의식한다.

이와 같이 어버이의 사랑은 사랑 중에서도 특수한 것이다. 사람들은 이를 자애(慈愛)라고 한다. 이 사랑은 노력하지 않고 기교를 부리지 않더라도 저절로 우러나오는 사랑이고, 사랑 중에서도 가장 큰 사랑이다. 이 사랑 앞에서는 어버이와 자녀의 구별이 없고 어버이는 자녀를 위해서 하는 일이 자기를 위해서 하는 것과 같고, 자기 자신을 위해서 하는 일이 자녀를 위해서 하는 일이 된다. 이러한 절대적인 사랑은 다른 특수애에서는 볼 수 없다.

이것과 어느 정도 비슷한 것이 신의 사랑이리라. 그러나 이 사랑은 스스로 우러나오는 사랑이기 때문에 의식하고 반성한 사랑은 아니다. 여기에 이 사랑의 장점이 있는 동시에 또한 위험성이 있다. 이 위험성은 자녀가 자기의 판단, 자기의 의지, 자기의 생활을 갖기 시작할 때까지는 나타나지 않는다. 지금까지 어버이와 자녀는 둘이면서 하나였다. 지금은 하나가 아니라 둘인 것이다. 그러나 아직 자녀의 독자성은 매우 희박하므로 이 시기는 현저한 획기적 시기가 되지 못하고 지나간다.

이윽고 자녀가 고등교육을 받게 되면 비로소 자녀는 육체적으로 독립해 있을 뿐 아니라 독자적인 정신적 존재가 된다. 특히 이때에 자녀는 새삼스럽게 과거에 대해서 반성적, 회의적, 비판적이고 과거로부터의 해방과 이탈을 바라게 된다. 그리고 그러한 데에서 자신의 진보를 인식하려고 한다.

그는 다시 어버이의 품속으로 돌아오기는 하지만, 적어도 일시적으로는 그는 어버이로부터도 독립하려고 한다. 어버이는 자녀를 자기로부터 독립한 존재로 인식하지 않을 수 없게 된다. 이것은 자녀의 성장에 대한 기쁨인 동시에, 또한 어떤 의미에서는 이별의 쓸쓸함이기도 하다.

그 이후로는 어버이는 단지 어버이여서는 안 되고—단순한 어버이라도 그 사랑은 깊고 그 은혜는 크지만—어버이는 어버이인 동시에 스승이 되고 친구가 되지 않으면 안 된다. 그러나 만일 어버이가 어버이답다면 이것은 결코 어려운 일은 아니다. 어버이의 자애는 노력도 기교도 없이 어버이로 하여금 스승이 되게 하고 친구가 되게 한다. 커다란 사랑은 무엇이든지 포용할 수 있고, 어떤 일에도 자기를 적응시킬 수 있기 때문이다.

그러나 어버이(특히 아버지)가 특수한 성격을 가진 사람이고, 자녀가 그 성격의 유전을 받아서 그 성격에 의해 교육되고, 역시 특수한 성격을 갖게 되는 경우에는 흔히 어버이와 자식의 관계가 원활하지 못하다. 특히 우연하게도 장래의 지망, 학교의 선택, 직업의 선택 등이 실제 문제가 되면 어버이와 자녀 사이의 대립이 현저하게 나타난다.

전에는 사상문제가 여기에 덧붙여졌지만 지금은 그러한 문제는 없어진 것 같다. 만일 여기에 자녀의 연애문제가 대두되면 이 대립은 더욱 격화한다. 왜냐하면 지망이나 학교나 직업은 어버이와 자녀의 이해를 대립적으로 만들지 않고서도 해결될 수 있는 문제이기 때문이다.

대부분의 어버이는 자녀의 개성에 대해서도, 학교의 특성에 대해서도, 직업에 대해서도 자녀 이상의 지식을 갖고 있지 못하므로 어버이는 권위를 가지고 자녀를 대하지 못하고, 자녀의 자유에 맡기려는 어버이의 관용은 이 정도의 문제라면 자녀의 자유행동을 승인할 수 있다.

그런데 연애의 문제가 되면 그렇게 간단하게 처리되지는 않는다. 자녀의 생애에 미치는 영향이 크다는 것, 여성에 대한 평가 기준이 다른 것, 어버이를 무시한 방자한 행동이라는 분노—이러한 것이 합쳐져서 어버이를 이상한 흥분으로 몰고 간다. 그 결과로 어버이는, 어버이를 버리든지 여자를 버리든지 하라는 양자택일의 궁지로 자녀를 몰아넣는다.

이 경우에 어머니는 특수한 역할을 할 수 있을 것이다. 그러나 우리나라에서는 많은 어머니는 아버지로부터 독립된 판단도 없고 의

지도 없어서 단지 어버이와 자녀 사이에 끼여서 낭패하여 어쩔 줄을 모른다. 여기서는 어버이와 자녀는 하나가 아니라 둘이고, 여자를 합치면 셋이다. 사람들은 이것을 어버이와 자녀 사이의 갈등이라고 하고 세대의 상극이라고 한다.

나 자신은 어버이의 문제에서는 더할 나위 없이 행복했다. 양친 모두가 교육다운 교육을 받지 못한 중산층의 상인이었다. 그렇지만 그것은 나의 어버이로 하여금 완전한 어버이가 되게 하는 데에는 전혀 장애가 되지 않았다. 어머니는 어버이로서 모자람이 없었다. 아버지는 아버지로서 모자람이 없었을 뿐만 아니라 인간으로서도 뛰어난 분이었다. 나는 지금까지 결국 아버지만큼 뛰어난 인간을 만나지 못했다. 이것은 자식으로서의 선입견 때문만은 아니라고 생각한다.

소년시절부터 어버이의 신뢰를 받고 충분한 자유를 가졌던 나는 어버이와 자녀 사이의 갈등에 대해서 스스로는 아무런 체험도 갖고 있지 못하다. 아버지와는 학생시절에 헤어지고 어머니만은 남았지만, 어머니는 어떤 문제에 대해 한 마디로 그래도 되느냐고 암암리에 반대를 말하고 안 된다고 고집한 경우와, 내가 농상무성 참사관(參事官)을 그만두고 대학의 조교수가 된다는 소문이 있었을 때에 어머니는 공무원이 좋을 텐데, 라고 한 마디 했을 뿐이다.

나의 생애에서 어버이가 나에 대해 반대한 것은 이 두 경우뿐이었다. 게다가 이 두 경우에도 매우 소극적인 반대였다. 이러한 내가 어버이와 자녀의 관계에 대해 다소의 지식을 갖고 있다면, 그것은 학생을 위해 어버이와 자녀 사이에서 중재를 한 경험 때문이다.

나는 어버이와 자녀 사이의 대립은 극복할 수 없는 것이라고 생각하지는 않는다. 이것은 한편으로는 어버이의 노력에, 또 한편으로는 자녀의 노력에 기대해야 하지만, 이 책은 어버이를 위한 것은 아니므로 주로 자녀가 해야 할 일에 대해 말하고자 한다.

자녀는 어버이가 자녀를 이해해 주지 않는다고 말한다. 물론 어버이는 자녀의 교육의 진전과 함께 자녀의 학문이나 사상이나 취미에 대해서 일일이 그 뒤를 더듬어 가지는 않을 것이다. 그러나 어버이가 6, 70의 노인이라면 자녀와 함께 읽고 자녀와 함께 말할 기회를 가질 것이다. 그러나 어버이와 자녀의 대립이 일어날 수 있는, 자녀의 20세 전후에는 어버이도 50세 전후로서 한창 일할 나이이다. 그 분망함이 자녀를 이해할 만한 여유를 주지 않는다.

자녀는 어버이에게 불평을 갖는 한편으로는 어버이의 이러한 사정을 동정해야 한다. 어버이가 이렇게 바쁘게 일하기 때문에 자녀는 유유히 공부할 수 있고, 어버이에게 불평을 가질 수가 있다. 또 한편으로는 자녀는 어버이로 하여금 자기를 이해하도록 하는 노력을 하고 있을까?

그는 필요한 돈을 어버이에게 조르기는 한다. 그러나 친구를 대하는 것과 마찬가지로, 또는 스승을 대하는 것과 마찬가지로 어버이에게 자신의 사상을 말하고 성격을 말하고 있는가? 조금이라도 이해를 깊게 하기 위해서 친구에게 편지를 쓰는 것처럼 어버이에게 편지를 쓰고 있는가? 거기 대해서는 상당한 회의를 갖지 않을 수 없다.

자녀는 어버이와는 시대가 다르다고 말한다. 그러나 시대가 그 정도로 대립의 원인이 되리라고는 생각하지 않으며, 설사 차이가 있다고 하더라도 어버이와 자녀의 대립에서 시대가 전면에 부각될 만큼 급박한 것인가? 대립의 주된 이유는 이러한 데에 있는 것은 아니다. 요컨대 어버이는 자녀가 안쓰러워서 가만히 보고 있을 수 없는 것이다.

자녀가 말하는 것은 이론이 정연하고 어버이보다도 자녀가 책을 더 읽었을지도 모른다. 그러나 어버이는 이것만으로는 납득할 수 없고 마음에 차지 않는다. 그 책임은 어버이가 아니라 자녀에게 있다. 자녀의 지식은 풍부할 것이고, 그 말은 논리적일 것이다. 그러나 이것은 추상적 이론이고 자녀의 소유물이 될 정도로 특수화되어 있지도 않고 소화되어 있지도 않다. 자녀의 표현이 난해할 뿐만 아니라 그 내용이 생경하지는 않은가? 설사 사상으로서는 그럴듯하다고 하더라도, 더 나아가서 이를 실행에 옮기려면 속세의 지혜가 없어서는 안 되고, 오랜 동안 속세에서 산 사람이 아니면 안 된다.

어버이의 풍부한 경험에서 보면, 여기서도 자녀가 위태롭게 보여서 불안을 참을 수 없다. 그러나 이론보다도, 경험보다도, 무엇보다도 중요한 것은 자녀가 부모의 신용을 얻고 있는지의 문제이다. 어려운 이론은 모르더라도, 부모도 알 수 있을 만한 일에서 우리 아이지만 훌륭하다고 여겨지는 자녀는 정말 필요한 경우에는 어버이의 동의를 틀림없이 받게 될 것이다.

겸손한 어버이도 자녀의 칭찬을 들으면 체면을 불구하고 좋아한다. 어버이는 다른 사람에게 자녀 자랑을 하고 싶다. 이러한 어버이가 자녀의 좋은 점을 인식하는 것을 거부할 리가 없다. 어버이의 동의가 가장 필요한 때에 성공하지 못하는 것은, 자녀가 평소에 자녀로서 충실하지 못했기 때문이다.

자녀에게는 어버이는 시험관이고 훈련대이다. 친구들 사이에서는 공통의 전제가 있으므로 이야기는 곧 통한다. 스승에 대해서도 같은 말을 할 수 있다. 그렇지만 어버이는 강보에 싸였을 때부터 자녀를 길러 왔기 때문에 자녀가 언제나 어린애로만 여겨지는 것이다.

그러나 어버이에 대해서 자기의 의견을 설득하지 못하는 자녀의 의견은 어딘가에 무리가 있고 부자연스러움이 있음에 틀림이 없다. 근친(近親)은 가장 설득하기 힘들지만, 근친을 설득하지 못하는 자녀는 결연히 다시 시작하는 것이 좋다. 그에게는 사람을 움직이는 정열과 의견의 위엄이 없는 것이다.

나는 지나치게 어버이의 대변자가 되었는지도 모른다. 그러나 어버이에게도 한 마디 하고 싶은 말이 있다. 어버이의 사랑은 그 밑바닥을 알 수 없을 만큼 깊다. 그러나 어버이의 사랑은 피와 살로부터 나온 사랑이므로 자연 그대로의 사랑이다. 자각하고 반성한 사랑은 아닌 것이다. 더구나 어버이에게는 자식을 길렀다고 하는 자의식(自意識)이 있다. 나이 탓으로 풍부한 경험을 쌓았다는 우월감이 있다. 자녀가 스스로 어버이를 떠나서는 살 수 없으리라는 권력의식이 있다. 이렇게 해서 어버이는 자기도 모르는 사이에 자녀의 행복 도모의 독점자로 자처하게 된다.

어버이가 자녀를 사랑하지 않는다는 말은 아니다. 오직 사랑의 방식에서 자신의 방식을 주장하는 것이다. 여기서 고집이 생기고 오만해지고 아집을 갖게 된다. 한마디로 말하면 어버이는 에고티스트가 되기 쉬운 것이다. 더구나 어버이와 자녀가 대립해서 자녀가 어버이에게 복종하지 않을 때에는 어버이는 자녀를 압복(壓服)시키지 못하는 무력감에서 오는 불쾌감이 생기고, 어버이와 자녀의 격리를 탄식하는 쓸쓸함이 있다. 이것이 어버이의 마음을 부드럽게 만들지 못하고 오히려 에고티스트가 되도록 선동하는 것이다.

그러나 자녀의 입장에서 본다면, 어버이의 아집에 부딪쳤을 때만큼 냉담한 감정을 갖게 되는 경우는 없다. 이때만큼 어버이가 있으면서도 고독이 몸 속 깊이 스며드는 때는 없는 것이다.

학생이 20세 전후에 자각의 경지에 도달해야 하는 것처럼, 어버이도 문득 멈춰 서서 어버이의 사랑을 자각하고 반성으로까지 이르지 않으면 안 된다. 그리고 사랑이란 무엇인가, 아들의 행복은 무엇인가, 아들의 행복을 위해서 자유와 강제 중의 어느 것이 좋은가, 아집과 관용은 어떤 점에서 다른가라는 문제에 대답하지 않으면 안 된다. 이것은 인생의 가장 깊은 문제이다. 자녀 양육으로 고생한 어버이에게 다시 이러한 문제를 부과하는 것은 정으로 보아서는 참기 어려운 일이다. 그러나 어버이가 자녀를 사랑하는 것도 인생의 어려운 문제 중의 하나이다.

자녀의 입장에서 본다면 어버이의 아집은 괴로울지도 모른다. 그러나 아집은 어버이 자신을 위해서 하는 것이 아니고 자녀를 위해서인 것이다. 아집은 추하지만, 아집을 하게 하는 사랑은 아름답다. 사랑하지 않는다면 냉담할 수 있다. 사랑이 있기 때문에 아집이 생기는 것이다. 이것은 『사랑하기 때문에』 생기는 것이다. 아집의 이면에 감추어진 어버이의 사랑에 눈물을 흘릴 줄 모르는 자녀는 자녀답지 못할 뿐 아니라 인간답지 못하다.

나는 자녀로서의 학생 여러분에게 권한다. 여러분은 가능한 한 귀향해서 어버이와 만나야 한다. 그것은 여러분의 사상과 이론을 현실로 돌아오게 하기 위해서, 또한 여러분의 현재를 과거로부터 단절시키지 않기 위해서 다시없는 절호의 기회가 된다.

또한 가능한 한 빈번하게, 친구에게 편지를 쓰는 것처럼 어버이에게 편지를 써야 한다. 또한 여러분은 여러분의 친구를 어버이에게 소개하고 친구를 통해서 어버이와 이야기하고, 친구와 어버이를 맺어 줘야 한다. 만일 가능하다면 여기에 스승을 포함시키는 것이 바람직하다.

어버이가 자녀를 인간으로서 평가하고 자녀가 어버이를 인간으로서 존경한다면, 그들은 단지 어버이와 자녀의 관계가 아니라 서로 지기(知己)이다. 자녀가 가정에서 받는 영향은 크다. 자녀가 아무리 학문을 하고 이론을 따지더라도 결국 자녀는 그 어버이의 자녀이다. 어버이가 자녀에게 미치는 감화는 소크라테스나 플라톤이나 칸트나 피히테를 합치더라도 이에 미치지 못할 것이다. 그뿐 아니라 아들은 어머니를 모형으로, 딸은 아버지를 모형으로 장래의 연인의 형상을 만든다고 한다.

요컨대 어버이의 은혜는 크고 그 사랑은 깊다. 자녀가 아무리 어버이에 대해 불평을 하더라도, 이윽고 속세의 고생을 맛보고 종이처럼 얇은 인정에 접했을 때, 그의 생각은 언제나 어버이에게로 달려갈 것이다. 그리고 자애의 고마움을 새삼스럽게 느낄 것이다.

동양에는 효(孝)에 대해 여러 가지 전설적 미담이 풍부하지만, 어버이는 조국이나 고향과 마찬가지로 우리를 본연의 자아로 되돌아가게 하는 인스피레이션을 가지고 있다. 어버이에게 효를 다할 때의 자녀는 현세의 지위도 잊고 학문도 예술도 벗어나서 단지 강보에 싸인 어린아이처럼 된다. 여기서 사람들은 현실을 초극한다. 모든 자녀는 어버이의 장수를 바라야 하고 어버이는 『자녀를 위해서』 장수할 의무가 있다.

master & disciple

19. 스승과 제자
師 弟

비둘기처럼 부드러우면서도
뱀처럼 민첩해야 한다. 참된 교사는 참된
정치가여야 하고, 참된 정치가는 참된 교사여야 한다.

한창 뻗어나갈 때의 청년은 자기를 이끌어 줄 사람이 필요하다. 친구는 친구로서 다른 의의가 있지만, 동년배 사이에서 지도하고 지도받는 관계는 성립하지 않는다. 지도를 받기 위해서는 한 단계 높은 선배가 있어야 하는데, 선배를 가장 높인 것이 스승이고 선생이다.

여기서 스승이란 그때그때 바뀌는 교단에 선 교사를 말하는 것은 아니다. 이 교사들 중에서 스승이 나타나는 경우도 있다. 그러나 교단의 교사가 무조건 스승이라고 할 수는 없으며, 강의실의 수십, 수백 명 학생이 그대로 제자인 것도 아니다. 스승도 제자도 선택받아서 특수한 개성적 관계에 섰을 때, 우리는 이를 사제라고 한다.

사제는 자유의지를 갖고 서로 선택한 관계이다. 이것이 어버이와 자녀의 관계와 다른 점이다. 그러나 어버이와 자녀의 경우와 마찬가지로 상하의 관계에 있고, 가르치면서 이끌어 가는 사람과 배우면서 지도받는 사람의 관계이다. 사제도 보완의 역할을 수행하는 것은 당연하지만, 보완은 대체로 일방적이고 쌍방이 대등한 수수(授受)의 관계는 아니다. 이것이 친구나 연인의 관계와 다른 점이다.

나는 학교의 교사에게 실망하면 책 속에서 스승을 찾으라고 권했다. 확실히 책은 우리들에게는 많은 스승, 그것도 동서고금에 걸치는 위대한 인류의 스승에게로 우리들을 인도한다. 그러나 우리는 인간이다. 문자를 거치거나 종이를 통하는 것으로는 만족하지 못한다. 이 눈으로 보고, 이 귀로 듣고, 이 심장으로 접촉할 수 있는 스승을 살아 있는 사람 중에서 찾게 된다.

이 스승을 학교의 교사에서 찾아낸다면 무엇보다도 행복하다. 그러나 우리들의 조상은 스승의 명성과 덕을 사모하여 3년 동안 문 앞에 꿇어앉아서 제자로 받아들여 주기를 간청했다고 한다. 스승을 찾으려면 이만한 열성과 노력이 필요하다. 그렇게 해서 얻는 스승은 이 노고 이상으로 값진 분이다.

학교의 교사이든, 저서나 강연의 교사이든, 무릇 교사는 언제나 제자를 찾고 있다. 그가 교사의 길을 택한 것은 단지 의식을 위해서는 아니다. 또한 학문연구에 흥미를 갖기 때문만은 아니다. 교육자로서 교육에 관심을 가졌기 때문이다. 인생의 출발점에 선 청년의 심령에 점화하는 것이 성직(聖職)임을 믿기 때문이다.

그렇다면 수십, 수백의 학생을 앞에 놓고 여러분이라고 하는 것은 구두를 신은 채로 발을 긁는(隔靴掻痒격화소양) 것과 같은 부족감을 느낄 것이다. 누군가 특정한 제자를 잡아서 그에게 정성을 기울이고 싶을 것이다. 왜냐하면 그러한 경우에만 비로소 교육을 할 수 있기 때문이다.

뿐만 아니라 인간은 자기 자신의 임무를 생각하고 열성을 기울이면 그럴수록 장생 장수를 바란다. 그러나 그것이 불가능하다고 하면, 자신의 사상을 후세에 전해서 계승하게 할 사람을 찾는다. 만일 자녀에게서 이러한 사람을 찾는다면 가장 행복하겠지만, 자녀는 육신의 분신이기는 하지만 반드시 정신의 분신은 아니다. 그렇다면 다른 사람의 자녀 중에서 찾아서 자신의 상속을 맡겨야 한다.

그러나 모든 교사가 반드시 좋은 교사는 아니다. 좋은 교사로서 사람의 스승이 되려면, 그는 세상의 이른바 학자인 것만으로는 부족하다. 그는 그 학문을 전자아(全自我)의 활동으로서, 인격 성장으로서 다루지 않으면 안 된다. 그 자신이 성장을 염원하고 있다면, 성장의 출발점에 선 젊은이들에게 동정이 솟아나지 않을 수가 없는 것이다.

한 사람의 심장의 고동이 다른 심장의 고동으로 되지 않을 수 없다. 그러나 이것만으로 그치는 것은 아니다. 스승은 학생 일반을 대상으로 하는 것이 아니라 특수한 학생을 대상으로 하므로, 자신의 심혼(心魂)을 기울일 대상인지 아닌지를 통찰해야 한다.

모든 사람을 제자로 삼을 수 있다는 것은 훌륭한 일이기는 하다. 그러나 인간의 능력에는 한계가 있다. 이 한계를 알지 못하고 갑이든 을이든, 이 사람이든 저 사람이든 누구든 제자로 삼는 사람은 사실은 참된 스승이 아니다. 그래서 학생의 개성을 판별할 만큼은 사람을 보는 눈이 있어야 한다.

그러나 무엇보다도 스승은 사랑을 가진 사람이어야 한다. 냉정하고 고독한 성격은 스승이 되기에는 적합하지 않다. 그에게는 누군가를 찾아내서 자기 자신을 심어주고 그 반응을 즐길 만큼『함께』를 얻고 싶은 정서가 있어야 한다. 만일 스승이 학창의 스승일 뿐 아니라 생애의 스승이라면, 이밖에도 속세를 살아가는 지혜도 갖추고 있는 것이 바람직하다.

제자는 학문이나 교양에 대해서 가르침을 청할 뿐 아니라 연애에 대해서도, 결혼에 대해서도, 취직에 대해서도, 사직(辭職)에 대해서도 스승의 집 문을 두드릴 것이 틀림없다. 이 때 스승이 우원(迂遠)한 선인(先人) 같은 사람이라면 물음에 대해 적절한 대답을 하지 못한다.

물론 스승은 세상 살아가는 요령이나 출세의 복음을 설교하는 세속적인 사람이어서는 안 되고, 그는 이상을 가지고 신념을 가지며, 초세간적(超世間的)인 선골풍(仙骨風)이 있어야 하지만, 동시에 이상을 현세에 실현하는 데 필요한 지혜를 갖지 않으면 안된다.

그는 비둘기처럼 부드러우면서도 뱀처럼 민첩해야 한다. 그러므로 참된 교사는 참된 정치가여야 하고, 참된 정치가는 참된 교사여야 한다. 그 어느 한쪽이 없으면 교육도 정치도 빈곤해질 수밖에 없다.

스승다운 데에 조건이 있는 것처럼 제자다운 데에도 조건이 있다. 그는 자신의 성장을 지향하고 애써 노력하는 사람이어야 한다.

그리고 스스로의 힘의 부족을 알고 인도해 줄 사람을 찾아야 한다. 취생몽사의 학생은 스승을 찾지도 않을 것이고, 스승도 뒤돌아보지 않을 것이다. 그러나 성장을 지향하면서도 혼자서 성장하는 것으로 만족하는 사람이 있을지도 모른다. 이 독립 자조(自助)의 정신은 많을수록 좋지만, 자기 자신을 지나치게 중시하는 것은 정당하지 않다. 이러한 자만심을 가진 학생은 스승을 얻지 못한다. 제자다운 사람은 이상을 동경하는 뜻을 가지고, 돌봐주지 않고서는 견딜 수 없는 『귀여움』이 있어야 한다.

또한 누구라도 스승으로 모실 수는 없으므로, 스승이 평생 모실 만 한 분인지 아닌지를 알아보고 그 인품과 개성을 선택해야 한다. 만일 스승으로서 그 사람을 정했다면, 그는 결의를 하고 스승의 문을 두드린다. 그때 그는 신에게 기도하는 때와 같은 경건함과, 사랑을 고백할 때와 같은 불안감을 가져야 한다.

원래 면회병자(面會病子)의 경박한 마음이란 만나고 떠나는 것이 덧없는 것이다. 만일 스승이 용납한다면 제자가 된다. 그리고 스승의 그림자를 밟지 않는 존경심과 평생의 운명을 함께할 만한 성실을 각오하지 않으면 안 된다. 스승의 친절한 지도에서와 마찬가지로 그의 질타에서도, 그의 노여움에서도 스승의 사랑의 번뜩임을 바라고 부지런히 배우지 않으면 안 된다. 여기에서 그는 빌헬름 마이스터의 《수업시대(修業時代)》와 《편력시대(遍歷時代)》를 함께 보내게 된다.

이제 여기서 스승과 제자의 모습을 그려 보기로 한다. 스승과 제자는 몸에 그림자가 따르는 것과 같다. 스승은 제자를 잘 알고, 제자는 스승을 잘 안다. 그들은 서로 『지기(知己)』인 것이다. 스승은 제자의 성장을 지켜보며 자기 자신을 위한 것이기나 한 것처럼 제자의 성장을 기원한다. 제자는 스승 앞에 엎드려 스승이 하는 한 마디의 말이라도 놓치지 않으려고 열심히 듣는다. 스승은 간절한 지도를 하고 제자는 경건한 감사를 한다.

우리나라에는 종교·학문·도덕·예술·기예(技藝) 등 각 방면에서 사제의 아름다운 이야기가 풍부하다. 그들은 육체와 육체를 가지고 상대하면서도 멀리 종교의 세계, 도덕의 세계, 학문의 세계, 예술의 세계에 그 영혼이 연결되어 있다. 그들 사이에는 속기(俗氣)도 없거니와 명리(名利)도 없고, 또한 원래 시험성적도 없고 취직 알선도 없다.

좋은 스승을 가진 사람, 좋은 제자를 가진 사람은 행복하다. 그 스승이기에 그 제자가 있고 그 제자이기에 그 스승이 있다고 할 만큼 사제가 모두 뛰어나다면 더욱 행복하다. 세상에 사람과 사람의 아름다운 결합이 있다고 한다면 그것은 사제의 결합일 것이다.

그러나 어버이와 자녀 사이에도 나타난 이 세상의 번뇌가 사제 사이에는 나타나지 않는다고 누가 보증할 것인가. 존경은 추켜올리고 허풍을 떠는 것과 이웃사촌이다. 감사는 아첨과 담 하나 사이이다. 그러므로 스승은 자칫하면 자기만족에 빠지기 쉽다. 여기까지는 괜찮지만, 제자가 보이는 순종에 익숙해지면 스승은 제자를 자기 마음대로 할 수 있다고 생각하기 쉽다. 여기에 인간의 마음에 뿌리깊이

박혀 있는 지배욕·우월욕·권력욕이 고개를 든다.

또한 수업의 방법이나 결론에 대해서 스승과 제자가 대립하게 되면, 스승은 자신의 경험과 박식을 내세워서 자신의 방법과 결론을 제자에게 강제하려고 한다. 그가 자신이 강한 사람이고 제자를 생각하는 사람이면 그럴수록 스승의 강제 압박이 가해진다. 그리고 마침내는 스승이라는 이름으로 과거의 정의(情誼)를 내세워서 제자를 굴복시키지 않고는 견디지 못한다. 이것이 바로 아집이고 에고티즘이다. 스승도 또한 여기서 사랑에 있어서의 아집과 관용의 분기점에 선다.

만일 스승이 정말로 스승다운 스승이라면, 그는 제자에게 지도도 하고 충고도 하겠지만, 그 다음에는 제자의 선택에 맡겨 둘 것이다. 스스로 행하게 하고 스스로 뉘우치게 하는 것이 최상의 교육임을 그는 알고 있는 것이다. 그는 멀리 떨어져서 제자를 지켜보고, 만일의 실수로부터 구해주기 위해서 남모르게 용의를 하는 데에는 인색하지 않다. 이것이 은사의 정이다.

그러나 관용은 결코 방임과 같은 것은 아니고, 또한 그것은 엄격함과 모순되는 것이 아니다. 가까운 사람은 자기 자신도 모르는 사이에 자칫하면 서로 아첨하고 방임하기 쉬운데, 이것은 스승의 경우에는 특히 경계해야 한다. 현대의 지나치게 방임하는 교육에서는 채찍을 휘두르고 얼굴을 때린 지난날의 교육도 회상하게 된다.

스승은 노하는 것을 잊어서는 안 된다. 자신의 어떤 화풀이를 하기 위해서가 아니라 사랑 때문에 눈물을 흘리면서 노할 줄 모르는 사람은 참된 스승의 자격이 없다. 중요한 근본적 문제에 대해서, 특히 제자의 성실이나 지조에 대해서 준엄하게 용서하지 않는 것은 관용과 함께 참된 스승의 요건이다.

제자는 어디까지나 성실해야 한다. 그는 스승의 가혹한 편달에서도, 참기 어려운 빈정거림에서도 스승의 마음속에서 번뜩이고 있는 사랑을 간과해서는 안 된다. 마지막까지 그 뒤를 좇는 애착심과 집요함이 있어야 한다. 이익을 위해서 스승을 버리고 배반하는 것은 제자로서 부끄러운 일일 뿐 아니라 인간으로서 매장되어야 할 비열한 자이다.

그러나 성실은 아첨과 추종은 아니다. 제자는 스승에게 아첨하는 간신이어서는 안 된다. 그는 자기 자신을 위해서가 아니라 인격의 이름으로 독립과 위신을 가져야 한다. 충신은 쟁신(爭臣)인 것과 마찬가지로 스스로 지키는 절개와 기백이 있어야 한다. 이것은 스승을 위해서이며 사제를 잇는 도(道)를 위해서이다.

스승이 제자를 버리는 때가 있는 것처럼, 제자도 또한 스승의 곁을 떠나야 할 경우가 있을 것이다. 자기 자신을 위해서가 아니라 도를 위해서 떠나는 제자는, 그것이 도를 위해서라면 떠난 다음에도 스승에 대한 감사와 감은(感恩)을 잊지 않을 것이다. 사람의 사귐은 처음이 중요하기보다는 헤어질 때가 중요하다. 만일 제자가 참된 제자라면, 스승은 헤어짐의 쓰라림을 견디내면서 헤어져야 할 때까지 이른 제자의 성장을 기뻐할 것이다.

참된 스승은 자기 자신에게 만족하는 제자를 바라지 않는다. 자기의 모든 것을 넘어서 앞으로 나아가는 제자를 찾는다. 위대한 스승

은 제자의 칼날에 쓰러지는 것을 자랑으로 여긴다. 이러한 스승에게
는 이러한 제자가 있다면 헤어지는 일은 쓰라리겠지만, 헤어짐은 현
실세계에서의 헤어짐이고 영원무궁한 세계에서는 그들의 손은 떨어
져 있지 않고 합쳐져 있는 것이다. 그렇더라도 헤어진다는 것은 쓰라
린 일이다. 사랑은 기쁨인 동시에 쓸쓸한 것이다.

friendship

20. 우정
友情

> 다른 사람 없이는 자기가 채워지지 않고,
> 자기 없이는 그가 온존하지 못한 것—
> 이것이 참된 의미에서의 보완이다.

친구도 사제와 마찬가지로 서로의 의지에 의해 선택되며, 이것이 어버이와 자녀의 관계와 다른 점이다. 그러나 친구는 사제와 같이 상하의 관계가 아니라 대등한 입장에서 결합된다. 원래 여기에도 서로의 존경이 있어야 하지만, 이 존경은 서로의 인격성에 대한 존경, 또는 그 친구의 특수한 가치에 대한 존경으로서 어버이나 스승처럼 입체적 관계에서의 존경은 아니다.

또한 우정이야말로 개성에 의해 결합되는 사랑이라고 할 수 있다. 어버이와 자녀는 출생에 의해 결합되므로 개성에 의해 선택되는 것은 아니다. 사제 사이에도 개성의 결합이라는 요소는 있지만, 사제는 지도와 향수(享受)의 관계이므로, 이 관계에 필요한 한도 안에서의 선택만이 있을 뿐이어서 전적으로 개성의 결합이라고 할 수는 없다.

그런데 물론 친구 사이에서도 지도나 향수가 없는 것은 아니지만, 이를 목적으로 친구가 선택되는 것은 아니고, 이것은 친구가 선택된 다음에 생기는 결과인 것이다. 친구는 결과를 목적으로 결합되지 않고 『사람』 그 자체의 성격이 견인(牽引)의 대상이다. 사람은 여기서 자기의 『것』을 버리고, 자기 『자신』을 바치고 그 사람 자체를 구한다. 만일 친구가 구하는 결과가 있다면 그것은 오직 친구로부터 받는 사랑뿐이다

그런데 사랑을 목적으로 하는 것은 다른 결과를 목적으로 하는 것과는 전혀 다르다. 만일 사랑이 『사람과 사람』의 결합으로 생기는 것이라면, 우정이야말로 사랑을 가장 잘 상징할 것이다. 연애도 역시 사람과 사람의 결합으로 생긴다. 그러나 여기서는 단적으로 사람이 나타나지 않고, 남자이고 여자라는 『성별』이 전면에 나타나며, 『사람』의 그림자는 엷어진다. 이것이 우정과 연애가 다른 점이다

내가 이렇게 말한다면, 내가 말하는 친구가 세속에서 말하는 친구와는 다르다는 것은 너무나 명백하다. 세상에는 많은 종류의 친구가 있다. 식도락 친구·술친구·이익상의 친구·사업상의 친구·취미의 친구·학우(學友)·예우(藝友)·시우(詩友)·정우(政友) 등 매거하기가 어렵다. 그러나 이것은 사람이 가지고 있는 『것』을 대상으로 해서 결합된 것이고, 『사람 그 자체』로서 결합된 것은 아니다.

이들을 친구라고 하고 싶으면 그렇게 불러도 좋다. 그러나 친구

중에서 두 갈래를 명확하게 구별해야 한다. 내가 말하는 친구는 마음의 친구이다. 아리스토텔레스는 그의 《니코마코스 윤리학》에서 친구에 대해 탁월한 의견을 말하고 있는데, 그는 친구를 세 갈래로 나누고 유용성·쾌락·덕 등에 의해 각기 결합된다고 한다. 칸트도 생활의 필요를 충족시키는 친구·취미의 친구·마음의 친구로 친구를 셋으로 가른다. 그리고 아리스토텔레스도 칸트도 덕의 친구·마음의 친구를 참된 친구라고 했음은 말할 것도 없다.

사람은 왜 친구를 구하는가? 『함께』 있을 사람을 원하는 것인가? 사람은 인격성의 주체로서 인격으로의 성장을 염원하고 있다. 이 점에서는 각자는 보편성을 갖고 보편을 지향하고 있다. 이 보편적인 것이 없다면 사람으로서의 동일성, 사람을 다른 것으로부터 구별하는 특수성을 생각할 수 없다. 그러나 사람은 또한 개개인이 한결같지는 않다. 이 특성을 나는 개성이라고 하고 성격이라고 했다. 그러나 개성은 인간으로서의 보편성을 바탕으로 한 개성으로서, 보편적인 것이 없다면 아마도 특수는 생각할 수 없을 것이다.

인간은 개성을 가지면서 보편에 이어지고 보편에 이어지면서 개성을 갖는다. 각자는 인격에의 성장으로 나아갈 때 똑같이 보편을 지향하면서 개성의 한계에서 오는 결핍을 의식하고 쓸쓸함을 느낄 것이다. 그때 그는 자신의 주위를 돌아보며 같은 목적을 지향하는 인생의 동지를 발견한다. 이러한 동지 중에서 자신의 개성이 다른 개성을 부르고, 다른 개성은 자신의 개성을 부른다. 이렇게 해서 결합된 사람이 친구이다.

흔히 사람들은 『저 사람과는 마음이 맞는다.』고 말한다. 마음이 맞는다고 하는 데에는 두 가지 경우를 생각할 수 있다. 같은 점이 있어서 서로 이해할 수 있는 경우와 다른 점이 있으면서도 서로 어울려서 조화를 이루는 경우이다. 그러나 같은 점이 있다고 하더라도 다른 방식으로 같아야 하고, 다른 점이 있다고 하더라도 공통의 기초 위에서 달라야 한다. 따라서 친구는 보편을 바탕으로 한 동지가 아니면 안 된다.

이러한 친구의 결합은 단단해서 풀어지지 않는다. 이것이 아리스토텔레스가 덕의 친구를, 칸트가 마음의 친구를 말하는 까닭인 것이다. 그러나 친구는 각기 선명한 개성을 가진 사람이어야 한다. 왜냐하면 개성이 없다는 것은 독자적 존재가 없다는 것이고, 독자적 존재가 없는 사람은 주는 것도 없고 받으려고 하는 것도 없기 때문이다.

개성을 유지하고 독립적이면서도 다른 사람을 찾고 다른 사람과 『함께』 있으려고 해야 한다. 그리고 다른 사람 없이는 자기가 채워지지 않고, 자기 없이는 그가 온존하지 못한 것—이것이 참된 의미에서의 보완(Ergänzung)이다.

친구가 되기 위해서는 보편성과 특수성 두 가지가 필요하다고 한다. 친구가 생기는 시기는 자명하다. 어린 시절은 친구를 얻기에는 너무 유치하다. 비록 어릴 적의 친구들은 아름다운 회상을 불러일으키기는 하겠지만 참된 친구는 아니다. 중년이 되면 세속에의 관심이 지나치게 많다. 그러므로 사업상의 친구, 이익상의 친구, 취미의 친구는 될 수 있을지 모르지만 참된 친구는 되기 힘들다. 이렇게 보면 어느 시기 이후여야 하고, 또한 어느 시기 이후여서는 안 된다.

그 어느 시기란 언제인가? 그것은 학생시절이고, 특히 대학의 학생시절인 것이다. 그러나 학생이라는 것만으로 친구가 생기는 것은 아니다. 친구가 생기는 학생은 자각한 학생뿐이다. 자기를 자각했을 때, 그는 보편성을 자각하고 동시에 특수성을 의식한다. 이러한 학생만이 친구를 찾고 또 친구로서 받아들여진다. 그러므로 친구를 갖는 것은 우리들의 자랑이다. 친구가 없는 것은 우리들의 수치인 것이다.

그 사람이 어떤 사람인지를 알려면, 그에게 친구가 있는지 없는지를 보는 것이 좋다. 그것이야말로 그의 사람됨을 방불하게 떠오르게 할 것이다. 이렇게 보면 여러분이 학생생활을 하고 있다는 그것만으로도 이미 행복한 일이지만, 더 나아가서 평생의 막역한 친구를 가질 수 있다는 것은 더할 나위 없는 행복한 일일 것이다.

그러나 자각한 학생 모두가 친구를 갖는다고 할 수는 없다. 자각한 학생은 지(知)에서, 의(意)에서, 정(情)에서 완전하기를 바라겠지만, 그들은 아직 자각의 초기에 있으므로, 혹은 지에 편중하고, 혹은 의에 기울어질지도 모른다. 또는 학생 가운데 어떤 사람은 냉정하고 불행한 가정에서 자라나서 따뜻한 정을 경험하지 못했을지도 모른다. 그는 의심을 가지고 사람들을 본다. 그는 곁눈질로 사람들을 훔쳐본다. 그는 비뚤어지고 일그러져 있다. 그는 이윽고 서서히 나아질 것이 틀림없다. 그러나 비록 일시적이라도 그는 친구를 얻기가 어렵다.

그래서 친구를 얻으려면, 이미 풍부한 정서를 가지고 있어서 부르면 응답하는 사람을 찾지 않으면 안 된다. 그리고 친구를 얻게 되면 그는 그 정서가 더욱더 풍부해진다. 마치 예술적 활동에서의 미적 관조(美的觀照)와 같아서 이미 미적 감정을 가진 사람이 물상(物象)에서 미적 가치를 발견하고, 물상에 의해 자신의 미적 감정이 촉발되어 미적 가치에 도취할 수 있는 것과 같다. 그러나 이것만으로는 아직도 친구를 얻지 못할지도 모른다.

친구는 개성적인 전자아의 결합이므로, 친구는 서로 친구의 전자아를 알지 않으면 안 된다. 만일 허위의 마음이 있어서 자기 자신을 은폐하려고 한다면 친구는 생기지 않고, 사귀게 된 친구도 틀림없이 환멸을 느낄 것이다. 그런데 친구를 얻고 싶어서, 친구가 실망하지 않도록 하기 위해서 사람들은 흔히 자기를 감추려고 한다. 그리고 아름다운 자기만을 보이려고 한다. 그러나 친구는 적나라한 상태에서 사귀어야 한다. 그렇지 않으면 모래 위에 지은 집처럼 약하다.

다행히도 자각의 경지에 이른 학생은 너무나 큰 내적 세계를 발견한 기쁨 때문에 보잘것없는 자기를 숨기려고 하지 않는다. 자각한 학생이 친구를 얻게 되는 데에는 이러한 이유도 있다. 기숙사 생활은 여러 가지 의미에서 학생에게 필요하지만, 이 점에서도 의의를 부여할 수 있다.

사람이 자아의 전체를 드러내는 것은 침식을 함께 하는 경우다. 그렇지 않으면, 우리는 자기를 위장할 수 있지만, 1년 내내 같은 방에서 침식을 같이하면 마침내 위장할 수 없게 되는 것이다. 여성에게 친구가 적은 것은, 여성은 자기 자신을 화장하기를 좋아하기 때문이다. 이상의 것이 갖추어진 다음에는, 친구가 생기는지 그렇지 않은지는 운명에 달려있는 셈이다. 친구의 경우에도, 사랑의 경우에도 운명이 작용하는 신비한 힘을 느끼지 않을 수 없거니와, 이러한 점에서도 우정이나 연애에는 종교와 통하는 길이 있다.

『친구의 걱정에 나는 울고, 나의 기쁨에 친구는 춤춘다.』는 것은 내가 학생시절에 즐겨 불렀던 기숙사가의 1절이거니와, 남의 걱정스러운 일에 운다는 것은 인간이면 누구나 할 수 있는 일이지만, 남의 기쁨에 춤출 수 있는 것은 친구가 아니면 안 된다.

그런데 친구조차도 친구의 걱정스러운 일에 함께 울 수는 있지만, 흔히 친구의 기쁨에 함께 춤추지는 못하는 경우가 있다. 왜냐하면 걱정스러운 일에 함께 우는 것은 친구의 뒤떨어진 면이나 약점을 동정하는 것이지만, 기쁨에 함께 춤추는 것은 친구의 우월함, 친구의 강점에 공명하는 것이기 때문이다.

친구는 동년배로서 친구이면서 경쟁자이다. 경쟁은 학교 성적, 또는 취직에서 일어날지도 모르고, 스승의 사랑이나 연애에서 일어날지도 모른다. 친구의 기쁨은 나의 슬픔이고 친구의 승리는 나의 패배이다. 이렇게 해서 친구 사이에서조차도 질투가 생길 수 있다. 이것은 아직 참된 친구가 아니기 때문이라고 한다면, 인간은 성장하고 있으며, 우정에도 성장이 있는 것이라고 대답하겠다. 질투가 흔히 친구를 갈라지게 하는 것만은 아니다.

친구와 친구는 둘이면서 하나이고 하나이면서 둘인 것이다. 여기에 친구의 묘미가 있지만, 둘이면서 하나인 친구는 하나이면서 둘인 것을 견디지 못해서 모든 일에서 하나가 되려고 애쓴다. 왜냐하면 『사랑은 아낌없이 빼앗는 것』이기 때문이다. 그런데 둘이면서 하나이기는 하지만 또한 하나이면서 둘인 친구는 자신의 전자아를 가지고 친구에게 몰두할 수는 없다. 왜냐하면 서로 독립적이기 때문에 보완이 가능한데, 한쪽이 다른 쪽에 몰아(沒我)할 수가 있다면 보완은 불가능하다.

이와 같이 친구는 친구이기 위해서는 둘일 필요가 있으면서, 또한 친구이기 위해서는 하나가 되려고 한다. 여기서는 주아(主我)와 몰아가 교착하는 것이다. 한쪽이 다른 쪽의 몰아를 요구하고 다른 쪽이 이를 거부할 때 친구는 헤어지게 되기도 한다.

내가 학생시절에 즐겨 읽은 휴 블랙(Hugh Black)의 《우정론(Friendship)》에서는 이를 『우정의 파탄(wreck of friendship)』이라고 부른다. 여기서도 『사랑하기 때문에』라는 아집이 나타난다. 그리고 여기서도 아집은 타파해야 한다. 친구의 자유와 독립을 존중하는 관용이 이를 대신해야 한다. 그러나 친구의 아집은 개성 사이의 보완을 완전하게 하기 위해서 일어나는 아집이므로, 어버이나 스승의 아집처럼 간단히 무너뜨릴 수는 없다.

무너진 자아는 친구에게 관용스럽기는 할 것이다. 그러나 다시금 아집이 고개를 들게 될 것이다. 그리고 마침내 우리는 친구의 전부를 빼앗을 수 없으며, 친구에게 나를 전부 바칠 수도 없다는 것을 깨닫게 될 것이다. 이것이 인간이 갖는 한계인 것이다. 이 한계를 넘어서는 친구조차도 『함께』 있을 수는 없다.

따라서 이 한계의 밖에서는 인간은 언제나 고독(einsam)해야 한다. 이 고독을 견딜 수 없다면 인간의 사랑을 구해도 소용이 없다. 오직 하나의 사랑만이 그의 고독을 구하고 절대적으로 그와 합일할 수 있다. 그것은 신의 사랑이다. 여기에서 다시 우정은 종교의 길과 통하게 된다.

우정에서는 사람과 사람은 서로 자유롭고 독립적이면서도 결합되어 하나가 된다. 여기서는 결합이 있으면서도 대등하다. 사랑이 있으면서도 존경이 있다. 특수하면서도 보편을 구한다. 한 마디로 말하면 여기서는 사람은 개(個)이면서도 전(全)이다. 이러한 관계는 단지 친구와 친구 사이에만 한정되어도 좋을 것인가? 아니, 다른 일반에도 우정을 본받아야 한다. 아니, 일반애만이 아니라 모든 특수애에서도 우정이 이념이 되어야 한다. 어버이와 자녀도 서로 친구이고, 사제도 서로 친구이고, 연인도 서로 친구여야 한다. 이것이 사람과 사람의 결합의 기초다.

love

21. 연애
戀愛

연애만큼 인간을 영혼의 밑바닥까지 뒤흔들어
놓는 일은 없을 것이다. 연애에 의해 성장하기도
하지만, 연애의 고통으로 돌이킬 수 없는 마음의 상처를……

연애는 남녀 사이의 특수애(特殊愛)이다. 사랑은 연애에 한정되지 않음에도 불구하고 사랑이라고 하면 연애를 의미하고, 영어의 love도 일반적인 사랑을 의미하는 동시에 연애를 의미하는 것은, 연애가 사랑 중에서 가장 대표적인 것이기 때문이리라. 연애가 다른 특수애와 다른 점은 연애가 남자와 여자라는 성별에 기초를 두고 있다는 것이다.

특수애는 모두 자아의 특수성에 의해 성립하지만, 남녀의 성별은 모든 특수성 중에서 가장 현저한 특수성이므로, 우선 이 특수성이 연애 성립의 전제 요건이 되고, 다음에 서로의 개성이 문제가 된다. 따라서 특수성이 가장 선명하다는 점에서 연애가 특수애의 대표적인 것으로 생각되는 것이다.

흔히 여자이기만 하면 좋다든지, 남자이기만 하면 좋다든지 하는데, 이것은 물에 물탄 듯한 천박한 생각이기는 하지만, 그래도 일단 성립할 수 있는 것은 남자이고 여자라는 것만으로도 결합의 기초로서의 특수성이 존재하기 때문이며, 예컨대 우정에서는 남자이기만 하면 좋다는 것은 문제도 되지 않는 일로서, 당연히 남자의 개성이 고려되어야 하는데, 그것이 가능하다는 것이 연애의 특징이다.

여기서 성별이라는 것은 반드시 생리적인 것만을 의미하지는 않으며, 남자의 강함에 대한 여자의 부드러움이라든지, 남자의 논리에 대한 여자의 직관이라든지 하는 심리적·정신적 특수성을 포함한다. 연애는 성욕으로부터 발생한 것이고, 따라서 연애로부터 성욕을 제외하면 아무것도 남지 않는다고 하는 사람도 있다. 그러나 연애가 성욕으로부터 발생한 것은 사실일 수도 있겠지만, 발생론적 설명은 연애의 본질에 대한 전체적 설명은 되지 않는다.

가령 연애가 성욕으로부터 발생했다고 하더라도, 현재 성욕과 정신적 요소가 어떻게 결합되어 있는가 하는 것이 중요하다. 정신적인 것은 아름다운 옷이고 이것을 벗기면 성욕만이 남는다는 논법은 오히려 역전시켜야 할 것으로서, 아름다운 옷을 입히지 않고는 받아들이지 못한다는 것이 인간의 진보를 증명하고 있는 것으로서, 여기서 자연에 대한 정신의 승리를 파악해야 한다.

연애가 성별을 기초로 하기 때문에 연애에서는 다른 특수애에서는 볼 수 없는 요소가 있다. 그것은 미적(美的) 요소이다. 어버이와 자녀의 관계는 선택된 관계가 아니므로 이는 논외로 하더라도, 사제나 친구들 사이에서는 미적 요소는 전혀 고려되지 않는다. 그러나 연애의 경우에는 이것은 무시할 수 없다. 여성이 남성을 보는 경우에는 이것이 절대적인 조건이 아니지만, 남성이 여성을 보는 경우에는 이것은 상당히 중요한 요소가 되고, 얼굴, 자태, 피부색, 목소리 등이 고려된다.

만일 나는 여자가 미인이 아니라도 괜찮다고 하는 남성이 있다면, 다른 요소가 이를 보상하고도 남음이 있지 않는 한에서는 욕심이 없고 담담한 것은 부럽지만, 미적 능력의 결격자라는 것은 상당히 유감스럽다. 만일 그 사람이 하는 말이 일반적으로 말하는 미인이 아니어도 좋다는 것이라면 유감스러울 것은 없다. 실제로 연애에서의 아름다움의 표준만큼 주관적인 것은 없기 때문이다. 각자는 상대를 좋아할 것인가, 싫어할 것인가를 미리 결정하고 호오(好惡)를 미추(美醜)로 대치하고 미적 가치를 상대방에게 투영시키는 것으로서, 이른바 곰보도 보조개로 보인다는 것이 이것이다.

여성이 남성의 미적 요소를 절대적인 요소로 생각하지 않는 것과 병행해서 남성이 여성미에 정신적 요소를 추가하는 정도가 높아진다. 각자의 미적 표준은 주관적이지만, 이를 종합하면 시대적 특색이 된다. 오늘날의 여성미에 대한 시대적 특색은 19세기나 20세기 초와 비교하면 격세지감이 있다. 요컨대 사랑에는 미적 요소가 따르지만, 무엇이 아름다움인가 하는 것에 대해서는 정신적 요소가 개입한다.

연애는 성별의 특수성을 출발점으로 해서 여성으로서의 여성의 개성, 남성으로서의 남성의 개성이 합치해서 성립한다. 따라서 성별의 특수성을 제외하고는 연애와 우정은 비슷하다. 그런데 성별의 특수성만으로 이미 연애가 성립하고 남녀의 인간으로서의 개성까지는 고려가 미치지 못하는 경우가 많다. 내가 앞에서 우정은 연애에서도 살려져야 한다고 말한 것은 단지 연애가 성립한 다음의 과정에서만이 아니라 연애 성립의 당초에 대해서도 똑같이 말할 수 있다.

참된 연애가 성립한다면, 연애는 특수성이 가장 현저한 특수애이므로 상호 보완은 더욱 현저하다. 그녀가 없이는 그가 온전하지 못하고 그가 없이는 그녀가 온전하지 못해서 둘이면서 하나이고 하나이면서 둘인 것이다. 플라톤의 《향연》에서 아리스토파네스가 남녀는 처음에는 한 몸으로 만들어졌다가, 그 후에 두 몸으로 갈라졌으며, 따라서 반신(半身)은 다른 반신을 부르고 서로 합쳐져서 원래의 한 몸이 되려고 한다고 말한 것은 연애에서의 보완을 가장 잘 표현하고 있다고 생각된다.

특히 연애에는 미적 관조의 요소가 덧붙여지므로, 미적 관조에서 자아를 형상(形象)에 몰입시키는 것처럼 다른 특수애와는 비교할 수 없을 정도로 몰아의 정도는 크다. 몰아는 미적 관조에서와 마찬가지로 현실의 자아의 초극이다. 더 나아가서 연애 상대인 남(여)성이 객관적으로 인격적 가치가 높은 사람이라면, 연애하는 사람은 연인에 알맞은 사람이 되려고 현실의 자아를 편달한다. 연애가 당사자에게 주는 영향은 이와 같이 놀라운 것이다.

그러나 연애하는 사람들이 가는 길은 결코 평탄하지 않다. 영어의 **love**는 **leave**(자기를 버린다)와 어원적으로 같다는 말을 들었거니와, 사랑하는 것과 자기를 버리는 것이 당연히 연상되는 것처럼 사랑은 몰아(沒我)를 요구하는 것이다. 아니, 요구되는 몰아를 즐거이 자진해서 한다는 점에 사랑이 사랑인 까닭이 있다.

예컨대 다른 사람을 구하기 위해서 자기를 희생하는 것은 의무로서는 하겠지만, 즐거이 자진해서 하는 일은 아닐지 모른다. 그런데 연인을 위해서는 자기를 희생하는 일이 즐겁고 만족한 상태에서 이루어지고, 어떤 경우에는 스스로 희생을 하려고 하기도 한다. 이러한 가치의 전도를 당연히 이루어지게 하는 것은 사랑의 마력이지만, 이것은 연애에서 특히 현저하다.

그러나 연애에서도 인간은 결국 하나이면서 둘이다. 최후에는 부정할 수 없는 개별(個別)이 여기서도 고개를 들고 몰아를 거부하고 주아(主我)에 머물러 있으려고 한다. 모든 특수애에 나타나는 사랑하는 사람의 아집인 것이다. 다만 연애에서 나타나는 아집은 다른 특수애의 경우와는 어느 정도 다른 경로와 모습으로 나타난다.

아마도 연애하는 사람만큼 자신이 없는 사람은 없을 것이다. 천하를 굽어보는 영웅도 연애에서는 일희일우(一喜一憂)하는 소년이 되고 만다. 만일 연애하는 사람이 상대가 자기에게 반했다고 자만하고 있다면 너무나 천박하고 추하다. 그의 연애는 진지한 것이 아닐 것이다. 그는 연애를 즐기고 있는지도 모른다.

만일 진지하게 연애한다면 사람들은 자신이 없기 마련인 것이다. 다른 말로 말한다면, 연애에서는 사람들은 겸허하다. 그렇기 때문에 연애에서 사람들은 현실을 초극하고 성장할 수 있는 것이다.

그런데 자신이 없으면 사람들은 신경이 민감하게 된다. 상대의 일거일동에서 사랑의 증거와 사랑의 소멸을 보려고 한다. 상대는 이를 알고 자신의 사랑이 의심받고 있다고 생각하고 자존심이 상해 상대를 안심시키기 위해서 사랑의 증거를 보이려고 하지 않는다. 각기 아집을 부리면서 자기에게 양보하라고 요구하고, 그 양보에서 사랑의 증거를 보고 안심하려고 한다.

이렇게 해서 아집은 아집을 낳고 신경은 더욱 더 날카로워져서 마침내 수습할 수 없는 분규를 일으킨다. 이것이 풀 길 없는 애욕(愛慾)의 뒤엉킴이다. 이를 개관적으로 본다면, 쌍방이 사랑을 원하고 있다. 사랑을 원하기 때문에 사랑을 복잡하게 하고 결국은 사랑을 잃는 비극에 도달하기도 한다. 여기에도 『사랑하기 때문에』의 소산이 있는 것이다.

그러면 분규가 일어났을 때 어떻게 하면 좋은가? 연애의 출발점으로 되돌아가서 상대의 인격성에 대한 존중, 자신의 인격성에 대한 위엄을 상기하는 것이 좋다고 생각한다. 높은 산에 올라가서 눈 아래 펼쳐진 들을 내려다보는 것처럼, 분규에서 자기를 빠져나오도록 해서 다시 시작할 수 있을 것이다. 그러나 이것이 어렵다면, 일단 잊어버리고 독서나 운동이나 여행에 몰두해서 분규의 와중에서 벗어나는 것이다.

그러나 이렇게 되면 이미 분규에 대해 여유가 생긴 것으로서, 이렇게 할 수 없는 것이 분규가 분규인 이유인 것이다. 이때에는 친구를 찾고 선배를 찾고 은사를 찾는 것이 좋다. 인간은 생애를 통해 제

3자의 의견을 물어야 할 경우가 많은데, 이 경우가 그 중의 하나일 것이다. 제3자의 의견이나 충고는 그것만으로도 효과를 갖지만, 더 나아가서 제3자가 와중에 뛰어들어서 분규를 해결해 준다면 가장 바람직하다. 그러나 이 경우에는 친구여서는 안 되고 가정을 가진 선배나 은사여야 한다.

연애에서는 마음이 맑을 필요가 있을 뿐 아니라 어떤 종류의 성격이 필요하다. 그것은 가끔 스포츠맨에게서 볼 수 있는 성격이다. 스포츠맨은 대범해서 작은 일에 사로잡히지 않고 단순하고 적나라하고 솔직하고 어떤 강함과 남자다움이 있다. 이것은 스포츠에서 얻을 수 있는 『좋은 점』이다. 이러한 성격은 어디에서나 필요하지만, 특히 연애에서 필요하다. 진지한 청년은 이를 스포츠맨에게서 배워야 한다.

그러나 스포츠맨의 『좋은 점』에는 『좋지 않은 점』이 따른다. 대범한 것은 사로잡힐 만한 깊이가 없기 때문이고, 단순한 것은 복잡한 사색이 결여되었기 때문이고, 남자다운 것은 그것을 견제할 대립물이 없기 때문이다. 우리는 스포츠맨의 『좋지 않은 점』을 배울 필요는 없지만, 『좋은 점』은 배우는 것이 좋다고 생각한다.

연애만큼 인간을 영혼의 밑바닥까지 뒤흔들어 놓는 일은 없을 것이다. 학문도, 예술도, 사업도 도저히 연애에는 미치지 못한다. 그런 만큼 연애하는 사람은 연애에 의해 성장하기도 하지만, 연애의 고통으로 돌이킬 수 없는 마음의 상처를 입거나, 또는 재기하기 어려운 절망의 늪에 빠져서 생애를 망쳐버릴지도 모른다. 나는 성성한 나뭇

잎과 같은 청년에게 왜 연애라는 무거운 짐을 지게 하는가 하고 조물주의 마음에 의구심을 갖고 싶을 때가 있다.

세상의 산전수전을 다 겪은 6, 70의 노인이라야 비로소 빠져나올 수 있는 괴로움을 청년이 겪게 하는 것은 너무나 가슴 아프다. 그러나 바로 청년이기 때문에 이러한 괴로움을 겪게 하는지도 모른다. 괴로움 속에서, 괴로움을 계기로 해서 그를 성장시키려고 하는 것일지도 모른다. 사람을 사랑하는 것은 즐겁지만, 동시에 사람을 사랑하는 것은 괴로운 일이다. 안이하고 경박한 기분으로 연애를 하려고 하는 태도는 단호하게 물리쳐야 한다.

연애에는 당연히 결혼이 따라야 한다. 결혼에는 반드시 연애가 필요하지 않지만, 연애는 결혼을 전제하고 또한 각오하지 않으면 안 된다. 결혼의 각오 없이 연애를 즐기려고 하는 사람은 연애를 희롱하는 것이고, 상대의 인격성을 희롱하는 것이고, 자기의 인격성을 희롱하는 것이다. 연애하는 사람이 결혼에 이르지 못한다면 쌍방의 사랑이 식었거나, 또는 한쪽이 다른 쪽을 버렸을 경우이다. 이윽고 사랑이 식을 것을 예상하고 연애를 하는 사람은 처음부터 진지한 사랑을 하는 것이 아니다.

한쪽의 사랑이 식어서 다른 쪽을 버리는 것은 결과적으로 있을 수 있는 일이지만, 이를 예상하고 연애를 한다는 것은 연애를 하면서 연애의 불성립을 희망하고 있는 것이다. 사랑이 깊으면 깊을수록 연애 파탄의 당사자에게 주는 상처는 크다. 만일 연애가 파탄되어도 좋을 정도의 천박한 연애라면 상처는 없겠지만, 연애를 타락시킨다.

연애에는 당연히 결혼이 따라야 한다면 연애하는 사람은 결혼을 각오해야 한다. 평생의 운명을 같이할 반려를 선택하는 것이다. 청년 학생이 그 정도의 선택을 할 수 있을 것인가? 상대를 통찰할 능력이 충분하다고 자신할 수 있는가? 선택을 한 자기가 앞으로 성격도 지향(志向)도 변하지 않을 자신이 있는가? 한 사람의 운명을 감당할 만한 정신적 경제적 확신이 있는가? 이윽고 개성을 자각했을 때, 그들의 연애에 파탄이 오는 것은 불을 보듯 뻔하다.

결혼할 결심을 했다고 하더라도, 약혼으로부터 결혼에 이르는 과정이 너무 긴 것은, 많은 실례가 보여주는 것처럼 결코 좋은 결과가 생기지 않는다. 이렇게 생각해 보면, 연애를 한 책임을 다하기 위해 사랑하지 않으면서도 결혼하든지, 또는 결혼이 겁나서 연애를 포기하든지 하는 둘 중의 하나를 선택하게 된다. 전자라면 평생의 불행이다. 우리들은 그 예를 너무나 많이 알고 있다. 후자라면 사랑을 배반하는 것이고 상대의 운명을 유린하는 것이다

*

나는 학생 여러분에게 연애에 대해 얘기할 필요가 있다고 생각해서 말을 했지만, 그렇다면 학생시절에 연애하는 것에 찬성하는지 반대하는지 묻는 사람이 있다면, 나는 반대라고 대답하겠다. 혹은 연애는 『하는 것』이 아니라 『이루어지는 것』이라고 말할지도 모른다. 그러나 이루어지기 위해서는 하지 않으면 안 된다. 한 번 보고 사랑을 느끼는 일은 있을 수 있다. 그러나 그것만으로 연애가 이루어지는 것은 아니다. 반드시 한 걸음 더 나아감으로써 연애는 이루어지는 것

이다.

나는 이 한 걸음 더 나아가는 것에 반대하는 것이다. 왜 그런가 하면, 첫째는 연애는 당연히 결혼으로 이어져야 하는데, 결혼을 결정하기에는 학생시절은 아직도 준비가 갖추어져 있지 않은 것이다. 이보다도 더 유력한 이유는, 연애란 즐거우면서 괴롭다는 사실에 있다. 이 괴로움은 결과적으로는 그 사람을 성장시킬 것이다. 그러나 괴로움 속에서 성장할 수 있는 사람은 이미 상당한 조건을 갖춘 학생으로서, 모든 사람에게 이를 기대할 수는 없으며, 만일의 경우에는 회복할 수 없는 상처를 입는 것이다.

높고 험준한 산을 목숨을 걸고 등산하는 것은, 성공했을 때에는 유쾌하고 아름다운 일이겠지만, 그 즐거움이나 아름다움을 얻기 위한 희생이 너무 크다. 더구나 학생시절에는 해결해야 할 중대한 문제가 있다. 이를 간과하고 연애에 몰두하는 것은 학생시절의 중요성을 망각한 것이다. 혹은 이렇게 말할지도 모른다. 곧 연애에는 즐거움도 있으므로, 이 즐거움 속에서 둘이 함께 교양을 지향한다고.

그러나 학생시절의 교양은 따뜻하고 감미로운 속에서 획득될 수 있을 만큼 쉬운 것이 아니다. 그것은 찬바람 속에 피는 한 송이 매화처럼 늠름한 것이어야 한다. 생각건대 이때 교양이라고 하는 것은 이것저것 섭렵하고 다니는 교양을 의미하고 있을 것이다. 그러나 교양이란 참담한 인생의 전쟁이다. 이 싸움을 시작하는 때는 학생시절을 제외하고는 결코 다시는 오지 않는다.

그러면 이미 연애를 하고 있는 학생은 어떻게 하면 좋은가? 대답은 간단하다. 이루어진 연애는 끝까지 진지하게, 끝까지 성의를 다해서 만난(萬難)을 뚫고 밀고 나가라는 것이다. 사람은 어떤 일을 꾀할 때에는 숙고하지 않으면 안 된다. 그러나 결단을 내린 다음에는 후회가 없도록 전자아(全自我)를 걸고 끝까지 싸워야 한다.

연애를 적당하게 하는 사람은 학문도, 도덕도, 인생도 적당하게 얼버무리는 비열한 사람이다. 사랑을 맹서한 사람은 평생 운명을 같이할 각오가 있어야 한다. 이익을 위해서 사랑을 버리는 사람은 연인을 배반할 뿐 아니라 자기를 배반하는 것이다. 자기를 태연하게 배반할 수 있는 사람은, 사람이 보지 않는 곳에서는 사기도 하고 도둑질도 할지 모른다.

연애를 하고 있는 사람은 결코 성욕을 구해서는 안 된다. 남성은 그가 그녀를 진심으로 사랑한다면 성욕을 생각하는 것조차도 깨끗하지 않다고 할 것이다. 성욕을 구하는지 그렇지 않은지 하는 것은 연애의 품질을 측정하는 척도이다. 여성은 현명하다면 성욕을 용납하지 않을 것이다. 성욕을 용납한 다음에는 여성은 남성에게 사로잡힌다.

이것은 여성의 독립을 상실하는 것이다. 성욕을 허용 받은 남성에 대해서 여성의 견인력은 감소한다. 남성의 요구를 거부하면 사랑을 잃게 된다고 두려워할 필요는 없다. 거부하더라도 남성은 여성을 버리지 못한다. 그래도 버리는 남성은 성욕을 허용하더라도 버리는 남성이다.

일단 연애를 한 사람이 사랑이 식었을 때에는 어떻게 하면 좋은가? 그는 상대를 실연에 빠뜨렸을 때, 상대의 운명이 어떻게 될 것인가를 생각하고 그 양심이 떨리지 않으면 안 된다. 상대는 사람의 세상에 실망하고 이성(異性)에 절망할지도 모르고, 그녀를 세상과 이어주는 끈이 끊어질지도 모른다.

이런 정도의 비경(悲境)에 상대를 몰아넣어도 좋을 것인가? 그것도 전혀 모르는 타인이 아니라 지금까지 서로 사랑하던 그 상대자인 것이다. 그는 잠 못 이루는 밤을 보내며, 최후의 결정을 반성하고 숙고하지 않으면 안 된다.

이러한 경우에는 연애를 계속하는 것은 자신에게 불행하다는 생각은 버려야 한다. 그는 사랑을 맹서했을 때 스스로 책임을 진 것이다. 자기의 불행은 당연히 체념해야 한다. 그가 생각해야 할 것은, 연애를 계속하는 것이 상대를 불행하게 만드는 일이 아닐까 하는 오직 한 가지뿐이다. 이론을 캔다면, 이 경우 상대의 불행과 자신의 불행은 당연히 따르는 것이므로, 어느 쪽이든 결국은 같은 것 같지만, 반드시 그렇지는 않다.

『자기』를 버리고 상대의 입장만을 생각했을 때 심안(心眼)이 열리고 마음의 변화가 있을 수 있기 때문이다. 그렇게 한 경우에도 상대를 위해 연애를 포기하기로 결단한다면, 그는 도피라는 비겁함을 택하지 말고 상대에게 솔직하게 심경을 토로하고 경솔한 맹서를 사죄하고 상대의 결정을 기다려야 한다. 만일 상대가 힐문하고 탄원할 때에는, 마음의 동요를 일으킬 정도라면 최후의 결정은 연기하는 것이 좋다.

사람의 사귐은 처음보다도 끝이 중요하다. 끝날 때의 그의 태도의 진지함과 성실함이 상대의 마음에 영향을 주는 것이 크다. 상대의 미래가 어떻게 되는가 하는 것은 첫째로 이 때의 태도에 달려 있다고 생각한다.

그러나 중요한 것은 끝만이 아니라 연애의 전 과정이다. 끝까지 성실하고 끝까지 진지하면 상대는 최후의 선언을 이해할 수 있을 것이다. 인간은 언제 사별(死別)할지, 언제 생이별을 할지 모른다. 사람은 어느 순간에 끝나더라도 후회가 없도록 생애를 보내지 않으면 안되는데, 연애에 있어서도 그런 것이다.

특수애는 일반애의 기초 위에서 성립한다. 연애라는 특수애는 사라지더라도 인간으로서의 사랑은 계속 갖지 않으면 안 된다. 만일 어떤 필요가 있어서 지금은 전혀 남이 된 옛 애인에게 인간으로서 해야 할 일이 생긴다면 그는 즐거이 그렇게 할 마음의 준비를 갖추고 있어야 한다.

그것은 상대로부터 받은 사랑에 감사하는 것이며, 또한 사랑을 배반한 자기의 죄를 속죄하는 것이다. 그러나 이것은 마음가짐이고 실제로 마음을 나타낼 기회는 없을 것이고, 또한 경솔하게 나타내는 것도 현명하지 않다고 생각한다.

그러면 실연의 선언을 받았을 때에는 어떻게 하면 좋은가? 그는 마음의 변화의 진상을 규명해야 한다. 착각, 오해, 쓸데없는 염려, 까닭 없는 의리 따위가 끼여 있지 않은지 과학자의 냉정함을 갖고 밝혀내야 한다. 이것은 자기 자신을 위하는 것이고 또한 상대를 위하는 것이다. 진상이 밝혀지고 모든 일이 끝났다는 확신이 서면 남자답게 운명의 선고를 받아야 한다. 변명도 불평도 원망도 아무것도 하지 말고 오직 『남자답게』 행동하는 것이다.

상대와의 관계에 관한 한에서는 일은 이것으로 끝난 것이다. 그 다음에 그가 혼자서 아무리 오열하고 통곡하든 간에, 그리고 그는 스스로의 실망을 외면해서는 안 되고 다른 쾌락으로 이를 은폐하려고 해서도 안 된다. 여기서도 『남자답게』 자기에 직면하여 끝까지 자기를 추궁하고, 그러면서 이를 계기로 하여 분연히 일어서지 않으면 안 된다. 그가 쓰러지는가 일어서는가, 깨끗하게 재기하는가 추하게 재기하는가─여기서 그는 운명의 시련 앞에 놓여 있는 것이다.

나는 두 번씩이나 『남자답게』 라는 말을 썼다. 모든 도덕률은 남녀의 성별을 묻지 않고 보편타당해야 하지만, 때로는 남성에게는 여성보다 특수한 『덕(德)』이 부과되는 때가 있다. 『남자답게』 라는 『덕』이 그 중의 하나이다. 남자는 『남자답게(manly)』 라는 말에 어울리게 남성적이어야 한다. 이것이 남성이 갖는 특수한 의무이다. 그리고 그는 여성에 대해서 이 의무를 자랑으로 생각해도 좋다.

*

다시 앞으로 되돌아가자. 연애는 즐겁지만 또한 괴롭다. 연애의 출발점에 선 청년은 싸움터에 선 옛 무사와 같은 마음을 가져야 한다. 학생시대에 연애하는 것에 반대한다면 결혼은 어떤가. 또한 연애는 영원히 하지 말아야 하는가 라고 물을지도 모른다.

나는 대답한다. 곧 학창을 나와서 정신적으로도 물질적으로도 일단 준비가 되었을 때에는 사람들은 결혼할 용의를 가져도 좋으며, 그 전제 밑에서 연애를 하는 것은 자유이다. 아니, 그렇게 하는 것이 바람직하다. 이에 대해서는 하고 싶은 말이 많지만, 이 이상 말하는 것은 학생을 대상으로 하는 책의 범위 밖에 속한다.

campus life

22. 학원
學園

가정에서 귀엽게 자란 아들딸은 기숙사에서는
다른 사람과 어울리면서 비로소 자기를 의식하고
반성하며, 또한 그들로부터 배우게 된다.

지금까지 나는 네 가지 특수애에 대해 이야기했다. 앞으로 일반
애, 동포애로 나아가기 전에 특수애와 일반애의 중간에 위치하는 학
원애(學園愛)에 대해서 간단히 말하려고 한다. 특수애는 특정한 대
상에 대한 사랑이고, 일반애는 부정다수(不定多數)의 대상에 대한
사랑이다.

그런데 여러분이 지금 그 안에서 생활하고 있는 학원을 보면, 거
기서 수백의 동료를 발견할 것이다. 이 모두에 대해 여러분이 우정을
느끼는 것은 아니다. 그러나 학원이라는 하나의 사회 속에 살면서 동
일한 목적을 향해 생활하고 있다. 강의나 회합이나 의식(儀式)이 있
을 때에는 일동이 한곳에 모이는 경우도 있고, 매일 어떤 계기로든
얼굴을 마주치고, 대부분의 이름도 얼굴도 알고 있다. 이러한 관계에

있는 동료는 부정다수의 대상과는 다르다. 여기서도 일종의 사랑이 솟아나고, 또한 솟아나지 않으면 안 된다.

나는 학교에 대해 두 항목에서 언급했지만, 여기서는 학교라고 하지 않고 학원이라고 한다. 학원은 학교보다 그 의미가 좀 더 넓다. 학교라고 하면 교육을 직접 목적으로 하는 사회를 생각하고, 거기서는 총(학, 교)장을 비롯하여 교수(교사)와 학생의 입체적 관계가 떠오르지만, 학원이라고 하면, 학교를 포함하는 동시에 기숙사라든가, 학생회라든가, 서클, 독서회 등 직접적으로는 교육을 목적으로 하지 않지만, 오히려 교육의 목적에 적합한 듯한 제도도 포함된다.

학교에는 많은 학생이 모이므로 개성이 서로 다른 사람들이 있게 된다. 이러한 개성에 접촉하면 우리들의 개성이 의식되고, 개성과 개성이 서로 보완작용을 시작하면 앞에서 애기했지만, 이것이 가장 잘 발휘되는 곳이 기숙사일 것이다. 기숙사에서는 학생 동료가 책상을 나란히 공부하고 이야기할 뿐 아니라 함께 식사를 하고 함께 잠자리에 든다. 게다가 이러한 일이 매일 계속해서 일어난다.

집에서 학교에 다니는 사람은 강의실이나 회합에서 학생 동료의 얼굴을 대할 뿐이지만, 기숙사생은 아침부터 밤까지 생활을 함께 한다. 그러므로 각자의 성격, 개성은 숨기려고 해도 숨기지 못하고, 개성과 개성은 밀접하게 접촉한다. 그러면서 마음에 맞는 친구가 생기기도 할 것이고, 또는 자기의 좋지 못한 성깔이 폭로되어 주위의 비판이나 반발을 받게 되는 일도 있을 것이다. 가정에서 귀엽게 자란 아들딸은 기숙사에서는 다른 사람과 어울리면서 비로소 자기를 의식하고 반성하며, 또한 그들로부터 배우게 된다.

물론 많은 사람과 함께 하는 생활에서 악습도 배우게 될 것이다. 그러나 기숙사에 있는 정도의 악습은 대사회(大社會)에는 얼마든지 있으며, 언젠가는 대사회에 나가야 하므로 악습을 두려워해서는 인간은 살아나갈 수 없다. 악습에 저항하는 방법을 배우는 것이 좋다고 생각한다.

어떤 학원에도 학생회라는 단체가 있다. 그밖에도 서클이나, 한 교수를 중심으로 하는, 또는 학생들만의 비공식적인 독서회(讀書會)나 연구회가 있다. 이러한 단체에서 『읽는 것』 『쓰는 것』 『말하는 것』이 행해지고 『생각하는 것』도 이루어진다. 또한 건강 향상을 위한 운동도 한다.

이러한 일에는 각기 의의가 있다. 이러한 일은 대체로는 혼자서는 할 수 없는 일이다. 가령 혼자 할 수 있다고 하더라도, 사람은 혼자 있을 때에는 자칫 잠을 자게 된다. 다수가 협동하면 일정한 분위기가 생기고, 각자는 이 분위기 때문에 잠에서 깨어나고 자극도 받는다. 여러분은 여러 가지 단체에 참가해서 활발한 활동을 하기도 하고 자극도 받는 것이 바람직하다.

단체에는 집행의 책임을 지는 임원이 필요해서 임원 선출을 둘러싸고 추잡한 경쟁을 하는 경우도 더러 있기는 한데, 여러분은 다른 사람을 밀어내고 임원이 될 필요는 없지만, 그 지위에 앉을 것을 권유받았을 때에는 즐거이 소임을 다하는 것이 바람직하다.

임원에 취임해서 책임을 느끼면 열심히 일하게 되고, 사람은 열성껏 어떤 일을 하면 반드시 귀중한 경험을 얻게 된다. 정신없이 그 일에만 몰두해서 학생생활의 본분을 소홀히 하는 것은 어리석지만, 적당한 여가를 할애해서 단체를 위해 일하는 것은 자기를 위해서도 보람이 있을 뿐 아니라 단체를 위해서도, 동료를 위해서도 해야 할 의무인 것이다.

임원 중에는 영리한 사업가(정치가)적 타입의 학생도 있어서 단체의 품위를 저하시키기도 하는데, 그 책임은 진실한 학생이 도피하는 데에 있는 것이다. 진실함과 도피가 함께 연상되는 것은 결코 건전하다고 할 수 없는 일이다. 악화(惡貨)가 양화(良貨)를 구축(驅逐)하는 것은 어느 사회에도 있는 일이지만, 구축하는 악화도 나쁘지만, 구축되는 양화도 좋지 않고 구축하게 하는 제3자도 좋지 않다. 자기 자신의 일에 충실하다면 단체를 사랑하고 지켜 가는 것은 일에 대한 의무이다. 단체에는 많은 사람이 속해 있으므로 각기 의견의 차이도 있고 대립도 있다. 의견 대립은 단체의 수치가 아니라 오히려 자랑이다.

평범 일색으로 된 단체는 사멸한 것과 같다. 다른 의견을 가진 사람은 결코 침묵하지 말고 당당히 남자답게 자기를 주장하는 것이 좋다. 그러나 할 말을 다 한 다음에 최후의 결정이 다수결로 이루어지는 경우에는 비록 자신의 의견이 받아들여지지 않았더라도, 또한 그것이 단체를 위해 좋지 않다고 믿더라도 다수결에 복종해야 한다. 다수는 반드시 정당하지도 않고 정의도 아니다. 어리석은 다수라는 말조차 있다. 그러나 다수결이라는 방법 이외에는 의견 대립을 해결할 방법이 없다. 그것이 단체의 질서를 유지하는 유일한 방법인 것이다.

자신의 의견이 패배한 것은 안타깝겠지만, 단체를 위해서 다수결에 복종하는 것은 단체를 위하는 자기에게 복종하는 것이라고 생각하고 담백하고 쾌활하게 복종하고 다른 날의 승리를 기다리는 것이 좋다. 개성(individuality)을 살리면서도 통일(unity)을 유지하는 것이 단체의 특색이다. 아니 특색이어야 한다. 나는 학원에서 지금까지보다도 더 단체적 훈련, 자치적 연습을 해야 한다고 생각한다.

기숙사나 학생회로부터 눈을 돌려서 널리 학원 전체를 보면, 여러분이 얼굴도 이름도 모르는 수백 명의 동료가 있다. 그들과 여러분은 이야기를 함께 한 일도 없고, 공부를 같이 한 일도 없을지 모른다. 그러나 그들도 같은 학원에서 생활하는 동지들이다.

그들 중에 고뇌하는 사람이 있다면 여러분은 그 고뇌를 나누어 가질 마음가짐이 있어야 한다. 그들 중에서 파렴치한 짓을 하는 사람이 나온다면 그것은 여러분 공동의 책임이다. 그들 속에서 선한 사람이 괴롭힘을 받고 악한 사람이 행세한다면 그것을 수수방관하는 것은 선인을 위해서는 물론이고 악인을 위해서도 좋지 않은 일이다. 뿐만 아니라 이러한 일을 방관하는 동안에 선이 위축되고 악이 대두한다.

아름다웠으면 하는 것은 사람들의 관계만이 아니라 학원의 자연도 그렇다. 건물이나 교정은 주로 학교 당국이 관리하여 학생은 관계가 없을지도 모른다. 그러나 교정 한 귀퉁이에 아름다운 화원을 만들거나 기념식수를 하더라도 지장이 없는 한에서는 학교 당국이 허가해 줄 것이다. 교정에 휴지가 떨어져 있을 때, 청소부가 청소를 하거나 다른 사람이 주울 것이라고 생각하는 것은 좋지 않으며 자기가 해야 한다. 우리들의 학원이며 우리들의 손으로 아름답게 가꾼다는 마음가짐이 필요하다. 학원의 자연은 아름다웠으면 한다.

*

학원을 떠난 졸업생은 모교를 중심으로 해서 졸업생 단체를 조직하고, 이를 교우회(校友會) 등 여러 가지 명칭으로 부른다. 그들은 연도(年度)를 달리하면 얼굴도 이름도 모르지만, 같은 학원에서 성장했다는 추억과 학원의 건물이나 기숙사에 따르는 연상(聯想)으로 결합되어 있다. 또한 자기가 졸업한 학원에 대해서, 지금 공부하고 있는 학생들에 대해서도 친애(親愛)의 감정을 느낀다. 이렇게 되면 학원의 학생 상호의 경우보다도 더욱 일반애에 가까워진다.

그들이 옛 스승을 중심으로 해서 일찍이 책상을 나란히 하고 배운 학우들과 함께 옛 추억에 잠기는 것은 원래 아름다운 일이다. 그러나 이 밖에도 모교를 위해서, 모교의 설비나 자연을 위해서 아낌없이 금전을 할애하기 바란다. 이른바 교우가 쓸데없는 간섭이나 속박을 하는 것은 단호하게 배제해야 하지만, 돈과 지위를 획득한 그들이 후배를 위해 이바지할 여지는 많은 것이다.

영미(英美)의 대학은 사립이 많기 때문에 졸업생이 기부를 하거나 유증(遺贈)을 하는 일은 상당히 많으며, 옥스퍼드나 케임브리지는 이 때문에 막대한 재산을 가지고 있다. 특히 바람직한 것은 가난한 학생을 위한 장학제도이다. 아마도 세상에서 가장 비참한 일은,

영재를 타고난 청년이 돈 때문에 고등교육을 받지 못해서, 키우면 성장할 영재를 허망하게 묻혀 있게 하는 것이다. 이것은 본인을 위해서도 사회를 위해서도 막대한 손실이다.

　돈을 사용하는 방법은 여러 가지가 있지만, 인간을 위해서 쓰는 것만큼 의의 있는 사용 방법은 없을 것이다. 나는 가난한 가정의 청년이 더욱 더 대학에 입학할 수 있었으면 한다.

society

23. 사회
社會

> 나는 학생시절에 사회개혁에 가담하라고
> 말하는 것은 아니다. 단지 말하고 싶은 것은,
> 교양의 결과가 사회개혁에 이르러야 한다는 것이다.

사회란 복수(複數)의 인간이 어떤 관계를 갖는 상태를 말한다. 어떤 관계도 갖지 않는 복수의 인간이 있더라도 그들은 사회를 구성하지 못한다. 예를 들면 고도에 표류한 로빈슨 크루소는 단수(單數)의 인간이므로 원래 사회를 구성하지 못하지만, 같은 고도의 가까운 장소에 다른 표류인이 있었다고 하더라도 두 사람 사이에 어떤 관계도, 어떤 교섭도 없으면 그들은 사회를 구성하지 못한다.

사회에는 두 종류가 있다. 하나는 공동사회(共同社會, Gemein-schaft)이고, 또 하나는 목적사회(目的社會, Gesellschaft)이다. 공동사회는 그 성원이 공동의 감정·사상·역사 밑에 있는 사회로서 그목적은 광범하고 일반적이며, 현대의 공동사회는 국민이고, 오직 국민이 있을 뿐이다.

목적사회는 특수하고 한정된 목적을 가진 사회로서, 학교도 학원도 교우회도 기숙사도 각기 하나의 목적사회이고, 국가—정치사회라는 의미에서의—도 또한 하나의 목적사회이다. 가족도, 정당도, 주식회사도, 상공회의소도, 노동조합도, 소비조합도 모두 목적사회이다. 학술단체, 예술단체, 교회도 그렇다. 보통 사회라고 하면, 예컨대 학교를 졸업하고 사회에 나간다고 하는 경우의 사회는 공동사회인 국민을 의미한다. 무수한 목적사회가 존재하는 것이 현대의 특징이다.

나는 앞에서 우리에게는 공통된 의식도 있으면서 특수성도 있다고 말했다. 공통된 의식이 없으면 사람과 사람 사이에는 어떠한 교섭관계도 있을 수 없다. 동시에 각자에게 특수성이 없다면 사회에서의 교섭관계도 있을 수 없다. 특수성이 있음으로써 상호 보완이 가능하므로 특수성 없이는 교섭의 의의가 없기 때문이다. 보완에는 아마도 자아 자신에 의한 보완도 있을 것이다. 가족에서의 아버지와 자녀의 사이나 학교에서의 사제의 사이가 그렇다. 이른바 특수애도 사회 안에서 이루어지는 것이다.

또한 사회에 의한 보완은 정신적 조건을 제공해서 자아의 활동에 참여하는 일도 있다. 예를 들면 학문·예술·도덕·종교·교육 등이 그것이다. 또한 물질적 조건을 제공해서 자아의 성장을 가능하게 하는 것도 있다. 이를테면 의식주에 필요한 상품을 제공하는 것이나, 군인·경찰·사법·교통 등의 시설에 의해 우리 생활의 불안을 제거하고 생활의 편익을 증진하는 것이다.

우리가 얼마나 사회에 의존하고 있는가, 얼마나 사회로부터 보완되는가 하는 것은 예컨대 사회에서 고립된 개인을 생각하는 것이 제일 좋다. 우리들의 출생은 사회가 없으면 불가능하다. 출생이 되더라도 양육 받지 못하면 사망하게 된다. 소년시대까지 양육된 다음에 절해의 고도에 표류한 경우를 상상하면, 그를 교육시키는 것도 없고, 학문도 예술도 종교도 없고, 사람들과의 교섭이 없으므로 도덕적 활동은 정지되고, 도덕적 능력은 위축된다.

다른 사람과의 접촉이 없으므로 개성도 자각하지 못한다. 비바람 눈을 피하기 위해서, 먹고 마시기 위해서 그 자신이 모든 일을 해야 한다. 또한 맹수나 독사의 습격이 있을지도 모르고, 이에 대한 방비를 갖추어야 한다. 이렇게 번잡한 일과 결핍상태를 생각해 보기만 해도 우리들의 자아의 성장 따위는 꿈조차 꾸기 어렵다. 이러한 것이 가능한 것은 사실은 사회의 선물이다. 다시 말하면 사회에서의 보완의 선물인 것이다.

사회에서는 보완이 이루어지고 있지만, 이러한 보완은 각자가 의식함이 없이 이루어진다. 그러나 한 걸음 물러나서 생각하면 보완에는 중요한 의의가 있다. 우리는 동포에 대해 일반애를 갖는다. 동포가 나와 마찬가지로 인격성의 주체라는 점에서 생기는 존경, 인격 성장을 하고 있다는 동정, 이러한 존경과 동정으로부터 사랑이 솟아나고, 동포의 운명을 자기의 운명과 둘이면서 하나인 것같이 느낀다.

동포의 운명에 대한 관심은 동포로 하여금 최고 가치인 인격을 실현하게 한다. 그러나 인격 실현은 당사자만이 할 수 있는 일이고, 제3자가 이를 대신하는 것은 허락되지 않는다. 제3자가 할 수 있는 일은 단지 동포로 하여금 최고 가치가 무엇인지를 자각하게 하는 것이다. 여기에 교육—진정한 교육—의 의의가 있다.

다음에는 인격 성장의 내용인 학문이나 예술이나 도덕이나 종교를 제공하는 것이다. 또한 동포로 하여금 인격 성장을 할 수 있도록 하기 위해서 안전하고 쾌적한 생활조건을 제공하는 것이다. 이렇게 해서 사회에서의 보완이 이루어진다. 따라서 우리가 보완을 하고 있는 동안 우리는 모르는 사이에 동포의 인격 성장을 도와주고 있는 것이다. 이를 스스로 의식하지 못하는 것은, 보완이 시작되고 이미 그 전통이 길기 때문에, 또 각자가 의식할 수 없을 만큼 당연한 일로 생각되고 있기 때문이다.

그렇지만 전통적으로 행해지는 것은 모르는 사이에 필요하지 않고 해로운 것이 되는 경우도 있다. 또한 전통적으로 보완을 하면서도 하나하나의 경우에 어떻게 보완을 하는 것이 좋은가 라는 의문이 생기기도 한다. 이것이 『무엇을 할 것인가?(What should I do?)』라는 물음이고, 여기서 도덕의 문제가 시작된다. 독자는 『도덕』 항목에서 말한 것을 상기해 주기 바란다.

이 물음에 대답하기 위해서는 우선 행위는 무엇 때문에 하는지를 분명히 해야 한다. 그것은 자기의 인격 성장을 위해서이고 자기의 이익을 위해서는 아니다. 다음에는 누구를 위해서 하는지를 분명하게 한다. 그것은 상대(단수인 경우도 있고 복수인 경우도 있다)의 인격 성장을 위해서이다.

그렇지만 상대는 인격성의 주체로서 언제나 평등하게 대해야 한다. 이러한 것을 분명히 한 다음에, 그러면 보완을 위해서 어떤 조건을 제공해야 하는지를 묻는다. 이것이 좁은 의미에서의 『무엇을 할 것인가?』라는 물음인 것이다. 이에 대답하는 것은 철학과 과학(자연과학과 사회과학)이다.

그러나 각각의 경우에 일일이 과학과 철학에 의존하지 않더라도 일단 이에 대답해 주는 것이 있다. 그것은 오랜 경험의 결정인 관습, 도덕적 의견, 법률의 규정이다. 이를 한 마디로 사회적 명령(규범)이라고 한다. 그러나 이러한 것은 경험의 결정이기는 하지만, 그 경험은 과거의 것이므로 사정의 변화 때문에 시대착오적인 것이 되고, 전에는 조건의 제공을 지시해서 인격 성장을 위해 공헌하던 것이 이제는 오히려 인격 성장을 저지하는 질곡이 되는 경우도 없지 않다.

따라서 어떤 경우에는 이러한 관습, 도덕적 의견, 법률의 규정 자체를 반성하고 비판할 필요가 생긴다. 이렇게 하려면 다시 철학과 과학으로 돌아가서 그 도움을 받으며 재검토를 시도하는 것이다.

지금까지 사회적 명령의 검토를 사회의 입장에서 객관적으로 말했지만, 이를 개인의 입장에서 주관적으로 보면 어떻게 되는가? 지금까지 막연하게 사회적 명령 밑에서 자라 오면서 이상하다고 생각하지도 않고 의심도 하지 않던 사람이 문득 멈춰 서서 『왜』라고 묻는 사람이 있다. 그는 오랜 전통으로 실행되어 온 것이라고 하는 것만으로는 구속력을 느끼지 못한다. 『왜』라는 물음은 청년이 자각할 때에 하는 물음이다.

이 물음은 특정한 때에 특정한 사람이 묻고 대답하면 좋은 것은 결코 아니다. 어느 때든지, 또한 누구든지 언제나 이 물음을 물어야 하는 것이다. 역사는 이러한 물음이 차례로 제기되고 대답되고 있는 것을 말해 주고 있다. 개인으로부터 이러한 물음이 나올 때 사회에서는 사회적 명령의 재검토가 시작된다.

아테네에서 소피스트도 이러한 물음을 물은 사람들이었다. 그리고 소크라테스도 그러한 사람이었다. 플라톤의 《공화국(politeia)》을 보면 종래의 사회적 명령을 열심히 복종하는 노인이 나온다. 이에 대해서 종래의 명령을 지배자의 이익옹호를 위한 것이라고 일괄적으로 배척하는 청년 소피스트도 나온다. 전자는 전통을 고수하고 명령을 일괄적으로 긍정한다. 후자는 전통에 반역하고 명령을 일괄적으로 부정한다.

여기서 소크라테스가 취한 태도는 어느 쪽도 아니다. 그는 어떤 명령은 긍정한다. 이 점에서는 노인과 비슷하다. 그러나 그는 어떤 명령은 부정한다. 이 점에서는 청년 소피스트와 비슷하다. 그는 일괄적으로 명령을 부정하지는 않는다. 이것이 청년 소피스트와 다른 점이다.

그는 어떤 명령을 고수하고, 다른 명령을 개혁하려고 한다. 그러나 이것은 비겁한 타협과의 절충은 아니다. 일정한 원리를 제시하고 그 원리에 의해 긍정하거나 부정한 것이다. 이 원리가 『인격』이다. 일면에서는 청년 소피스트로부터 보수 반동으로 생각되고, 다른 면에서는 노인으로부터 급진 과격으로 생각된다. 그리고 후자의 혐의로 결국 사형을 받게 된다.

그러나 소크라테스가 취한 태도는 옳았다. 오랜 동안 실행되어 온 명령이 모두 부정될 수는 없다. 그러나 어떤 명령은 전에는 합리적이었지만 지금은 불합리하게 되어서 당초의 목적에 모순되는 경우가 있다. 이에 대해서는 개혁이 이루어져야 한다. 일면에서는 종래의 명령을 고수하면서 다른 면에서는 개혁한다는 것이 바람직한 태도이다.

그러나 종래의 명령을 고수한다고 하더라도 기계적으로 맹종하는 것은 아니다. 한번은 검토의 도마 위에 올려놓고 원리에 의해 시인한다면 이것은 이미 타율이 아니라 자율이다. 그는 외형적으로 명령을 지키는 것이 아니라 명령의 정신을 터득하고 명령이 미치지 않는 부분까지 그 정신을 살리려고 한다. 그러므로 진정한 보수(保守)는 다른 의미에서는 이미 일종의 개혁이다.

일반애로부터 출발해서 무엇을 해야 하는지를 묻고, 다음에 사회의 보수와 개혁에 이르렀다. 이 두 측면의 어느 쪽이나 필요하지만, 우리가 역설하고 싶은 것은 사회개혁이다. 보수는 주위와 마찰을 일으키지 않고, 따라서 자신의 이익을 희생하지 않는다. 그러나 개혁은 하나의 투쟁이다. 그가 개혁이라는 결론에 도달하기까지 자아 성장의 투쟁이 있어서 비로소 개혁의 단계에 이르렀다는 의미와, 개혁이 변경을 두려워하는 주위와의 마찰이 따른다는 의미—이러한 두 가지 의미에서, 그러나 만일 우리들에게 일반애가 있다면 우리는 사회의 개혁자가 되지 않으면 안 된다.

고뇌하는 많은 동포가 우리들의 주위에 있다. 우리가 교양을 얻기 위해 노력하는 동안에 교양의 의미조차도 모르는 사람들, 아니 살기조차 어려운 사람들이 많이 있다. 이들을 수수방관하고 있는 사람을 자아가 성장한 사람이라고 할 수는 없다. 만일 사회개혁에 가담한다면 교양은 버려야 한다고 사람들은 말할지 모른다. 나는 학생시절에 사회개혁에 가담하라고 말하는 것은 아니다. 단지 말하고 싶은 것은, 교양의 결과가 사회 개혁에 이르러야 한다는 것이다. 그러므로 나는 말하겠다. 사회 개혁을 할 수 있도록 교양을 위해 노력하라고.

*

사회를 개혁하겠다고 태도를 결정했다 하더라도 구체적으로 무엇을 개혁할 것인지는 아직 결정되지 않았다. 그러나 이것은 각각의 경우에 따라 결정되는 것이므로 철학과 과학에 의존해야 한다. 인도문제(人道問題)와 관계가 없다고 생각되던 과학이 이제 사회개혁의 수단으로서 각광을 받고 생생하게 여러분 앞에 나타날 것이다.

마지막으로 남은 문제는 『어떻게 개혁할 것인가』하는 방법의 문제이다. 이 문제에 대해서도 우리는 위대한 스승 소크라테스로부터 듣기로 한다.

플라톤의 《크리톤(Kriton)》이나 《파이돈(Phaidon)》에 의하면, 소크라테스가 사형선고를 받고 독배를 마시고 쓰러질 때까지 도주할 기회가 없었던 것은 아니다. 당국도 이를 묵인하려고 했다. 그의 애제자 크리톤도 파이돈도 극력 그에게 도주를 권했다. 그러나 소크라테스의 대답은 오직 하나였다. 곧 자기가 받은 선고는 부당하지만, 선고는 아테네의 국법에 의해 정해진 재판관이 국법에 의해 처리한 것이고, 지금 도망하는 것은 국법을 유린하는 것이며 아테네에 대한 반역이므로 스스로 판결을 받아들였다.

소크라테스는 최후까지 국법을 가장 충실하게 준수한 사람이었다. 이 대답을 남기고 조용히 죽음을 맞이한 소크라테스의 임종은 참으로 장엄한 낙조를 보는 정경이었다.

소크라테스의 태도를 내가 해석하면, 국법 자체를 고쳐야 할 필요도 있고, 국법을 지키기 위해 필요한 개혁이 되지 않은 것도 있다. 그러나 국법을 위반하는 것은 법률의 전 체계에 대한 존경과 위험을 약화시키고, 그 결과로서 사기나 도적이 성장할지도 모른다. 여기에서 수습할 수 없는 무정부적 혼란이 일어날 것이다. 개혁의 연기는 아쉽지만, 개혁으로는 보상할 수 없는 해악(害惡)이 초래된다면 개혁도 연기되지 않으면 안 된다. 이것이 소크라테스의 뜻이 아니었을까. 이것을 준법정신(law-abiding spirit)이라고 한다. 이것은 2천 수백 년 후의 지금까지도 타당한 원칙이다.

그러면 비합법에 의한 개혁인가, 준법에 의한 현상유지인가 하는 두 길 이외에는 다른 길이 없는가 하면, 여기에는 합법에 의한 개혁이 있다. 이것이 의회주의(議會主義 : parliamentarism)이다. 우리 모두가 자기의 대표자를 선출하고, 그들로 하여금 의회에서 솔직하게 주장하도록 하고, 마지막으로 다수결에 의해 결정하는 것이다. 그리고 이 결정에는 남자답게 복종한다.

만일 개혁을 주장하는 사람이 다수이면 다수결에 의해 개혁은 결정된다. 이것은 원래 비합법이 아니다. 그러나 현상유지도 아니다.

법률의 전 체계에 대한 존경을 가지면서 사회의 개혁을 할 수 있는 가장 합리적인 방법이다.

이 경우에 개혁에 참여하는 사람은 일부 운동가들이 아니라 국민 모두가—학자도, 목사도, 예술가도, 공무원도, 회사원도, 잡화상도, 구두 만드는 사람도, 술을 파는 사람도—개혁에 참여한다. 그뿐 아니라 모든 국민은 대표자의 선거에서 자기의 직장을 넘어서서 국민 전체의 문제에 관심을 갖지 않을 수 없고, 『듣는 일』, 『읽는 일』, 『생각하는 일』을 하지 않을 수 없다. 각자의 좁은 전문이나 직업을 넘어서서 전 국민적 문제에 관심을 갖는 것이야말로 교양이다. 사람을 교양의 길에 있게 하는 것—그것이 의회주의의 정신이다.

vocation

24. 직업
職業

직업에 충실한 것은 바람직하지만, 직업이 인생에서 가장 중요한
것이라고 여기고 다른 것을 돌보지 않는 것은 허망한 일이다.
직업은 사람들을 좁은 세계에 얽매이게 하고 인간을 불구로……

학생의 졸업기가 가까워지면 취직이 커다란 문제가 된다. 마치
시험에 대해서와 마찬가지로 취직에 대해서도 세 가지의 태도가 있
다. 자나 깨나 취직만을 생각하고 학생생활 전체를 취직 위주로 보내
는 것이 그 첫째이다. 취직 따위는 아무래도 좋고 우리는 그러한 일
에는 초연해야 한다고 하면서 경멸하는 것이 두 번째이다. 보람 있는
학생생활을 하면서, 아니 그러한 생활을 하고 있기 때문에 취직도 중
요하다고 생각하고 이에 관심을 갖는 것이 세 번째이다.

이 세 가지 태도 각각에 대한 나의 비판은 이미 「강의·시험」 항
목에서 썼다. 물론 제3의 태도가 바람직하다. 직업은 여러분이 먹고
살기 위해서 필요할 뿐 아니라 여러분의 생애에 결정적으로 영향을
미치고, 이것이 동포에 이바지하는 길이기도 하다. 이 정도로 중대한

문제를 무시하는 것은 아무래도 핀트가 빗나간 것이다. 유럽에서는 중세에는 직업은 일반적으로 허용되지 않았다. 다만 성직자(聖職者) 직만이 신에게 봉사하는 오직 하나의 신성한 직업으로서 인정되고, 다른 직업, 예를 든다면 빵을 굽는다든지, 집을 짓는다든지 하는 것 등은 어쩔 수 없이 묵인하는 것에 지나지 않았다.

그런데 성직자만이 신에 봉사하는 것이 아니고, 어떠한 직업을 가졌더라도 신에 봉사하는 것이라고 하여 모든 직업을 신성한 것으로 해방한 것은 종교개혁시대로서, 루터, 칼뱅 등이 이룩한 일이었다. 그때부터 직업은 『신에게 부름을 받은 것』으로서 Beruf, calling이라고 불리고 있다.

직업의 의의와 가치는 무엇인가 하면, 두 가지 방향에서 생각할 수 있다. 첫째는 대자적(對自的)인 것으로서, 자기에 대한 의의와 가치이다. 우선 직업의 종류에 따라서는 우리들의 자아 성장 자체와 직접 관계되고, 자기 성장의 도모를 그대로 다른 사람에게 전달하는 것이 직업이 되고, 직업에 성실한 것이 그대로 자아 성장이 되는 것도 있다. 예를 든다면 교육자·종교가·학자·예술가 등의 직업이다.

이와는 반대로 공무원·회사원·기술자 등의 직업은 다른 사람의 성장에 필요한 물질적 조건의 제공을 그 내용으로 하므로 그것이 직접 자기 성장과 관계되지는 않지만, 다른 사람을 위하려고 하는 자신의 도덕적 욕구로부터 다른 사람에게 조건을 제공하는 것이기 때문에 결코 자기 성장과 관계가 없지는 않다.

다음에는 직업에 성실한 것이 우리를 성장시킨다. 앞에서 인용한

밀(John Stuart Mill)의 말을 되풀이한다면, 우리를 성장시키는 것은 학교에서의 교육이 아니라 인생에서의 악전고투이다. 인생의 투쟁에서 우리는 숙려(熟慮)·판단·결정·연구·관철 등의 훈련을 받으며, 만일 이러한 훈련을 하게 될 계기가 없다면 우리들의 능력은 발달하지 않는다. 그리고 이러한 능력은 우리들의 자아 성장의 방식에서 대단히 필요한 것이다. 유복한 가정에서 자라난 청년이 무위도식하고 있는 것은 단지 죄악일 뿐 아니라 그는 인간 성장의 훈련을 받을 기회가 없는 것이다.

끝으로 직업은 우리들에게 일정한 반대급부를 주어서 우리들이 살아가기 위한 물질적 조건을 충족시킨다. 이 반대급부가 월급이나 수입이나 임금이라고 불리는데, 이것 없이는 우리는 살 수가 없고, 살아갈 조건 없이는 우리는 인격 성장을 하지 못한다. 반대급부를 중대시하고 이것만을 안중에 두는 것은 최고 가치를 전도시키는 것이지만, 올바른 가치를 파악한 다음에 그 조건으로서 가치를 부여한다면 반대급부는 결코 무시할 것이 아니다.

화제를 돌려서 대타적(對他的) 방향을 보면, 우리들은 다른 사람들의 직업으로부터 자기 성장에 필요한 조건을 제공받고 있으므로, 교육자로부터 교육을, 종교가로부터 종교를, 학자로부터 학문을, 예술가로부터 예술을 제공받고 있어서 이것에 의해 자아를 풍부하고 충실하게 할 수 있으며, 또한 건축가가 집을 지어 주고, 양복점에서 양복을 사고, 정육점, 야채가게 등에서 각기 식품을 살 수 있을 때에 비로소 생활 조건을 충족시킬 수 있다. 사실은 우리는 직업에 의해

서로를 보완하고 있는 것이다.

그런데 우리들의 인격 성장은 최고 가치임에도 불구하고 이를 직업으로 삼을 수 없다는 점에 주의해야 한다. 어떤 사람이 성장을 하더라도 누구도 그에게 반대급부를 제공하지 않는다. 성장 결과의 한 조각을 할애해서 책이라도 쓴다면 수입을 얻을 수 있을지 모르지만, 이것은 성장 자체가 아니다.

성장 자체는 왜 직업이 되지 않는가 하면, 직업은 각자의 특수성이 나타남으로써 특수한 성격의 능력으로써 다른 사람을 보완해 주기 때문에 직업이 된다. 그러나 성장 자체는 누구든 해야 할 임무로서 어떤 한 사람의 특수한 임무는 아니다. 그렇기 때문에 직업이 되지 않는다. 이것이 또한 각자가 성장을 게을리 하는 이유가 되기도 한다.

이 점을 반대의 측면에서 본다면, 직업이란 각자의 자아의 단편(斷片)을 잘라내서 파는 것이 되므로, 직업에서는 전자아(全自我)의 모든 활동을 동원해서 몰두하고 있는 것이 아니며, 이러한 한에서는 직업인은 한 부분에 편중된 불구자라고 할 수 있다. 학자나 예술가, 교육자나 종교가에 대해서도 이렇게 말할 수 있다. 사람은 직업을 가짐으로써 불구가 되고, 불구가 됨으로써 수입을 얻고, 그것으로 전인(全人)의 성장을 하게 된다지만, 전인의 성장은 없고 불구가 되는 것으로 끝나버리는 경우가 무수하다.

애덤 스미스의 《국부론(國富論)》은 분업의 이익을 말한 최초의 책으로 유명하지만, 이에 의하면 아침부터 밤까지 1년 내내 바늘 끝을 가는 사람, 바늘주머니를 만드는 사람, 바늘을 주머니에 넣는 사람이 있다. 이것으로 능률은 오르겠지만, 능률과는 반대로 인간은 더욱더 불구가 된다.

존 라스키나 윌리엄 모리스의 영향을 받은 영국의 길드 사회주의자(guildsocialist)는 전 생산 공정의 일부밖에 못한다고 해서 생산조직의 개조를 제창했지만, 공장 노동자만이 아니라 전 사회의 전 직업이 전인의 창조적 충동을 억제하고 있어서 여기에 우리들이 경계해야 할 점이 있다.

*

그러면 여러분은 어떻게 직업을 결정하면 좋은가? 여러분의 직업은 어느 정도까지는 학과를 선택할 때에 결정되어 있다. 대학의 어느 학과인가 하는 것은 이미 결정되어서 지금 거기서 공부하고 있다. 따라서 지금부터 선택은 그 이상의 세부적 문제로서, 공무원이 되는가, 회사원이 되는가, 학문을 연구하는가 하는 것 등이고, 또는 공무원이 되면 어떤 부서를 택할 것이며, 회사원이 된다면 어느 회사를 택할 것인가 하는 것 등이다.

그러나 이러한 것은 여러분의 능력·흥미·성격·환경(이를테면, 많은 가족을 부양해야 되는가 하는 것 등), 그리고 자기가 선택하더라도 상대방이 허용할 것인지 하는 것 등에 의해서 결정되므로 여기서 일일이 구체적으로 쓸 수 없다. 자기반성, 친구나 선배의 의견을 참작해서 결정할 일이다.

단지 어느 정도 원칙적인 말은 할 수 있다. 곧 위에서 든 사정이

동일하다고 하고 무엇이 가장 바람직한 직업인가, 무엇이 바람직하지 않은, 따라서 피해야 할 직업인가 하는 것만은 말할 수 있다. 가장 바람직한 직업은 앞에서 말한 대로 자기 성장에 직접적으로 관계되고, 따라서 다른 사람들의 성장과 직접 관계가 있는 직업이다.

가장 바람직하지 않은 직업은 자기 및 다른 사람의 성장에 해악이 되는 직업이다. 예를 든다면 부녀 유괴업, 매음업, 고리대금업, 아편 밀매업 등이 그러한 것으로서, 이러한 것들 중에는 법률에 의해 금지되어 있는 것도 있지만, 이러한 일에 종사하는 것은 다른 사람에게 상처를 입히고 자기를 타락시키는 것이다.

위에 든 두 가지 직업의 중간에 대부분의 직업이 자리 잡고 있는데, 공무원, 회사원, 기사(技師), 의사 등이다. 일단 결정을 하고 직업을 가진 사람은 쉽게 전업하지 않아야 좋다. 공연히 직업을 바꾸는 사람은 공연히 아내를 바꾸는 것과 같아서, 안정되지 못한 사람은 영구히 안주할 땅을 찾지 못한다.

물론 절대적으로 전업에 반대하는 것은 아니다. 그러나 모든 진로 변경은 엄격해야 하며, 변경이 절대적으로 필요하다는 것이 증명되지 않는 한 변경은 하지 않는 것이 좋다.

*

직업을 가진 사람은 사회에서 하나의 직장이 주어져서 자기 및 타인에 대해서 신성한 임무를 수행하고 있다는 자각과 자중(自重)이 필요하다. 자기의 직업을 경멸하는 것은 자기를 경멸하는 것이다. 비록 그 일이 보잘것없는 것이라고 하더라도 온 힘을 기울여서 그 일을 해야 한다. 사자는 아무리 약한 먹이를 습격하는 경우에도 주도면 밀한 주의를 하고 전력을 기울인다고 한다.

직업에 종사하고 있는 사람은 상사나 동료와 의견을 달리하는 경우가 있을 것이다. 이때에 주의해야 할 것은, 자기가 옳다고 믿는 것은 좋지만, 옳다고 하는 『자기』에 대해 자부심이 잠재해 있지는 않은가 하고 반성하는 것이다. 큰 일을 위해 싸우기 위해서는 작은 일에 사로잡혀서는 안 된다. 저 사람은 기인(奇人)이다, 또는 이상한 사람이다, 라고 생각되는 사람은 큰 일로 주장을 하는 경우에도 사람들이 그의 주장에 귀 기울이지 않을 것이다.

밀은 《자서전》에서 이러한 일에 대해 뼈저린 터득을 했다고 말하거니와, 크게 뻗어나가려는 사람은 움츠리는 경우도 있음을 잊어서는 안 된다. 그러나 움츠리는 것은 뻗어나가기 위해서이다. 만일 어떤 일에 굴종(屈從)하는 것이 자기의 양심에 어긋난다고 생각될 때에는 직업을 걸고라도 주장을 관철해야 한다. 양심을 굽히는 것은 자기에게 충실하지 못한 것이며 자기의 직업을 욕되게 하는 것이다.

사는 것은 죽는 것이고, 어떤 자리에 취임하는 것은 그 자리를 떠나는 것이다. 그 자리에 취임할 때에 사표를 낼 경우를 생각해둘 만한 용의가 필요하다. 물론 직업을 버리는 것은 자기와 가족을 길거리에서 방황하게 하는 일로서 불이익임은 당연하지만, 여기에서도 이익이 최고 가치인지 아닌지 하는 근본적 문제에 부딪치는 것이다.

그렇더라도 자기의 주위에 대한 고려는 자신의 진퇴를 둔하게 만들 것이다. 그러므로 우리는 평소에 근검질소(勤儉質素)하게 살아서 만일의 경우에 대비해야 하고, 진퇴를 거는 경우에 어버이나 처자와 의견의 대립이 없도록 하기 위해서 평소부터 계몽교육이 필요할 것이다.

직업에 충실한 것은 바람직하지만, 직업이 인생에서 가장 중요한 것이라고 여기고 다른 것을 돌보지 않는 것은 허망한 일이다. 직업은 사람들을 좁은 세계에 얽매이게 하고 인간을 불구로 만든다. 우리는 불구에서 벗어나서 전인이 되어야 한다. 이에 대해서는 두 가지 방법을 생각할 수 있다

첫째는 직업에 철저해서 『어떤 일에 대해서 모든 것(everything about something)』을 아는 방법이다. 가령 은행에 나가는 사람은 우선 은행에 대해 독서를 하고, 다음에는 자본주의 경제에 대해서, 그 다음에는 경제와 정치의 관계에 대해서, 그리고 경제학으로부터 일반과학과 철학에 이르는 방식을 채택하는 것이다.

이것이 특수에 살면서도 보편에 철저한 것이다. 두 번째는 첫 번째 경우가 그 과정이 너무 길기 때문에, 직업에 충실하면서 『읽는 일』, 『듣는 일』, 『생각하는 일』을 병행하는 것이다.

물론 현대의 노동시간은 너무 길다. 아무리 길더라도 오전 9시부터 오후 5시까지로 끝나야 한다고 생각하지만, 이러한 개혁은 과제로 남겨두더라도, 시간이 없다고 하는 것은 구실에 지나지 않는다. 매일 한두 시간씩 독서를 할 틈은 있는 것이다. 다시 되풀이하지만, 동인도회사(東印度會社)의 사무원이었던 밀은 놀라운 학문과 저술을 남겼다. 같은 회사의 경리의 자리에 있으면서 찰스 램은 《엘리아

수필(Essay of Elia)》을 쓸 수 있었다.

바빠서 여가가 없다고 하는 것이 자기 궤변의 구실이 아니라면 다행이다. 『읽는 것』이나 『듣는 것』의 맛은 학창을 나와서 여러 가지 경험을 쌓았을 때에 정말로 알게 되는 것이다. 이것을 학생시절로 마감해 버리는 사람은 인생의 맛을 모르는 사람이다.

끝으로 잊지 말아야 할 것은 의회주의에 의한 개혁을 도모하는 것이다. 모든 사람에게 정치적 관심을 갖게 하는 것, 국민의 문제에 전 국민을 참여시키는 것, 자기 스스로 자기의 문제를 결정하게 하는 것, 곧 정치를 자율이 되도록 하는 것—이것이 의회주의의 정신인 것이다. 자기의 직업을 넘어서서 동포의 운명에 영향을 미치는 것, 이 사회를 살기 좋고 아름다운 사회로 만드는 것—이것은 직업을 가진 사람이 간과해서는 안 될 일이고, 이렇게 함으로써 마침내 직업을 초극하게 되는 것이다.

graduation

25. 졸업
卒業

> 학생생활이란 무엇인가? 인생은 어떻게 살아야 하는가?
> 교양이란 무엇인가?—학문, 예술, 도덕, 종교 등
> 가없이 넓은 내면세계를 얼마나 개척했는가.

취직문제가 정해지면 곧 졸업이 닥친다. 때는 바야흐로 따뜻한 봄, 철 이른 꽃이 피기 시작할 때이다.

학생 여러분은 입학 때에 졸업을 예상하고 있었을 것이므로 졸업은 새삼스러운 감회를 불러일으키지 않을지도 모른다. 그러나 여러분의 학생시절은 생각하면 긴 것이다. 초등학교 이후로 짧으면 14년, 길면 16년 내지 18년이라는 세월을 여러분의 졸업을 기다려 온 부모형제는 얼마나 기뻐하고 안심할 것인가.

대부분의 부형이 가난한 중에도 절약해서 여러분의 학비를 마련하려고 반드시 남모르는 고생이 있었을 것이다. 여러분은 같은 또래의 청년이 노동에 종사하고 있는 동안에 부모의 학비 마련으로 생계를 위한 노동에서 해방되어 학문에만 전념할 수 있었던 것이다. 졸업

증서를 손에 들고 부모의 오랜 은혜에 감사하는 것은 여러분의 의무이다.

나도 지금으로부터 30여 년 전에 초등학교에서 졸업의 노래를 불렀다. 상급생이 졸업할 때 몇 번이고 불렀던 졸업식의 노래를 마침내 내가 졸업하면서 듣게 되자 눈물을 억제할 길이 없었다. 지금도 그 무렵을 생각하면 12세의 소년이 생생하게 떠오른다.

그 후로 이미 긴 세월이 흘렀다. 여러 가지 운명이 나에게 닥쳐왔다. 그러나 즐거운 때이든, 슬픈 때이든 그 무렵 일을 생각하면 취한 듯 달콤한 기분이 된다. Alma mater(모교)에는 조국이나 고향이나 양친과 마찬가지로 우리들을 본연의 자아로 되돌아가게 하는 영감이 있다.

사람은 왜 오랜 옛날의 추억을 즐기는 것일까? 과거로서의 과거가 아니라 현재의 눈으로 바라본 과거인 것처럼, 추억 속의 과거는 사실은 과거가 아니라 현재의 마음으로 되돌아본 과거이다. 과거란 모두가 즐거운 것은 아니다. 뼈를 깎는 듯한 회한(悔恨)도 참회도 있을 것이다.

그렇다 하더라도 과거를 뉘우칠 때, 현재는 이미 뉘우치고 있는 과거를 넘어서서 한 걸음 더 나아가 있기 때문이다. 과거의 추억은 현재를 과거에 투영시킨 것이다. 그럼에도 불구하고 투영된 과거에 몰두해 있을 때에는 현재를 잊게 되고, 몰아(沒我)의 경지에 들어가서 현실을 초극하게 되는 것이라고 생각한다.

여러분을 키워 준 은사가 모교에 계시다면 여러분의 애착과 감사는 언제나 은사와 모교 곁에 있을 것이다. 내가 고등학교 시절에 읽은 《톰 브라운의 학창시절》(Tom Brown's School Days, Thomas Hughes, 1857)》은 모리스나 킹즐레이와 함께 사회운동에 참여한 토마스 휴즈가 럭비(Rugby School, 영국 잉글랜드에 있는 사립 중학교. 1823년 럭비경기가 처음 시작되었다)의 학생생활을 기록한 것인데, 교장 토마스 아놀드 선생은 유명한 종교가인 동시에 유명한 교육자였다.

이 교장 밑에서 많은 추억이 깃든 생활을 보낸 저자는 럭비를 거쳐 옥스퍼드로 진학했고, 이윽고 대학을 나온 다음 어떤 지방에서 우연히 신문에서 은사 아놀드 선생의 부음을 알고는 허둥지둥 모교 럭비로 달려가 일찍이 스승의 가르침을 듣던 강당 한 구석에서 옛 스승의 생존 시의 모습을 기리는 것이다.

이 1절에는 스승의 덕화(德化)를 기리는 제자의 지극한 정이 넘쳐서 사람들의 마음을 감동으로 가득 차게 하는 것이다. 그만큼 추모를 받는 아놀드 선생은 위대했던 것이다. 그러나 또한 그만큼 추모하는 스승을 모신 휴즈도 행복했다.

아놀드 선생의 연상이 사라지지 않는 한 럭비 졸업생에게는 모교는 그립고 고마운 대상으로서 언제까지나 그들의 마음속에 계속 남아 있을 것이다. 그러나 여러분 모두에게 모교는 이렇게 그리움을 불러일으키지 못할지도 모른다. 그러나 가령 은사는 안 계시더라도 모교를 중심으로 한 학생생활은 여러분에게도 틀림없이 그리운 것으로 남을 것이다.

마이어 펠스터의 《알트 하이델베르크》는 학생생활을 추억하는 책으로서 너무나 유명하다. 아름다운 교육도시 하이델베르크에서 짧지만 즐거운 생활을 보낸 공자(公子) 칼 하인리히는 거기서 비로소 인간을 알고 젊음을 알았다.

위트너 박사는 그에게 말했다.

『언제나 젊게 사십시오. 내가 말하고 싶은 것은 이것이 전부입니다. 언제나 현재와 똑같기를, 그리고 만일 그들이 귀하를 다른 사람으로 만들려고 하면―아마도 그렇게 하겠지만―감연히 대항하십시오. 언제나 인간답기를. 칼 하인츠, 귀하의 젊은 마음을 잃지 마시기를……』

칼 하인리히에게 인간다움과 젊음을 알게 한 것은 하이델베르크의 학생생활이었다.

아, 사라져 버린 청춘의
즐거움의 끝은 지금 어디에?
마음껏 즐겼던
황금시절이여, 아름다운 나날이여,
그대는 돌아오지 않고 그 그림자를
찾으며 나는 탄식할 뿐
　　아, 변해가는 세상의 모습
　　아, 변해가는 세상의 모습
　　　　⋮

⋮

그래도 올바른 젊은이의
마음은 영원히 식지 않으리.
공부하는 날에도, 즐거움으로
가득 차던 날에도 빛나던
낡은 껍질은 사라지더라도
열매는 남아라, 내 가슴에.
　　그 열매를 꼭 지키리라
　　그 열매를 꼭 지키리라

그 열매를 꼭 지킨 학생생활은 언제나 그리워진다. 그리고 그 추억은 사람들을 다시 젊게 만든다.

처녀는 공자에게 이렇게 노래했다.

어서 들어오세요, 우리 집으로.
그러나 떠나겠지요, 때가 오면.
잊지 마세요, 젊은 날의
하이델베르크 학교의
행복한 나날의 추억을.

여러분의 모교에는 어쩌면 여러분을 키워 준 은사가 없었을지도 모른다. 또는 모교를 중심으로 한 생활에 그리운 것이 없을지도 모른다. 그러나 여러분이 『학생생활』을 진지하게 보냈다면 『학생생활』에 그리움을 느끼지 않을 수 없다.

여러분은 모교에서 많은 것을 배웠을 것이다. 학생생활이란 무엇인가? 인생은 어떻게 살아야 하는가? 교양이란 무엇인가?―학문, 예술, 도덕, 종교 등 가없이 넓은 내면세계를 얼마나 개척했는가. 『읽는 것』, 『듣는 것』을 알고 『생각하는 것』을 배웠다. 특수애와 일반애의 의의와 가치도 깨달았다.

인생의 분기점에 서서 자기를 자각했다는 것은 여러분에게 얼마나 좋은 일인가. 그 학생생활은 모교의 문을 나오는 순간에 영원히 사라지고 새로운 생활이 시작된다. 여러분의 『학생생활』이 진지했다면 여러분은 졸업을 맞이해서 감개무량하지 않을 수 없다. 앞으로의 생애를 통해서 중년 때에도, 노년 때에도, 여러 가지 시점에서 여러분의 추억은 오늘의 졸업으로 되돌아올 것이다.

추억은 즐겁다. 그러나 전진은 장하다. 여러분은 이미 마음의 투쟁을 알고 있으며, 어떻게 싸우면 되는가 하는 무기도 가지고 있다. 이윽고 지금보다도 더 괴로운 마음의 투쟁이 닥칠 것이다. 그뿐 아니라 자연과의 싸움, 사람과 사람과의 싸움도 여기에 덧붙여질 것이다.

인생은 싸움이다(Leben ist Kampf)! 투쟁할 무기를 가지고 있는 여러분은 어떠한 싸움을 만나더라도 승리에 오만하지 말고 패배로 좌절하지 않을 마음의 준비가 되어 있을 것이다. 국가의 미래는 참으로 다사다난하다. 여러분은 앞으로 국가의 운명을 짊어져야 한다. 오늘의 전환기에 학생생활을 보낼 수 있었던 사람들은 종래의 사람들과는 분명히 구별될 정도로 씩씩하고 강하고 올바르게 살아야 한다.

졸업을 맞이해서 여러분은 다시 두 주먹을 불끈 쥐며 용감하게 인생을 정복하는 길로 나선다.

대학에서는
　　무엇을
　　　배울 것인가?

개정판 인쇄일 / 2018년 12월 12일
개정판 발행일 / 2018년 12월 17일
　　　　★
지은이 / 가와이 에이지로
옮긴이 / 이창우
펴낸이 / 김동구
펴낸데 / 圖書出版 **明文堂** (창립 1923년 10월 1일)
　서울특별시 종로구 윤보선길 61(안국동)
　우체국 010579-01-000682
　　☎ (영업) 733-3039, 734-4798
　　　(편집) 733-4748
　　　FAX.　734-9209
e-mail : mmdbook1@hanmail.net
등록 1977. 11. 19. 제 1-148호
　　　　★
ISBN　979-11-88020-81-2　03300
　　　　★
값 **13,500** 원 (낙장이나 파본은 구입하신 서점에서 교환해 드립니다.)